U0544951

Van Loon's
Geography

〔美〕**房龙** 著
Hendrik Willem van Loon

张白桦
译

人民文学出版社
PEOPLE'S LITERATURE PUBLISHING HOUSE

地球的故事

图书在版编目（CIP）数据

地球的故事 /（美）房龙著；张白桦译. —北京：人民文学出版社，2024
ISBN 978-7-02-018543-6

Ⅰ.①地… Ⅱ.①房…②张… Ⅲ.①社会地理学—普及读物 Ⅳ.①C912.8-49

中国国家版本馆CIP数据核字（2024）第048236号

责任编辑	张海香　王　婧
装帧设计	刘　远
责任印制	张　娜

出版发行	人民文学出版社
社　　址	北京市朝内大街166号
邮政编码	100705

印　　刷	北京盛通印刷股份有限公司
经　　销	全国新华书店等

字　　数	235千字
开　　本	880毫米×1230毫米　1/32
印　　张	12　插页2
印　　数	1—6000
版　　次	2024年4月北京第1版
印　　次	2024年4月第1次印刷

书　　号	978-7-02-018543-6
定　　价	60.00元

如有印装质量问题，请与本社图书销售中心调换。电话：010-65233595

〔美〕**房龙**

Hendrik Willem van Loon
1882—1944

◎ 荷兰裔美国历史学家、作家、插画家。1882年出生于荷兰鹿特丹，1905年取得康奈尔大学学士学位，1911年取得慕尼黑大学博士学位。其作品多以散文形式讲述和评论历史事件与人物，文笔生动诙谐，深受读者喜爱。代表作品包括《人类的故事》《宽容》《地球的故事》等。

译者

张白桦

◎ 副教授、硕士生导师,研究方向译介学。中国比较文学学会翻译研究会理事、上海翻译家协会会员。出版多部作品,包括专著《翻译基础指津》,长篇译著《寂静的春天》《地球的故事》等,国内首部微型小说译文集"译趣坊"系列,首部微型小说英译自选集《凌鼎年微型小说自选集》等,多次获国际国内各类奖项。

地球的故事
Van Loon's Geography

译者序

那个和煦的冬日下午,我接到了责编欧阳老师的约稿电话。想到即将面世的《地球的故事》,心里暖暖的。为什么呢? 让我细细道来:

一、《地球的故事》最房龙。

这本书的原著是美国著名学者、作家、通俗文化普及大师房龙的代表作。

这是他老人家在一个世纪前用《美国国家地理》精神解读世界文明的得意之作。房龙打破了常规地理书的写作方式,不仅简要地介绍了基本的地理知识,还视角独特地从地理的角度讲述了各国的历史演变,分析了地理对国家的历史演变、人群性格的形成所产生的影响,生动地演绎了"人文地理"这一概念。他始终站在人类生存的高度来写作,既没有罗列枯燥的数字,也没有引用深奥的理论,而是将人类的生存与发展提升至首位,论述了人类与自然相互适应的过程。

作为凭实力吸粉无数的流量"大花",房龙在这本书里舌灿莲花,延续了一贯诙谐幽默的行文风格,从文化的高度阐释了人与地球的关系,以文学家的文笔来讲述科学,读来轻松愉快,读后发人深省。

二、《地球的故事》最"文化"。

这本书与其说是地理书，不如说是历史书、政治书、经济书、数学书、物理书、天文书、艺术书、旅游书……总之就是你喜欢的样子它都有，很难归类，最好说是文化书。它并没有像常见的同类书那样陈列一个个国家的人口、面积等，而是"以人为本"，有意识地将人在地球上的活动贯穿在知识的介绍中。这个国家的气候、地势如何，人们是怎样来适应自然、利用自然继而改造自然的；特定的环境中，人们选择了怎样特定的生活方式，继而这又如何影响当地的风俗、历史、政治、经济、艺术，最后形成这个独一无二的国家和民族的。

这样以一当十，举重若轻，正是博学的房龙爷爷的风格，也一定符合你的需要吧？

三、《地球的故事》最儿童。

这本书正是房龙为他刚刚上学的小孙女写的，内容的难易程度符合少年儿童的心智水平、语言发展和审美需求。这本书情节有趣、语言生动。文字简洁明晰，保持平易近人的姿态，适合小读者阅读。韵律优美，想象丰富。还有好多好多一目了然的精美插图，都是房龙爷爷亲手绘制的哦！

当然，如果你是童心未泯的大儿童，这本书内容的深度、广度和高度，也会让你喜出望外的。

四、《地球的故事》最"白桦"。

这是译者耗时近三年的成果，原文古奥的书法，荷式英语，无所不在的数据、百科知识，都让译者感觉"太难了"。令人欣慰的是，

2010年初版，2015年再版，每一版都在各大网站畅销榜上名列前茅。在译者已出版的30本译著中，这本书在精神气质上无疑与译者最为相似。此次节译，保留了原汁原味的人文情怀，各大洲的布局更为均衡合理，曾经影响世界文明进程的国家全都得以保留，尽可能还原全本的原貌。

同时本着为儿童的理念，在语言上力求生动活泼，具体表现在：
在词汇层面，增加儿童语言中经常出现的口语词、实体词、颜色词、拟声词、叠词、语气词、感叹词，甚至已被官方认可的网络流行语；仅以第一章为例，就可以窥一斑而见全豹：

> 然后，我们再唤来那条达克斯猎狗"小笨笨"（这条狗既聪明又听话），让它用那软软的褐色小鼻子把这个笨重的新玩意轻轻一拱，一时间，这个木箱便噼里啪啦地一路撞上石头、灌木、树木，随着一阵低沉、柔和的噼啪声，猛地砸进科罗拉多河，激起浪花朵朵。

在句法层面，尽可能使用简单句而非复合句和并列句；在修辞上，尽量以基础修辞还原原作，如比喻、拟人、夸张、对比、仿拟等手段，强化译作的艺术感染力。举个例子吧：

> 我们不过是一小群哺乳动物，既柔弱，又没有招架之力。人类从诞生的第一个黎明开始，就四面受敌，被一群群的动物

包围，而这些动物的生存竞争本领要比我们大得多。其中有的长达100英尺，重得像小火车头。有的牙齿像圆锯的锯齿一样锋利。还有许多物种身披中世纪骑士盔甲似的外壳。有的物种，虽然人类凭借肉眼无法看见，但繁殖的速度却着实惊人，假如它们的天敌捕杀猎物的速度赶不上它们繁殖的速度的话，只消不到一年的时间，它们就会占据整个地球。

人类只能在最适宜的环境中生存，只能在高山和深海间几块小小的、干燥的陆地上择地而栖。而我们的同伴却雄心勃勃，不厌山高，不惧海深。很显然，它们的身体能让它们在任何自然环境中生存。

……倒人胃口的是，那些棕色的小虫子，好像热爱文学似的，终日在我们的书橱里爬来爬去，即便在断了两条、三条，乃至四条腿以后，还是爬个不停。而我们只是脚趾上扎个刺，就会行动不便。

最后，希望大小儿童都"在看"。
希望房龙和《地球的故事》一直"在线"。
而我则风里雨里，永远在《地球的故事》里等你。
是为序。

张白桦

2020年于塞外古城宅宅斋

历史是地理的第四维度。
它赋予地理以时间和意义。

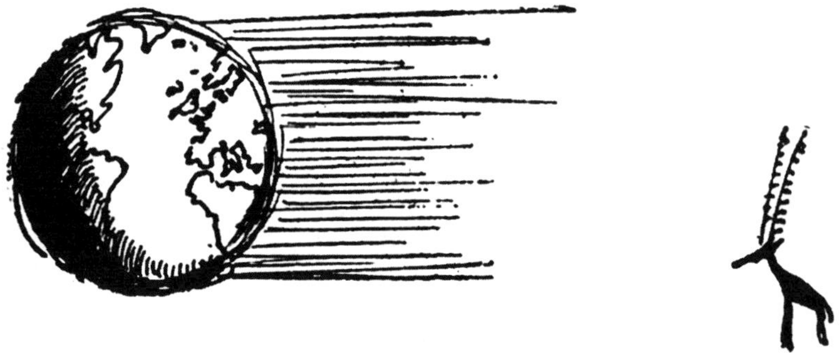

前　言

10年前，你给我寄了封信，今天，我才给你回信。你在信中写道：

　　我们学校很重视地理课。我学了各种各样的国家及其国界，各种各样的大城市及人口数量，我还学了所有大山的名称以及它们有多高，每年输出多少煤。可是对于这些，我学得快，忘得也一样快。请你给我们写一本有点用处的新地理书，好不好？把所有的大山、大城市、大洋都画到地图上，然后只要告诉我们：住在这些地方的是什么人，他们为什么会在那里，他们从哪里来，他们在做什么——把人感兴趣的故事都写进地理书里。这样我们才能都记得住……

而我与往常一样，一接到你的要求就急于效劳。我现在转过身来，说："我亲爱的，给你，这就是你要的书！"

亨德里克·威廉·房龙

目 录

写在前面的话 ··· 1
第一章　地球上的人类 ································· 4
第二章　地理学的定义 ································· 11
第三章　地球的特点 ···································· 13
第四章　地图：山高水长 ······························ 36
第五章　地球上的四季 ································· 46
第六章　大陆：在水一方 ······························ 48
第七章　欧洲的发现 ···································· 58
第八章　希腊：古老亚洲和新兴欧洲的纽带 ···· 60
第九章　意大利：海陆两栖占地利 ················· 74
第十章　西班牙：非洲和欧洲的战场 ·············· 93
第十一章　法国：一应俱全 ·························· 108
第十二章　德国：蜗行牛步 ·························· 125
第十三章　荷兰：沼泽变帝国 ······················· 134
第十四章　英国：岛小人稠 ·························· 141

第十五章	俄罗斯：非亚非欧	165
第十六章	亚洲的发现	181
第十七章	亚洲与世界	186
第十八章	中亚高原	189
第十九章	西亚高原	197
第二十章	阿拉伯：无所适从	215
第二十一章	印度：天人合一	220
第二十二章	中国：东亚的大半岛	233
第二十三章	日本	250
第二十四章	澳大利亚：天之养子	265
第二十五章	非洲大陆：莫衷一是	275
第二十六章	美洲大陆：天之骄子	322
第二十七章	新大陆	361

写在前面的话

在你开始读这本书之前，请稍等，让我来告诉你怎么读。

这本书要配合地图册来读。极好的地图册多得很，哪种都可以。

你很快就会发现，这本书本身就带有大量的地图，可是这些地图却无法替代规范的地图册。我画这些地图的目的，只是想向你说明，要理解我们所讨论的问题有多种途径，（实话实说）也是为了勾起你的兴趣，让你根据自己的地理正误观动手绘图。为自己准备一个地球仪（我写这本书，就用了一个十美分买的地球仪，它其实是个削笔器）。尽管用，不过要记得地球仪只是个"大概"而非"准确事实"。我们这本书不是写给专家的，而是给那些碰巧生活在这个星球，并且想对这个星球有个大致了解的人写的。

有一点我要让你知道：学习地理最有效、最便捷的方法，就是把所有的东西都画成图来重新审视。无须模仿我和别人。你愿意的话，就看看我的图，不过，只把我的图当作地理的开胃小菜好啦，开胃小菜优雅地敦促你去做你要吃的正餐，这是一个循序渐进的过程。

画地图……自己动手制作一个小地球仪和一个大地球仪。去买根铅笔，买沓纸，自己画地图。

因为，地理学了不忘，唯一办法也就是——画地图。

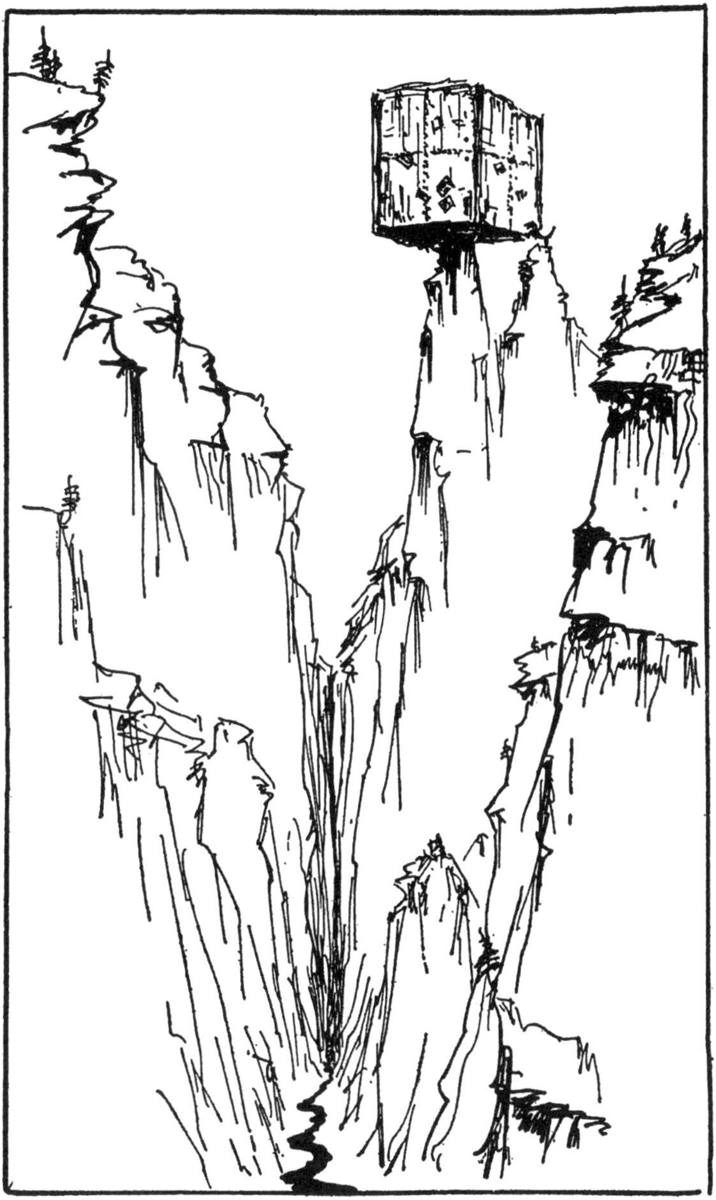

第一章　地球上的人类

　　这听起来难以置信,但其实却是千真万确的。假设我们地球上的每个人都高6英尺①,宽1.5英尺,厚1英尺(这比真人略大些),那么,只要用一个长、宽、高均为半英里的箱子,就能把地球上所有的人(最新统计资料表明,最初的智人后代现在已有近20亿人)都装进去。正如我刚才说的那样,这听起来难以置信,但其实却是千真万确的。你若不信,一算便知。

　　假如我们把这个箱子运到美国亚利桑那州的大峡谷,巧妙地放在矮矮的石墙上。这道石墙在沉默中见证了永恒的力量。人们往往被这峡谷惊人的美丽震撼,而这道墙就能防止他们因此摔断脖子。然后,我们再唤来那条达克斯猎狗②"小笨笨"(这条狗既聪明又听话),让它用那软软的褐色小鼻子把这个笨重的新玩意轻轻一拱,一时间,这个木箱便噼里啪啦地一路撞上石头、灌木、树木,随着一阵低沉、柔和的噼啪声,猛地砸进科罗拉多河,激起浪花朵朵。

---

① 1英尺约等于30.48厘米,1英里约等于1.61公里。
② 德国种小猎狗,特征为身长、腿短、耳垂,适于追逐獾、狐等。

而后，万籁俱寂，万事湮没无痕。

墓穴中的人类沙丁罐头旋即被世界所遗忘。

科罗拉多大峡谷还会一如既往地经受风吹雨打、日月普照。

地球还会在神秘的天际循着原来的轨道行进。

不论是在遥远的星球上，还是在毗邻星球上的天文学家，都没有察觉有什么异常。

百年以后，一个被厚厚的草木覆盖的小小青冢或许能指明，曾经的人类就埋在这里。

人类的故事到此为止。

我能想象得出，一些读者会不太喜欢这个故事，他们看到自己所属的引以为豪的族类被这样贬低，这样轻贱，会感觉相当不快。

不过，还可以从另一个角度看待这个问题。而从这个角度来看，人类虽然体型弱小、数量稀少，却值得深深地、真心实意地感到自豪。

我们不过是一小群哺乳动物，既柔弱，又没有招架之力。人类从诞生的第一个黎明开始，就四面受敌，被一群群的动物包围，而这些动物的生存竞争本领要比我们大得多。其中有的长达100英尺，重得像小火车头。有的牙齿像圆锯的锯齿一样锋利。还有许多物种身披中世纪骑士盔甲似的外壳。有的物种，虽然人类凭借肉眼无法看见，但繁殖的速度却着实惊人，假如它们的天敌捕杀猎物的速度赶不上它们繁殖的速度的话，只消不到一年的时间，它们就会占据整个地球。

人类只能在最适宜的环境中生存，只能在高山和深海间几块小小的、干燥的陆地上择地而栖。而我们的同伴却雄心勃勃，不厌山高，不惧海深。很显然，它们的身体能让它们在任何自然环境中生存。

权威信息表明，有些昆虫能在石油（我们无法想象以石油作为主要的日常饮食）里欢快地嬉戏，有些昆虫在温度急剧变化的条件下也能安然无恙，若是换了我们的话，片刻就会死个精光，无一幸存。倒人胃口的是，那些棕色的小虫子，好像热爱文学似的，终日在我们的书橱里爬来爬去，即便在断了两条、三条，乃至四条腿以后，还是爬个不停。而我们只是脚趾上扎个刺，就会行动不便。看到这一切，我们认识到：自从我们在这个旋转不停的岩石小星球上一露面，迷失在冷漠宇宙里某个最黑暗的角落，我们被迫面对的就是这样的竞争者。

我们的同伴，这些披着厚厚皮毛的其他物种，站在我们身旁，看着我们人类——这个自然界的粉红色造物，第一次兴致勃勃地直立行走，既没有扶身旁的树木，也没有拄着树枝，那笨拙的样子一定让它们捧腹大笑来着！

而那些昔日凭借野蛮暴力和阴险狡诈，不可一世地对两亿平方英里的陆地和海洋（更不用说，还有深不可测的空气之海）实行至高无上统治的统治者，它们今天在哪里？

它们大部分已经从我们的视线中消失了，只有在自然博物馆里，我们才好心地给它们标上"展品 A"或"展品 B"，留给它们一席之地。

今天，其他物种为了生存，被迫做了人类家养的禽畜，为我们奉献自己的皮、毛、蛋、奶、肉，或者运送我们嫌重懒得搬的重物。我们允许更多的物种偏居一隅，吃草，繁衍生息，因为我们认为不值得把它们赶走，把它们的地盘据为己有。

总而言之，人类只用了二三十万年的时间（对于永恒的时间来说，这不过是短暂的一刹那），就成为这个星球上每一寸陆地不容置疑的统治者，而今天，更是将天空和海洋也纳入了自己的版图。请注意，几亿人成就如此霸业，原因只有一个，那就是优于其他物种的神圣——天赋理性。

我在这里有点夸大其词了。只有极少数男女天赋异禀，极度理性，还拥有为自身考虑的能力。他们因而成了群众的领导者。其余的人，不论对这样的现实多么憎恶，也只有跟从。其结果就是，在这个奇奇怪怪、且行且停的行进队伍里，不论大家如何竭力奋争，真正的先锋身后总有数以万计的落伍者。

我们不知道这条路最终将把我们引向何方。然而，仅就我们在过去的4000年间所取得的成就而言，只要我们摆脱与生俱来的奇特野性，以免偏离正常的发展轨道，我们的未来就不可限量。我们野蛮地对待自己的同类，却不敢以同样的方法去对待一头牛、一头猪，甚至一棵树。

地球及地球上的万事万物都在人类的掌控之中。那尚未为人掌控的东西，人类凭借优越的头脑、强有力的前瞻力和手中的枪支，最终都会同样成为它们的主宰。

我们的家园是美好的家园。食物充足，人人无饥馑之虞。大量的采石场、黏土矿和森林，使人类有遮风避雨的住所，数量还有盈余。我们牧场上有温驯的羊群，波澜起伏的亚麻地里，盛放着无数朵蓝花，别忘了，还有中国桑树上勤劳的蚕宝宝，让我们抵御酷暑严寒。我们的家园是美好的家园。它普降恩泽，不分长幼，不论男女，难免要休息时，也依然有额外的给养。

然而，大自然有大自然的法则，这些法则既公平公正又严酷无情，更无处可以上诉。

大自然慷慨地给予我们以恩赐，反过来，大自然也要求我们学习并遵守它的法则。

只够50头牛吃草的草地上，放100头牛，就会引发灾难，这是常识，每个农夫都再清楚不过了。但有个事实显然被主宰我们命运的引路人所忽略，那就是：一个地方本该有10万居民，却住了100万，必然会人满为患，造成贫困，带来不必要的痛苦。

我们人类犯下了很多过错，而这并不是其中最严重的一个。人类还以另一种方法违逆着慷慨养育我们的大自然母亲：在现存物种中，只有人类才会仇视同类。狗不吃狗，虎不食虎，对，就连最讨厌的鬣狗也与同类和平共处。而人类却彼此仇视、相互残杀。当今世界，各国的头等大事就是防备邻国的屠戮。

《创世记》开宗明义，第一条就是同类间和平共处，善待他人，然而对此的公然违逆，使我们人类正面临着彻底灭绝的危险。因为我们的敌手正时刻准备着伺机而动，倘若智人（这是天生喜欢冷嘲热讽的科学家给人类起的名字,颇有谄媚意味,旨在强调人类在智力上优于其他物种)不能或者不愿主宰这个世界,那么就会涌现出成千上万个候选者。似乎一个由猫、狗、大象或者组织化程度更高的昆虫(它们是那么注重自己的机遇!)主宰的世界,确比一个布满坚船利炮的星球更好。

那么,人类能找到一条出路,摆脱这种可怕且可耻的状态吗?

我们的祖先由于愚昧无知,误入歧途,走进了这条阴郁悲惨、灾难频发的死胡同,本书愿尽绵薄之力,指引一条出路,而这也是唯一的出路。

这尚待时日,还要有几百年漫长痛苦的教化过程,我们才能找到真正的自我救赎之路。在这条路上,人类会意识到:我们同在一个星球上,我们是同行的旅伴。不论好坏,地球都是我们共同的家园,我们碰巧出生在这个宇宙的这个地方,除此之外,我们再无立足之地。我们就像火车或者轮船上的乘客,驶往一个未知的目的地。这个问题很可怕,但是一旦我们认识到这个颠扑不破的真理,就迈出了解决问题最重要的第一步,因为这是一切问题的症结所在。

我们所有的人都是同一个星球上的旅伴,大家祸福与共呀!

人们大可以叫我梦想家,骂我傻瓜吧,叫我空想家,叫警察或者医生来,把我关进一个无法继续散布不受欢迎的异端邪说的地方去吧。可是,不要忘了我说的话。到了生死攸关的那一天,即人类收拾起自己的小玩具,把钥匙呈给更有资质的地球新主人的时候,想想我曾经说过的话吧。

我们存活的唯一希望就在这句话里：

我们都是同一个星球上的旅伴，人人都要对自己所在的这个世界的幸福和美满负责。

第二章　地理学的定义

我的案头刚好有一本《简明牛津辞典》，跟其他辞典一样好用。我要查的词在1931年版的第479页：

> 地理学：研究地球的地貌、形态、物理特征、自然区划和政治区划、气候、物产及人口状况的科学。

我觉得这样的定义已经很好，但我会有所侧重，因为我要把人类的活动作为中心来强调。我的这本书要探讨的不仅是地球地貌、物理特征、地球上的自然区划和政治区划。我更乐意这么说：这本书的研究内容是人类为了自身和家人的生存，是怎样觅食造屋、休闲娱乐的。这本书力图展示，为了获得与自身有限的能力相当的舒适、饱足和幸福，人类是怎样去适应环境，反过来又是如何重塑自然来满足自我的。

总的说来，我更关注地理学中纯粹"人"的一面，而不是大规模生产时代所专注的最为重要的贸易问题。

这本书先讲人，然后讲自然环境和历史背景，如果篇幅允许，也会讲到其他问题。

人类的探索

第三章　地球的特点

很久以来，人们对这个定义深信不疑：地球是一个小小的暗色物体，悬于宇宙之中。就让我们从这个定义谈起吧。

地球不是"球体"，也不是球形的，而是与圆球体最接近的、两极略平的"椭球体"。怎么找"两极"呢？你拿一根织毛衣的针穿过一个苹果或者橘子的中心，把它竖在自己面前，针穿出的地方便是"两极"啦。地球的两极，一个在深海之渊（北极），另一个在高山之巅（南极）。

也许你物理老师实验室里的一个装置就可以给你展示，一粒微尘自转的时候，两极也自然变扁。问问你的老师就行，省得你亲自跑到子午圈去量了。

众所周知，地球是一个行星。"行星"这个词是从希腊人那里继承来的。希腊人观察到（或者说他们以为自己观察到），有些星星在宇宙中不停地运行，有些星星却纹丝不动。所以，他们把前者称为"行星"或者"流浪星"，把后者称为"恒星"。因为没有望远镜，他们无法跟踪到它们的运行情况。至于"星星"一词，我们无法考证它的词源，不过可能跟梵文的一个词根有关，而这个词根又跟动词"点缀"有关。倘若真的是这样，那星星就是"点缀"整个太空的小火苗，这个描述太美丽、太贴切了。

地球围着太阳转，从太阳那里汲取光和热。鉴于太阳的体积是太阳系内全部行星体积总和的700多倍，太阳表面的温度也高达6000℃左右，所以，地球向邻居借用这么一点舒适，完全不必感到不安，毕竟这么点光和热，对太阳而言完全微不足道。

古人认为地球是宇宙的中心，是一小块平坦干燥的碟状陆地，周围被汪洋大海团团围绕，像小孩子手中断了线的气球似的高悬天际。少数更开明的希腊天文学家和数学家（这是首批敢于违逆教士的教义进行独立思考的人）斩钉截铁地认定该理论有误。经过几个世纪艰难而执着的思考，他们得出这样的结论：地球不是平的，而是圆的。地球并非纹丝不动地悬在空中，确切地说，地球也不是宇宙的中心；相反，它围绕着一个比它的体积大得多的星球——就是那个被唤作太阳的星球在宇宙间漂流，飞行的速度还挺快。

与此同时，这些希腊天文学家和数学家还指出，其余那些以所谓"纹丝不动的星星"作为背景，好像是围绕着我们旋转发光的小星体，其实它们也是行星，是我们的伙伴，也是太阳母亲的孩子，也遵循规范我们日常行为的法则，譬如固定的作息时间，按照既定的轨道运行，万一出现偏差，便会毁于一旦，等等。

在罗马帝国濒临覆灭的200年间，知识分子已经接受了这个假说,视其为无须辩驳、不言自明的真理。然而在5世纪初,教会的势力日益强大,再宣传这样的观点,特别是"地球是圆的"这个观点,那可就性命难保了。可是我们对他们不必苛责,因为基督教最早的皈依者大多出身于鲜有机会接触新学说的阶层。不仅如此,他们还坚信:世界末日即将到来,届时耶稣即将为了他的子民重返受难地,对人的善恶做出末日审判。所有的人都将亲证耶稣在荣光中的回归。从他们的视角出发,这样推理没有错。这样一来(他们对此深信不疑),地球必然是扁的。否则耶稣就得现两次身了,一次去西半球,一次去东半球。这样荒谬绝伦、亵渎神灵的事情自然不会发生。

可是,接下来的千年间,尽管教会坚持传播地平说,古希腊的观点仍没有被完全抛弃,也正是从那个时候开始,大部分基督徒都被迫接受了这个概念:我们所生活的星球是圆的。到了15世纪末,支持这个古希腊理论的证据确凿,再不容辩驳了。地圆说是基于以下观察得出的结论:

第一,我们靠近一座高山和一艘大船时,最先注意到的是山顶和桅杆的头,靠得更近的时候,才能观察到其余部分。

第二,不论我们身在何处,周围的风景似乎都是圆形的。因此,我们的眼睛看大海也好,看一块陆地也罢,都是平行移动的。我们乘热气球脱离地面升空或者站在塔尖上的时候,圆形就扩大了。假如地球是鸡蛋形的,我们会发现我们在一个大椭圆的中心;假如地球是正方形或者三角形的,地平线也应该是正方形或三角形的。

第三,发生月偏食的时候,映在月亮上的地球的影子是圆形的,

只有圆形的物体才能映出圆形的影子

而只有圆形的物体才能映出圆形的影子。

第四，其他行星和恒星都是球体，作为几十亿颗星球的一员，我们怎么会例外？

第五，当年麦哲伦[①]的船队向西航行了很久，最终还是回到了出发地；相反，库克船长向东航行了很久，探险的幸存者最后也回到了他们启航的那个港口。

第六，我们朝北极走的时候，那些熟悉的星座（古代黄道十二宫

---

① 麦哲伦（约1480—1521），葡萄牙航海家。1519年，他奉西班牙政府之命，率船队进行航海航行，本人中途死亡。1522年5月，船队中的"维多利亚"号回到西班牙，完成了人类第一次环球航行。

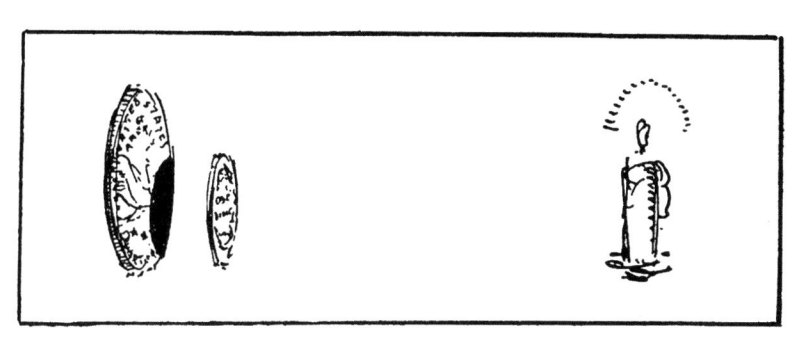

月食

星座)就会渐渐地沉入地平线以下直至消失;而我们回到赤道时,这些星座就会再次升起,逐渐升高。

但愿我提出的不容置疑的事实已经足以证明我们所居住的行星只能是圆的。若是这些证据还不能让你满意的话,就去找一个德高望重的物理教授吧。他会拿起一块石头,给你演示重力原理,那石头总会从高塔上坠落下来,而这不容置疑地证明了地球只能是球体。倘若你的数学知识和物理知识比我多,而他讲解的语言既浅显易懂,语速又不太快的话,你就会恍然大悟了。

我在这里可以罗列出大量科学数据,对你却毫无用处。一般人的头脑(包括本书作者的头脑)都不适合跟着做这种运算,也不舒服。以光为例,光的运行速度是18.6万英里/秒,你弹指一挥间,光已经绕行地球7圈了。离我们最近的恒星(你想知道它的确切位置吗?它是半人马座阿尔法星,也叫"比邻星")的光以18.6万英里/秒的速度运动,我们要在4年零3个月以后才能看到。太阳光照到我们身

我们的地球在宇宙中的运行速度比最快的炮弹速度还要快

上需要8分钟，照到木星需要43分钟，而在航海中起重要作用的北极星，它要向地球发射一束光，需要提前400多年行动才行。

可我们对火车还是都很熟悉的，就让我们试着用它来解释一下吧：

一列普通客车，昼夜不停地行驶，要260天才能到月球。倘若这列火车今天①启程，那么在2232年才能到达太阳，要8300年才能抵达海王星的边缘。可是与赴最近的恒星的旅程比起来，这不过是小孩子过家家的把戏，因为那可要走上7500万年呢；而要走到北极星，那可是要7亿年才够。7亿年哪，多么漫长的时间。我们假定人类的平均寿命是70岁（这可是个相当夸张的估算）的话，这列火车到达终点站的时候，人类生生不息，已有千万代之多。

所以，我们所谈论的宇宙其实是："人类肉眼观察到的，或者借

---

① 作者指的是1932年。

助今天肉眼的替代物——敏感的感光胶片所观察到的宇宙的沧海一粟而已。"至于我们看不见的沧海，唉，我们一无所知。更糟糕的是，我们连想都不敢想。

在这几百万个恒星和非恒星中，只有两个对我们的生存有非常直接且显著的影响，那就是我们的两个近邻——太阳和月亮。每隔24小时，太阳都向我们地球的半个球体提供光和热，并引发独特的水文现象，它被称为"潮汐"。月亮离我们近得多，它对海洋的影响也更显著。

月亮确实离我们很近。尽管它比太阳要小得多（倘若我们把熟悉的直径为3英尺的特大号地球仪看作太阳，那么地球就像一粒青豆，而月亮就只是一个针尖了），但月亮对地球表面的"引力"要比太阳大得多。

倘若地球完全是由固体物质组成的，月亮的引力就很难看出来

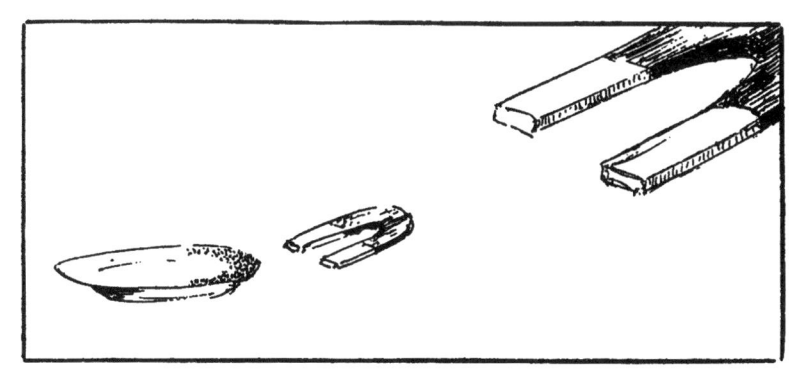

潮汐

那几个小点就是我们所知的全部宇宙

大气的层次

了。然而，地球表面的3/4都被水覆盖，而水会随着围绕地球运转的月亮潮起潮落，如同一块磁铁从桌上掠过，纸上的铁屑也随之移动一样。

在月亮引力的作用下，一条几百英里宽的水带日夜奔腾不息。它进入海湾、港湾或者河口时就会收缩起来，形成涌潮，高20英尺、30英尺乃至40英尺不等，此时在这样的水域航行非常困难。

当太阳和月亮恰巧跟地球成一线时，引力自然比只有月亮时大得多，就会出现所谓的"大潮"，而"大潮"在世界好多地方不亚于一场小的洪灾。

地球被一层氮气和氧气所包裹，我们称其为"大气层"或者"空气"，大约有300英里厚。大气层与地球一起运转，保护着地球，就

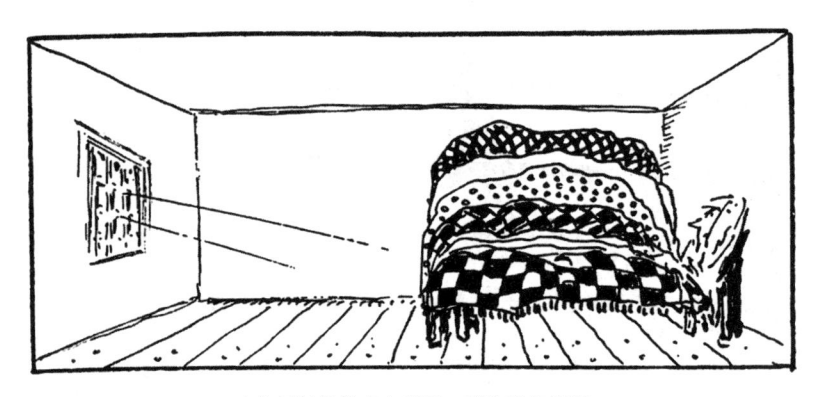

大气层就像许多条毯子一样给我们保暖

像橘皮保护着橘肉。

大气层、陆地和海洋的表层是一个实验室，能够制造各种各样的天气——风、雨、雪、干旱。因为这些天气每时每刻都在影响我们的幸福和生活，所以我们在此要详尽地讨论一番。

决定气候类型（可是，唉，很少天遂人愿）的三个要素，分别是土壤的温度、盛行风以及空气的湿度。"气候"一词的原意是"地球的坡度"，但今天，它特指某个特定地区的气象状况，而不是指它确切的地理位置。

我们现今所说的一个国家的"气候"，是指那里一年四季中占主导地位的平均天气状况。

首先，让我来说说神秘的风吧。风在人类文明中一直扮演着重要角色。没有热带海洋盛行的"信风"，美洲大陆的发现就要推迟到蒸汽轮船时代。没有丰富的水汽，加利福尼亚和地中海诸国就绝对不可能有今天的繁荣，就不会把东部和西部的邻国甩到后面。更不用说那些随风飞扬的飞沙走石，它们如同一张偌大的无形砂纸，几百万年过后，能把地球上最雄伟的山峰磨为平地。

我们当然知道，要在屋里制造热气，最简单的方法就是生个火炉。而太阳就是火炉，一个个行星就是需要加热的屋子。地球上最热的地方就是离"火炉"最近的赤道沿线，最冷的地方就是离"火炉"最远的南北极。

"火炉"使得空气产生剧烈振荡，从而形成了一种环形流动。热空气升到"天花板"以后，就离热源越来越远了，也就逐渐冷却下来。冷却的气流没有了原来的轻灵，又坠回地面。一坠落下来，又靠近了"火炉"，就又变暖变轻，又开始上升了。这样循环往复，直到"火炉"熄灭为止。可是"屋"里的墙壁在"火炉"燃烧时，已经吸收了不少热量，能够为"屋"内保温，而保温时间的长短取决于"墙体"的材质。

我们赖以生存的大地就好比这"墙壁"。同雨水浸泡的沼泽地相比，沙石吸热、散热都要快得多。所以，沙漠在日落后没多久，就会寒气逼人，而夜深时分的森林，却仍然温暖舒适。

水是名副其实的蓄热池。所以，近海和沿海地区的气温变化要比内陆国家平稳得多。

太阳作为我们的"火炉"，夏天比冬天烧得热得多，时间也长得多，因此，夏季比冬季热。

我们的太空"火炉"的工作更为复杂，因为它还必须让周围的大气层保持恒温，而它又无法直接做到这一点，只能让地球来代劳。

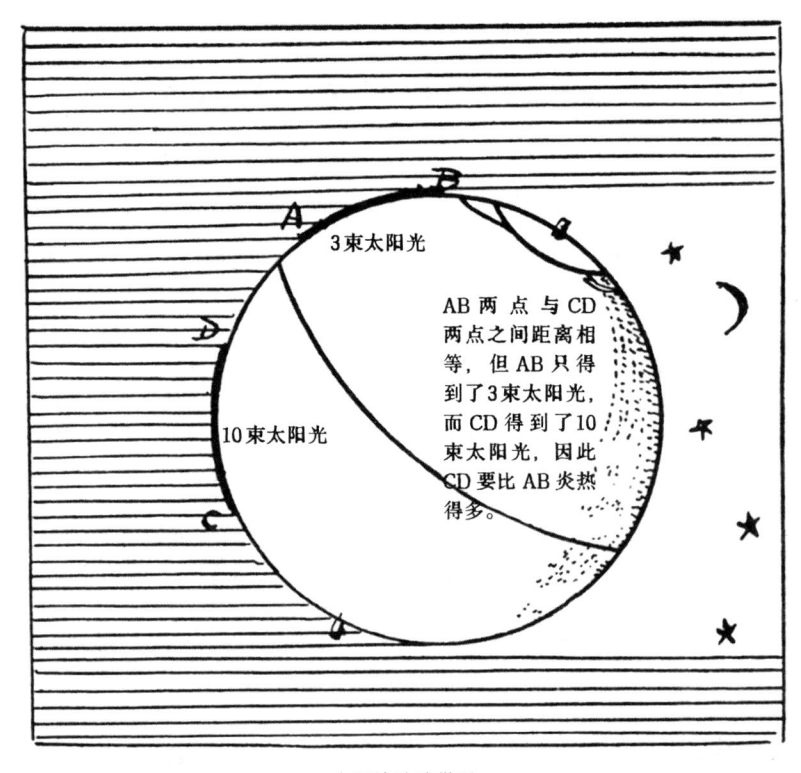

太阳给地球供暖

  阳光照到我们地球时，需要穿过大气层，可是阳光穿越得太快太轻易，所以对地球这块忠实保护毯的温度几乎没有影响。接着，阳光照到地球上，地球储存热能，还慢慢地把一部分热能释放到大气层中。这个事实或许可以说明山顶那么冷的原因。我们所处的地方越高，能感受到的地表热量就越少。倘若太阳直接给大气层加热，大气层再给地球加热，那样情况就会完全相反，山顶也就不会白雪皑皑了。

雨

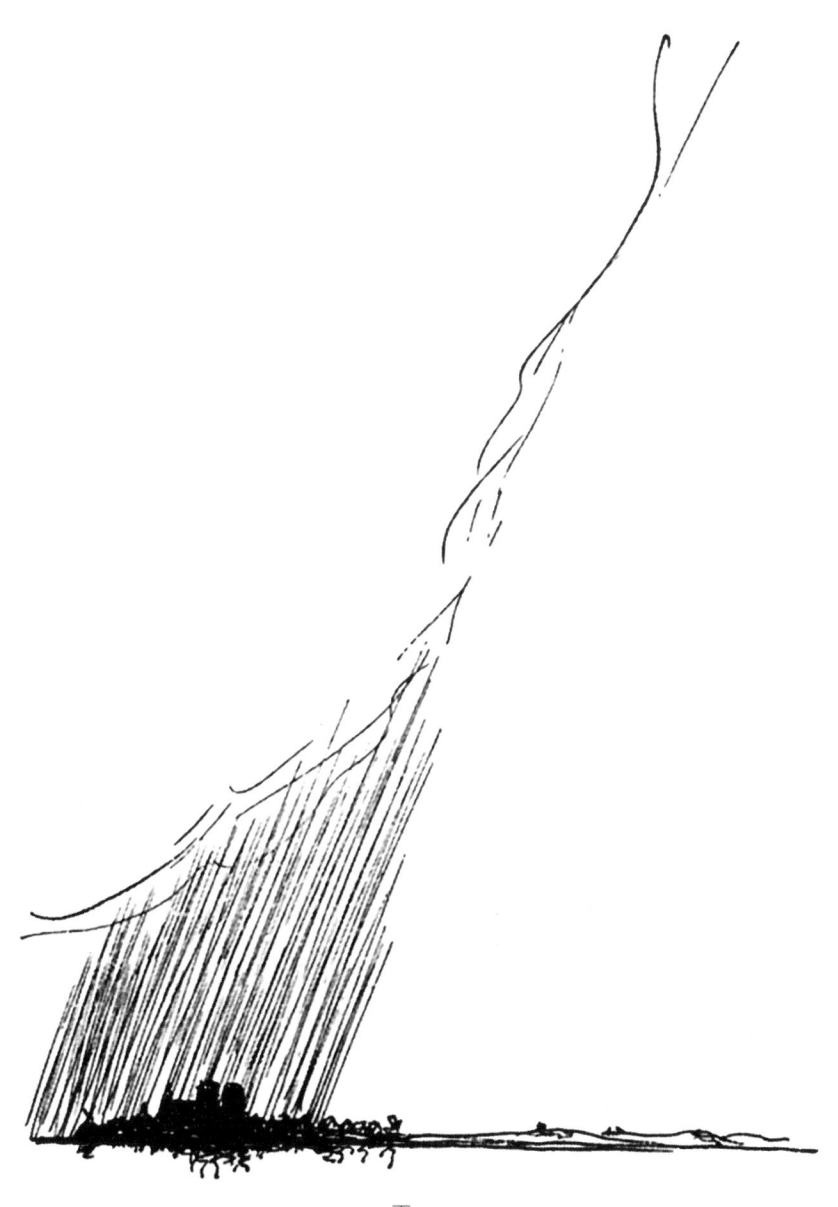

地球上有些地区的气压比海平面平均气压高得多，而有些地区的气压却比海平面平均气压低得多。这两种地区分别被我们称为高压区和低压区。风从高压区吹向低压区，而倘若高压区的气压太高，而低压区的气压又太低，就会形成劲风，出现暴风雨、热带风暴或者飓风。

说到底，暴风雨不过是在局部地区发生的现象

风不仅使我们的居所——地球的通风良好,还对雨的分布发挥着非常重要的作用。假如没有天上的雨水,动植物就不可能正常生长。

雨,不过是海洋、内陆湖以及内陆的雪原蒸发出来的水,在空中形成水蒸气,被空气带走。由于热空气比冷空气携带的水蒸气多,所以,空气变冷之前可以轻而易举地携带水蒸气。而后,一部分水蒸气凝结落地,形成了雨、雪或者冰雹。

所以,一个地区的降雨,几乎完全取决于风。

关于风和雨的话题,我们就泛泛地谈到这里。等下面谈到各国的情况时,再细细地说。

现在,我们简单介绍一下地球本身,以及我们脚下这层薄而硬的岩石地壳。

我们能上多高的天,又能入多深的地呢?我们要实事求是。

也许我的比喻不讨喜,可我还是把火山比喻成地球身上的脓包,疼归疼,烂归烂,但只是一个局部问题,绝不会深入病人身体的内部。

地球上原来拥有活火山约400座,可是其中一些活火山已经退休,混同于普通的大山了。现在幸存的活火山约320座。这些火山大多坐落于海岸附近。

那么,地表本身又是什么?现代科学把岩石都视为生命体,也认为它们在不断地变化。在风吹雨打,降雪和冰川的作用下,高山以每1000年3英寸的速度萎缩下去。倘若这些侵蚀没有被反作用力抵消的话,那么,我们的高山早已消失,而要把喜马拉雅山化作广

地球表面就像一个多孔的海绵

袤的一马平川，大约1亿1600万年也就够了。可见，不仅存在反作用力，而且这种力还不少哩！

所以，大自然慢条斯理地创造着一个又一个奇迹。她坚持在她所做的一切中保持着适度的平衡。她要让某片水域干涸的话（美国的盐湖正在迅速干涸，瑞士的康斯坦茨湖也会在10万年后消失），就会在另一个地方新辟一片水域；倘若她让某段山脉消失的话（6000万年以后，欧洲中部的阿尔卑斯山会像美洲的大平原一样平坦），就会在地球的另一个角落慢条斯理地改变地壳的形状，使其隆起，成为一座新的山脉。尽管通常说来，这个过程过于缓慢，使得我们无法观察到变化的具体情形，但这一切都是事实。

可是我要遗憾地说，地球表面的大部分——我们称之为海洋的

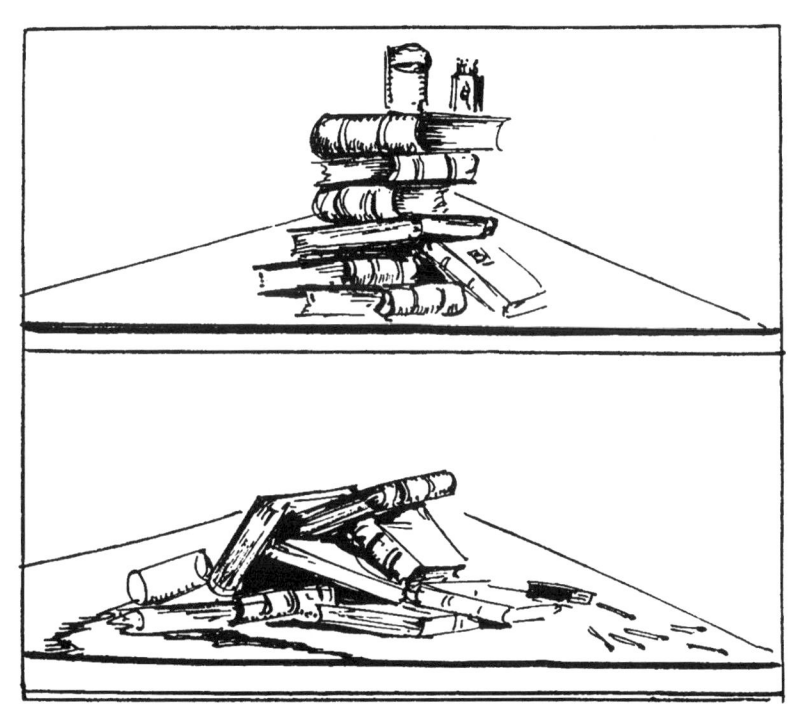

为什么你不亲手模拟一下地震呢？

那部分，还不在我们的控制之下。地球表面近3/4的地方都不能住人，因为被深浅不一的水所覆盖，其浅处（海岸附近）仅有几英尺，深处（菲律宾以东著名的"深海沟"）则深达约3.5万英尺。

这些海域大体可以分为三个主要部分。其中最为重要的是太平

所有山脉的隆起和销蚀

美洲的冰川　　　　　　　　　　欧洲的冰川

洋，面积约为6400万平方英里。大西洋的面积约为3150万平方英里。印度洋的面积为2900万平方英里。还有2000万平方英里的内陆海，以及1000万平方英里的河流和湖泊。无论过去、现在和将来，所有这些被水淹没的地域均非人类的居所，除非我们像几百万年前的祖先那样长出鳃来，而我们现在还带着这个与生俱来的印记哩。

浩瀚的海洋给人的第一印象是沃土的巨大浪费，也许还会令人萌生遗憾，觉得我们的地球天生就这么潮湿。原因就是我们要从5751万平方英里的"陆地"中减去下列"土地"：500万平方英里的沙漠；1900万平方英里类似西伯利亚的、几乎没有多少利用价值的荒原；还有几百万平方英里无人居住的土地，它们有的海拔太高（如喜马拉雅山和阿尔卑斯山），有的太冷（比如北极和南极附近地区），有的太湿（如南美的沼泽地），有的森林过密（如中非的丛林地带）。每当想起这些，我们就会生出这样的感慨：我们要是再有几平方英里

31

假如把最高的山峰沉入最深的海洋

几百万年前的大陆貌似与今天迥然不同

土地，一定要充分利用。

然而，倘若没有我们称之为"海洋"的巨型蓄热库，我们的生存就是个很值得怀疑的问题了。目前，地球上的陆地和海洋的比例是1：4，很理想。只要这个比例能够保持下去，目前的气候也就能够长久维持下去，我们大家都会生存得好。

从实用的角度看，气流或者说风，影响着海洋，因而是直接影响我们生活的首要因素。

这种洋流图(其实很多洋流像河流)给你标出了洋流的位置。

说到洋流,我们首先就会说到墨西哥湾流。这条神奇的洋流有50英里宽,2000英尺深,一直为欧洲的北部输送着赤道地区的热量,成就了英国、爱尔兰以及所有的北海沿岸国家的丰饶,也不知有多少个世纪啦。

墨西哥湾流颇具传奇色彩。它起初是著名的北大西洋涡流,那时它只是一股漂流,而不是一股洋流,就像大西洋中部一个旋转不停的巨大漩涡。漩涡里面有片半凝滞的水域,水域里挟裹着成千上万条小鱼和浮游生物,所以它被称为马尾藻海或"海草海",在早期的航海史上有着举足轻重的作用。中世纪的水手坚信,航船一旦被信风(北半球的东风)吹进马尾藻海,就会迷失方向,你的船会被绵延几英里的柔韧海藻缠住,船上的人都会在饥渴中慢慢地死去,只留下阴森恐怖的船骸,在万里无云的天空下沉浮到永远,如同一块无言的警告牌,警告那些想亵渎神灵的人。

然而,哥伦布①最终平安地穿越了这片沉闷乏味的海域,证实了这个柔韧海藻绵延几英里的传说不过是夸大其词罢了。而时至今日,"马尾藻海"这个名字对许多人来说依然神秘莫测、阴森可怕。它听起来仿佛有中世纪的感觉,仿佛是但丁②笔下的地狱。其实,它并不比中央公园的天鹅池更令人激动。

---

① 哥伦布(1451—1506),意大利航海家,一生四度远航,美洲大陆的发现者。
② 但丁(1265—1321),意大利诗人、文艺复兴运动的先驱人物,作品具有人文主义的萌芽,代表作有抒情诗集《心尘》、史诗《神曲》。

这一章只是一个背景——有关气象学、海洋学和天文学的概况背景，在这个背景下，我们剧中的角色很快就要登台献艺了。

让我们把幕布暂时落下。

幕布再度拉开之时，就是新的一幕开演之日。

下一幕将上演人类在千山万水、沙漠孤烟间寻找道路的过程。我们必须去征服它们，这样我们才能真正地把地球称为"我们的家园"。

幕布再次拉开。

第二幕：地图和航海术。

第四章　地图：山高水长

——本章是对一个极其重大并且引人入胜的题目所做的一个非常简略的说明，还要考察一下人类逐渐学会在我们的地球上寻找道路的过程。

罗马人劫掠成性（在欧洲的大殖民时代开始之前，他们是组织最为严密的"正规军似的强盗"），东征西讨，走到哪里，便住到哪里，路便修到哪里，税也收到哪里，还到处绞人，把人钉在十字架上；他们每到一处，就修建庙宇和游泳池，走后留下一处处废墟。他们似乎没有一张名副其实的地图却照样能够统治一个世界级的大帝国。罗马的作家和演说家的确常常提及他们的地图，还言之凿凿地保证他们的地图准确之极，可靠之极。可是传到我们手里唯一的一张罗马地图（倘若我们不把公元2世纪那张又小又不重要的古罗马规划图算在内的话）却那么原始、那么粗糙，对于现代人来说，除了当古董收藏之外，没有任何实际价值。

历史学家都知道有一幅以康拉德·波伊廷格的名字命名的地图。

公元1400年

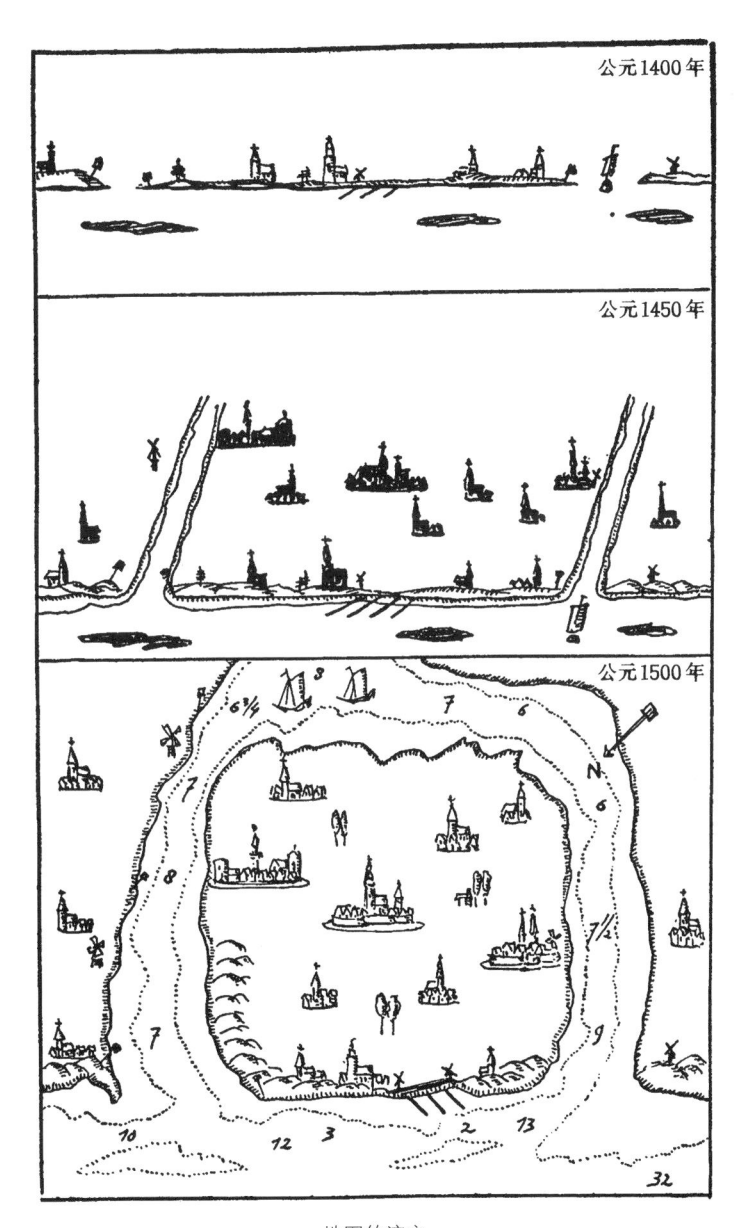

公元1450年

公元1500年

地图的演变

康拉德·波伊廷格是奥格斯堡市辖区的一个小镇的职员,他是第一个想到,可以用斯特拉斯堡的约翰·古登堡新发明的印刷机,把这幅地图推广开来的人。这幅地图的底本是由罗马人绘制的,但倘若这幅地图就代表了罗马人绘制地图的最高水平的话,那罗马人可是差得远了。

而我们对于中世纪的地图,完全可以不置一词。教会憎恶一切"无用的科学探索"。通往天堂的路比莱茵河河口至多瑙河河口之间的捷径要重要得多。于是,地图变成了滑稽画,上面画满了没有头的怪兽(这个可笑想法的原型是那些把头埋在毛皮里的可怜的因纽特人)、打响鼻的独角兽、喷水的鲸鱼、海妖、美人鱼、半鹰半马的有翅怪兽、半鹰半狮的有翅怪兽,以及一切因恐惧和迷信而想象出来的怪兽。这样一来,耶路撒冷就理所当然地成了世界的中心,印度和西班牙都被画得远在天涯,谁也别想抵达,苏格兰成了一个孤岛,巴别塔①比整个巴黎城还要大十倍。

与这些中世纪制图者的作品相比,波利尼西亚人的编织地图(虽然看起来非常像幼儿园里的孩子做的小手工,其实却非常实用,非常准确)委实堪称航海家的天才杰作。且不说同一时期的阿拉伯人和中国人的作品了,当时的人们甚至几乎对他们的存在一无所知。直至15世纪末,航海学最终发展成为一门科学之后,才有了实质性的进展。

原因是土耳其人占领了连接亚洲和欧洲的桥头堡。通往东方的

---

① 即通天塔,《圣经》中巴比伦人计划修建的一座塔。

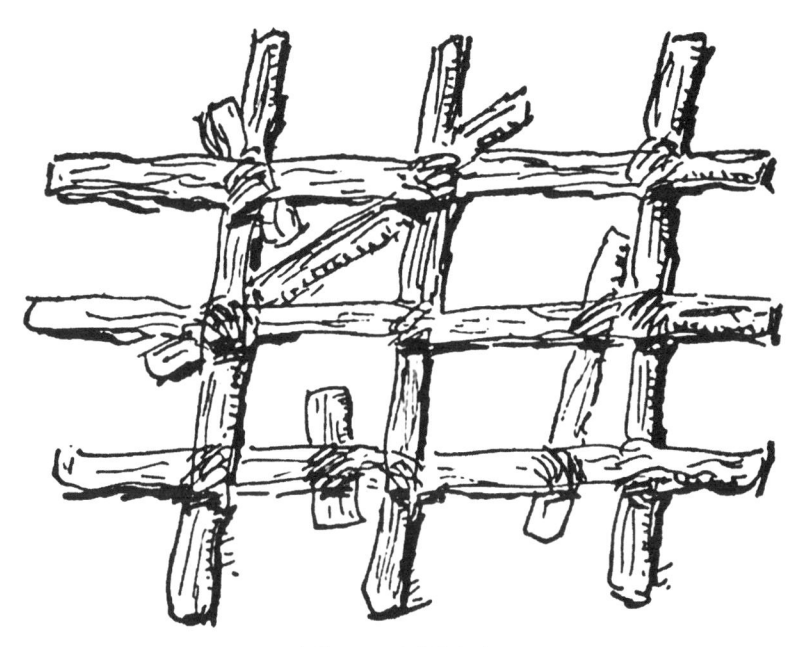

波利尼西亚人的编织地图

陆路交通被切断已久，于是，当时迫切需要找寻一条新的通往印度的海上通道。这意味着原来人们所熟悉的航行方式不再适用了，人们不再靠寻找距离自己最近的陆上教堂的尖顶或者分辨沿岸的狗叫声航行了。航海者会遇到这样的情况：几个星期只能看到碧海蓝天，什么参照物也没有，正是这种需要，带来了那一时期航海术的巨大进展。

假如腓尼基人和希腊人在大海中迷失了方向，他们要寻找最近的陆地，只有一个方法。为此，他们总是带上几只鸽子同行。因为他们知道，鸽子会抄最近的路飞到最近的陆地。他们一旦迷路，就会放出一只鸽子，观察它的飞行路线，然后朝着鸽子飞行的大致方向行驶，直到看到山顶，再到最近的港口打听自己身在何方。

当然，中世纪的普通人也比现代人更熟悉星座。之所以会这样，是因为他们缺乏各种各样的信息，而我们今天有现成的印刷出来的年历和日历。所以聪明些的船长都会研究星星，根据北极星以及其他星座的位置来确定航线。不过，北方的天空常常是万里乌云，这时候星星就派不上大用了。倘若13世纪下半叶，那个外国的发明还没有传入欧洲的话，欧洲航海业代价高昂、痛苦万状的现状恐怕还要继续，听天由命，全看运气。而指南针的起源和发展，至今仍然是个难解之谜，我讲的只是一种推测，而不是正统的知识。

在13世纪上半叶，出现了一个疆域空前的大帝国（从黄海至波罗的海，在俄罗斯的统治一直维持到1480年），大帝国的统治者是一个身材矮小、眼睛斜视的蒙古人——成吉思汗。他横穿亚洲中部的茫茫沙漠，去欧洲寻欢作乐时，似乎带了一种类似指南针的东西。可是却不能就此认定，地中海的水手一看到这种被教会称之为"魔鬼撒旦亵渎上帝的发明"，就很快在它的导引下驾船走天涯了。

大凡这种具有世界意义的重大发明，其来源都会云山雾罩。可能某个从雅法①或者法马古斯塔②回来的人带回来了一个指南针，这是他从一个波斯商人手里买到的，而波斯商人说他是从一个刚从印度或者中国回来的人那里得到的。这个传言就在滨水区的啤酒屋里

---

① 以色列西部的一个港口。
② 塞浦路斯东部的一个港口。

传开了。其他人也都想看看这个被撒旦施了魔法的奇妙小针,看看这个不管你在哪里,都能给你指示北方的小针。他们并不相信这是真的。可他们还是托朋友下次从东方回来的时候给自己也捎一个,甚至把钱也预付了。于是六个月以后,他们也有了自己的小小的指南针。撒旦的魔力果真灵验耶! 指南针必须人手一个。大马士革和士麦那①的商人收到了更多急购指南针的订单。威尼斯和热那亚的仪器制造商开始自行制造指南针。顷刻间,欧洲各地都在热议指南针。没几年,这个有玻璃盖的金属盒已经成了稀松平常的物件。既然长期以来,人们认为指南针的存在是理所当然的,自然就没人觉得值得为它著书立说。

指南针的来源就讲到这里吧,让它永远罩着神秘的面纱吧。然而,就指南针本身而言,自从第一个灵敏的指针导引着第一批威尼斯人从潟湖地带抵达尼罗河三角洲以来,我们对指南针的认识也有了长足的进步。譬如,我们发现,指南针的指针只在地球上有数的几个地方指向正北,在其余的大部分地方,有时稍稍偏东,有时稍稍偏西——这种差异用专业术语表述就叫"磁差"。原因是南北磁极与地球上的南北极不吻合,相差几百英里。

这样一来,对于一个船长来说,光有一个指南针是不够的,还要有航海图,来显示指南针在世界各地的不同的磁差。

而这仅仅是一个开始。

现在,人们可以清楚地知道自己的航行方向是北、北偏东、北偏

---

① 今土耳其西部的沿海港口伊兹密尔港。

东北、东北偏北、东北、东北偏东，或是指南针上所指示的32个"大致方向"中的任何一个方向。而面对其他情况时，中世纪的船长只能借助两样工具。

第一件工具是测深绳。测深绳的历史差不多跟船一样古老。用它可以测出大海任意一个点的深度。船长只要有一张海图，标明自己缓缓驶过的海域的不同深度，测深绳就能告诉他邻近海域的情况，他便可以据此来确定自己的方位。

第二件工具是测速器。最原始的测速器就是一小截木头，把木头从船头扔进水里，然后仔细观察它到船尾需要耗时多久。船头到船尾的船身长度肯定是已知的，这样就可以计算出船驶过某段距离所需要的时间，也就能（或多或少地）算出船每小时走多少英里。

后来，木头测速器逐渐被测速绳取代。这种绳子很细、很长也很结实，绳头系一块三角形的木板，绳子预先按照一定的长度系上了一个个的结。一个水手把绳子扔进海里的同时，另一个水手打开沙漏。沙子漏完时（人们当然在此之前就知道需要多久——大概两三分钟），再把绳子拉出来，数数沙子漏完期间有多少个结下水。然后，只需要简单地算一算，就能知道船速，或者用水手的习惯说法就是"有多少个结"。

即便船长清楚船的速度和航行的大致方向，他那最精确的计算也会被洋流、潮汐和风搅乱。因此，甚至在指南针传入后很长的一段时间里，普普通通的大海航行都是最危险的事情。试图从理论上解决这个问题的人意识到：要改变这种局面，就必须找到教堂尖顶的替代品。

我这么说可不是为了搞笑。教堂的尖顶、高高的沙丘上的树木、堤坝上的风车以及看门狗的叫声，在航海领域都有过极其重要的意义，因为它们都是固定的点，不论发生什么事情，它们的位置不会变。水手有了这样的"固定点"，就可以推断出自己所在方位。因为他记得上次曾经路过这里，所以就对自己说："我得往东走。"或者说："一直朝西，朝南，朝北，才能到达我想去的地方。"

地理学家们首先依据与连接南北极的直线相垂直的平面，把地球分成了两半。这条分界线就叫赤道，所以，赤道上的任何一个点到南北两极的距离都是相等的。然后，他们又把赤道与两极之间均分为90等份。这90条平行线（当然是圈线，别忘了，地球说到底是圆的）分布在赤道与两极之间，每条线相距约69英里，因此69英里代表两极与赤道之间的假想距离的1/90。

地理学家给这些圈线编上了数码，从赤道开始，向上（或者向下）一直到极点，赤道是0度，极点是90度。这些线就叫纬度（如图所示，图会帮助你记住纬线是水平方向的）。通常情况下，用一个小空心圆点（°）作为一个简便的符号来代替"度"字，标在数字的右上角，因为长期以来，人们在数学运算中就使用这个简便符号。

所有这一切，都意味着向前跨进了一大步。

这样，最终任何一个还算聪明的水手，只要会读书写字，就能在极短的时间里，确定他离北极和赤道有多远，或者用专业术语来

纬度
赤道的纬度是0

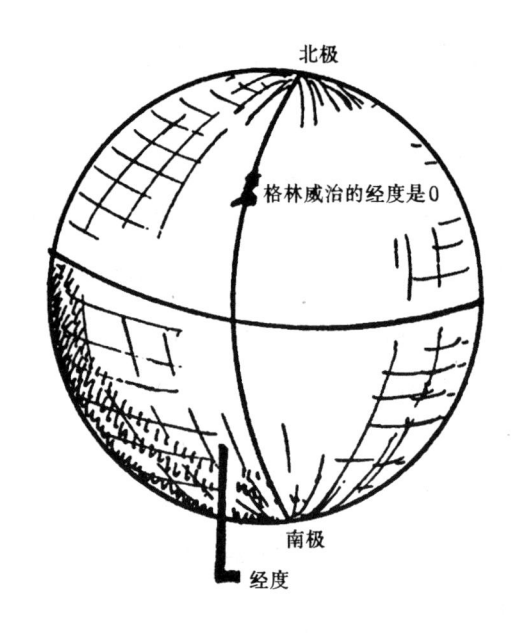

北极
格林威治的经度是0
南极
经度

说，就是他在南纬或者北纬几度上。一旦他跨过了赤道，事情就没那么容易了，因为他不能再指望北极星了，南半球是看不到北极星的。这个问题最终被科学解决了。自16世纪末起，驾船出海的人再也不为纬度问题而困惑了。

然而，经度（这个词好记，经线与纬线是垂直的）问题依然是个悬而未决的难题，人类花了两个多世纪才成功地解开了这个谜。为了确定纬度，数学家们从两个固定点——南极点和北极点着手。但要确定经度，却没有"东极"或"西极"可以参考。最后，人类终于确定了一条"本初子午线"，把地球分成了东西两半。

为了能够在地球表面平安、愉快地穿行，同时还有所收获，人类进行了20多个世纪的努力，这努力没有白费。这是历史上第一次成功的国际合作尝试。中国人、阿拉伯人、印度人、腓尼基人、希腊人、英国人、法国人、荷兰人、西班牙人、葡萄牙人、意大利人、挪威人、瑞典人、丹麦人和德国人，都献出了自己的一份力量。

人类合作史上的特殊的一页到此为止。

第五章　地球上的四季

我们的"季节"（season）一词来源于拉丁语，由动词"serer"引申而来，意为"播种"。

四季对人类的实际生活和浪漫情怀有影响，此外，四季还有最平淡乏味的天文学背景，因为地球年复一年地环绕太阳运行所导致的直接结果就是四季的形成，我将尽可能简明生动地讲一下这个问题。

地球每24小时自转一周，每365.25天绕太阳公转一周。

地球环绕太阳的轨道并非是一个正圆，而是椭圆形的。而这个椭圆还不是一个标准的椭圆形，这已经使得人类研究地球运行的工作复杂了许多，比研究一个规范的正圆复杂得多。

地轴与太阳和地球之间的平面不呈直角，而是一个66.5°的倾角。

地球绕太阳公转时，其中轴始终保持这样的倾斜度，这就是造成世界各地不同季节差异的直接原因。

每年的3月21日，地球和太阳之间的位置关系使得阳光恰好均匀地照到地表的一半，结果就是：在这个特别的日子里，世界任何地方的昼夜长短都一样。三个月以后，当地球运行到其绕太阳公转的行程的1/4时，北极正对着太阳，而南极却背对着太阳。这样一来，当北极欢度一年一度六个月的白昼时，南极正在安享一年一度六个月的黑夜；当北半球享受夏日长长的灿烂阳光时，南半球的人们则在火炉边，靠读好书来打发漫漫寒夜。别忘啦，我们圣诞节去溜冰的时候，阿根廷人和智利人却在饱受酷暑折磨；而我们忍受一年一度的滚滚热浪时，却是他们该磨冰刀的时候了。

9月23日是下一个季节更替的重要日子，因为这一天，全世界所有地方的白昼和黑夜的长短又一样了。然后是12月21日，这一天，南极转过脸来面对着太阳，而北极却转过身去背对着太阳，就是这样，北半球开始变冷，而南半球逐渐热了起来。

第六章　大陆：在水一方

我们，全人类，无一例外，都住在岛屿上。只是我们地球上这些岛屿大小不一，我们便把那些比其他岛屿大很多的岛屿归为一类，称其为"大陆"。

可是，对"大陆"这一概念，也没有明确的定义。亚洲、美洲和非洲是地球上最大的连绵陆地，因其面积广大，被称为当之无愧的大陆。可是，欧洲在火星的天文学家眼里，无疑更像是亚洲的一个半岛（或许比印度大，却大不了多少），却一直坚称自己是大陆。倘若有谁敢说澳大利亚这个岛屿面积不够大，人口不够多，无法与其他大陆相提并论的话，澳大利亚人非发动战争不可。相反，尽管格陵兰岛的面积是世界上最大的两个岛屿——新几内亚岛和婆罗岛[①]面积之和的2倍，但生长在格陵兰岛上的因纽特人却心甘情愿地做平凡普通的人。而南极的企鹅倘若不是这么一种谦逊、温和的动物的话，也很可能宣称自己住在大陆上，因为南极地区的面积与北冰洋

---

① 即加里曼丹岛。

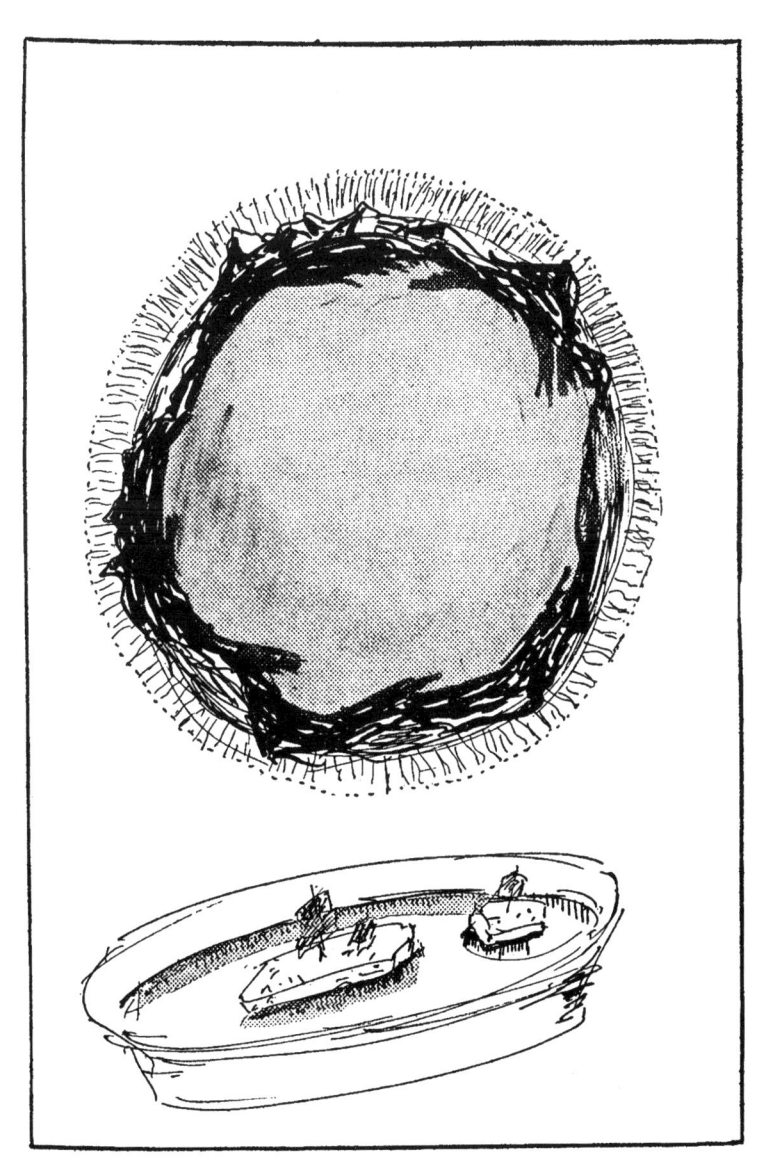

难道我们引以为豪的大陆就像某种更轻的材料，漂浮在地球这个更重的物体之上？或者就像漂在盆里的软木塞？

罗克奥尔 —— 大西洋北部一块沉没的大陆顶部

和地中海之间的陆地面积肯定是一样的。

不过，为了不制造新的混乱，我还是按照普遍公认的观点把大陆分为5块：亚洲、美洲、非洲、欧洲和大洋洲。以面积而论，亚洲的面积是欧洲的4.5倍，美洲是欧洲的4倍，非洲是欧洲的3倍，而大洋洲要比欧洲小几十万平方英里。

让我们先来看看地图。实际上，我们应该多看地图，少看文字。看地图与学地理之间的关系，就如同乐器与音乐、下水与游泳的关系一样。只要你看看地图，当然，手里有个地球仪就更好啦，你就会发现被北冰洋、大西洋和地中海环绕的欧洲，恰好躺在拥有最多陆地的北半球的怀里；无独有偶，贫瘠、不受重视的澳大利亚恰好位于拥有最多水域的南半球的中心。这是欧洲具备的第一个优势，却不是唯一的优势。亚洲确实比欧洲大大约5倍，但亚洲1/4的陆地酷热难当，1/4的陆地毗邻北极，除了驯鹿和北极熊之外，谁也不会选择那个地方作为永久居住地的。

欧洲在这方面又要得分了，因为它拥有一些其他大陆所不具备的优势。欧洲的最南端——意大利的脚尖，那里热归热，距热带还有800英里。瑞典和挪威的北部虽然已经进入北极圈好长一段，却恰好有墨西哥湾流造访它们的海滨，带来了温暖，而位于同一纬度的拉布拉多半岛却是冰天雪地的荒野。

此外，与其他大陆相比，欧洲伸进内陆的海湾和半岛更多。想想西班牙、意大利、希腊、丹麦、斯堪的纳维亚半岛，想想波罗的海、北海、地中海、爱琴海、马尔马拉海、比斯开湾和黑海，再把它们跟非洲或者南美洲的海岸比较一下，你会发现后者最缺乏的就是这些。这样，大面积的海水与大陆的每个部分都相互连通，结果就是冬天不冷，夏天不热。日子过得既不轻松，也不艰难，居民既不会像非洲人流浪汉似的游手好闲，也不会像亚洲人那样驮兽似的不堪重负。他们能把劳逸结合的分寸把握得更好，值得一赞。

然而，欧洲人之所以成为地球上广大地域的主宰（经过1914年至1918年的那场不幸的内战，这种地位被他们自己扼杀了）不仅仅得益于气候，地理环境是另外一个有利因素。这当然纯属偶然，非人力使然。火山大喷发、大规模的冰山侵袭和灾难性的洪水泛滥造就了欧洲的地理环境，欧洲人来者不拒，同样从中受益，大山自然而然地成了边界，河流的流向使得内陆差不多每个地方都直通大海，而这正是铁路和汽车发明以前，商贸发展的首要因素。

比利牛斯山脉把伊比利亚半岛和欧洲断开，成为西班牙和法国的天然边界。阿尔卑斯山在意大利也起着同样的作用。而躲在塞文、侏罗、孚日3座大山背后的是法国西部大平原。喀尔巴阡山如同一道屏障一般，把匈牙利和俄罗斯的几大平原隔开。在过去的800年历史中扮演过重要角色的奥地利帝国，大体说来是个圆形的平原，周围有难以逾越的崇山峻岭，起着防范邻国的作用。倘然没有这些天然

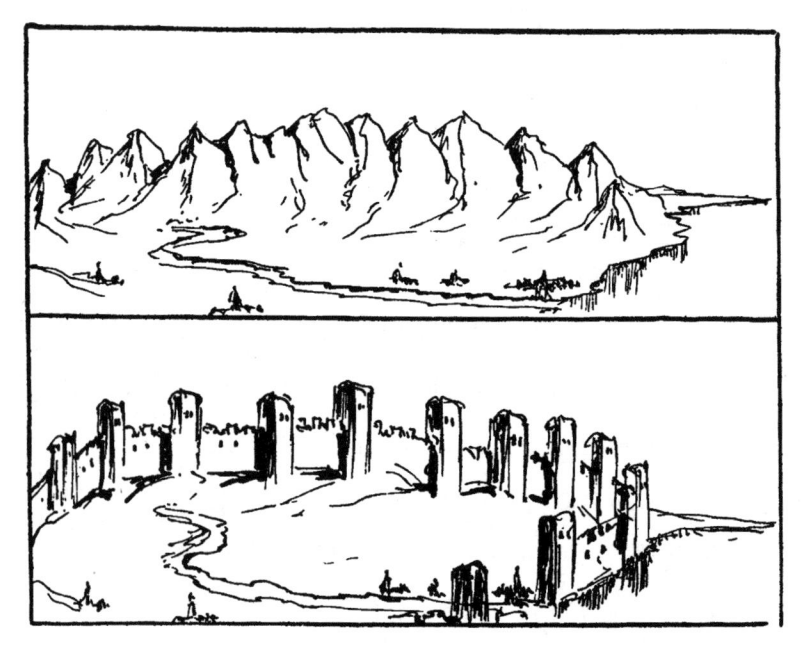

山脉和海洋就是绝好的天然边界

屏障，奥地利帝国就不可能存在那么长时间。德国也不是一个偶然的政治产物，辽阔的领土从阿尔卑斯山和波希米亚山脉缓缓下降至波罗的海。而诸如英格兰和古希腊爱琴海诸岛似的岛屿，荷兰和威尼斯似的低地，所有这些天然要塞似乎都是造物主的精心设置，以便它们发展成独立的政治实体。

甚至俄罗斯也不例外。有不少人认为，俄罗斯是个人权欲膨胀的产物（例如罗曼诺夫王朝的彼得大帝），其实却是某些自然的、不可避免的因素的产物。俄罗斯大平原坐落于北冰洋、乌拉尔山脉、里海、黑海、喀尔巴阡山脉和波罗的海中间，是建立一个高度集权帝国的理想之地。

正如我前面说过的那样，欧洲的河流的流向，也对欧洲大陆的经济发展起到了最为重要和最为实际的作用。从马德里到莫斯科之间画一条线，你会发现几乎所有的河流（除了多瑙河），都是南北走向，内陆的每个地区都直通大海。由于文明始终是水域而非陆地的产物，所以，这样幸运的天赐之水有助于欧洲成为地球上最富庶的大陆和统治中心。1914年至1918年的那场灾难深重的自杀性战争，使欧洲自此丧失了这一令人生羡的地位。还是用地图来佐证我的观点吧。

把欧洲跟北美洲做个比较。在我们所在的北美洲，两条高大雄伟的山脉的走向几乎与大海平行；两条山脉之间是辽阔的中西部大平原，流入墨西哥湾的密西西比河及其支流不过是一个既远离大西洋又远离太平洋的内海，却是这一地区唯一的入海通道。在亚洲，江河的走向杂乱无章的成因是崎岖不平的地表和高低不平的山脊。最重要的几条河流流经广阔的西伯利亚后，消失在北冰洋中，除了对当地为数不多的几个渔民有些许用处之外，对其他人来说一点实际用途也没有。与欧洲相比，澳大利亚几乎没有能通航的河流。而非洲，辽阔的中部高原把河流挤进沿海丛山峻岭之中，河水在悬崖峭壁间左奔右突，海洋运输无法通过自然河道进入内陆地区。这下你明白了吧？欧洲拥有适宜的山形地势和更为适宜的江河体系。海岸线漫长而曲折，倘然像非洲或者澳大利亚那样齐整的话，长度将仅是现在的1/9。此外，欧洲的气候适中温和，位置适中，恰好处于大陆群的中心。凡此种种，注定了欧洲拥有领导地位。

然而，单凭这些得天独厚的优势，还不足以使这个世界一个小小的角落成就霸业，傲视群雄。欧洲人的才智也发挥了重要的作用，这不难做到。北欧的气候是刺激人的大脑活动的理想气候，既不太冷也不太热，既不让人耽于舒适安乐，也不妨碍日常工作，正好促使人去做点事情。正因为这样，国家一旦安定，从事脑力劳动的基本保障秩序和保护当地居民的法规一经建立，北欧的居民就立刻投身到科学探索之中，并借此奴役和剥削起其他大陆来。

欧洲人运用数学、天文学和三角学知识在七大洋中游弋，保证可以找到归程。欧洲人对化学的兴趣，引发了一种内部可以点火的机械（这种奇异的机动装置叫作"枪"），借此，他们杀起人和动物来比其他民族和部落都来得更迅速、更准确。欧洲人研究医学，从中或多或少地学到了抵抗疾病的方法，从而减少了疾病，避免疾病带来的人口缓慢负增长。最后，由于土地贫瘠（与恒河平原或爪哇地区相比）以及一定要永远过"舒心"日子的追求，在欧洲人中间逐渐滋长起节俭和贪婪的习性，这种习性由来已久，根深蒂固。因此，欧洲人会不择手段地掠夺财富，因为，倘若没有财富的话，他会被视为可怜的失败者，会受到邻居的轻蔑。

一旦引进了神秘的指南针，从而摆脱了对教堂尖顶和熟悉海岸的依赖，自由自在地在大海上驰骋；一旦船舵从船舷移到了船尾（这一改进大约是在14世纪上半叶完成的，这是有史以来最重要的发明之一，是掌握航向前所未有的最佳方法），欧洲人就从自己狭窄的内陆海——地中海、北海和波罗的海走了出来，并以浩瀚的大西洋为通道，进一步开始了商业性质和军事性质的征服。他们身处地球最大陆地的中央，现在终于可以充分利用这一得天独厚的地理位置了。

他们把这一优势保持了500多年。其间，蒸汽机代替了帆船，不过，既然贸易自始至终是最廉价的交流方式，欧洲就有能力依旧保持领先的地位。有些军事家声称：拥有最强大海军的国家就是世界霸主。他们说得一点都不错。这个规律已被历史所证实：威尼斯和热那亚取代了挪威，葡萄牙又取代了威尼斯和热那亚，西班牙人又从葡萄牙人手中夺去了世界霸主的位置，荷兰取代了西班牙，英国又取代了荷兰，原因是每个世界霸主都曾一度拥有过世界上最强大的海军。然而，时至今日，海洋的风光不再，其重要性正在迅速降低。海洋作为贸易通道的作用已被天空所取代。与其说欧洲降为二流大陆的主要原因是第一次世界大战，还不如说是发明了那个比空气重、却能在空气中飞行的机器呢。

热那亚的那位羊毛商的儿子①发现了海洋的无限潜能，从而改变了历史的进程。

而俄亥俄州代顿市郊的一个简陋的自行车修理铺的主人发现了天空的无限潜能。结果就是1000年后的孩子们可能从未听说过克里斯托弗·哥伦布，但他们却会对威尔伯·莱特和奥维尔·莱特②耳熟能详。

正是他们的天赋和耐心，把人类文明的中心从旧世界转移到了新大陆。

---

① 意指哥伦布。
② 威尔伯·莱特（1867—1912）、奥维尔·莱特（1871—1948），美国人，1903年发明了世界上第一架动力飞机。

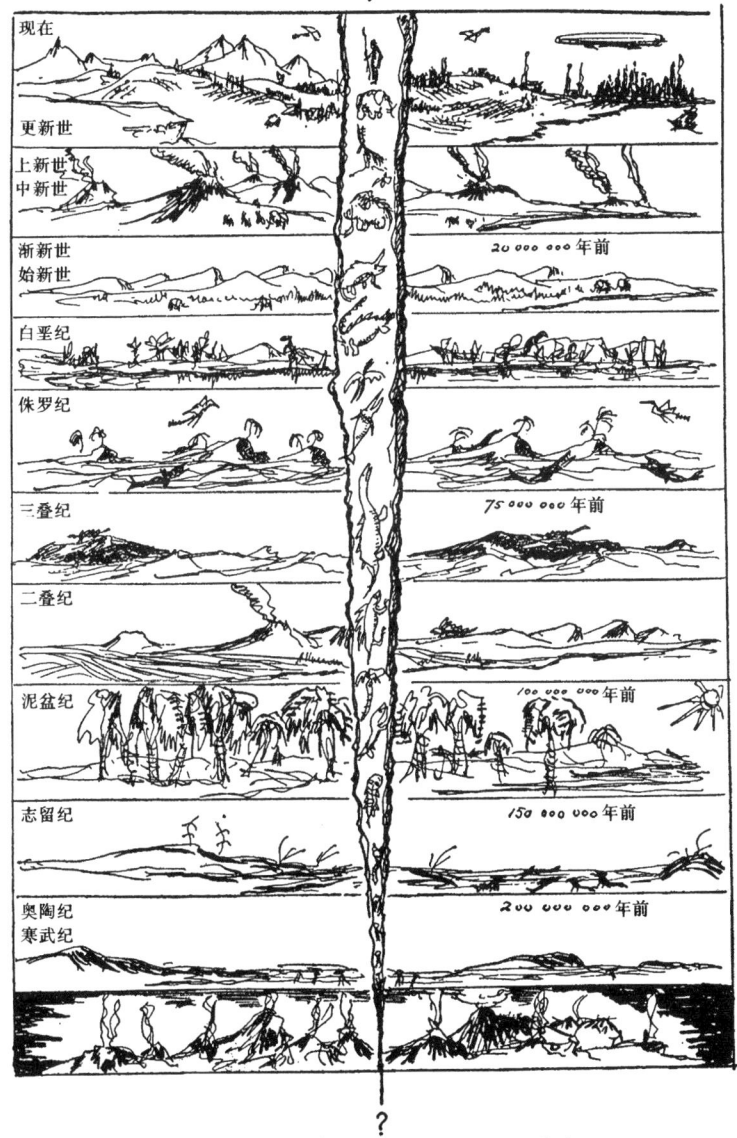

对5亿年前的事情,我们所知甚少,基本靠猜

从动物到人

第七章　欧洲的发现

欧洲的人口是南美洲和北美洲人口之和的两倍。这块小小的大陆上的人口，比美洲、非洲和大洋洲的人口之和还要多。只有亚洲的人口超过了欧洲，亚洲人口为9.5亿，而欧洲为5.5亿。

另一个统计数据表明，全球平均每年净增人口3000万。这个问题十分严重，按照这个速度，全球人口600年后将会翻一番。人类还会存活几百万年，我不敢想象到了19330年、193300年或者1933000年，人类的生存环境会是一个什么样子。在地铁里"只有站位"已经够糟糕了，倘若在地球上"只有站位"，那绝对是忍无可忍的。

除非我们肯正视现实，并且及时采取相应的措施，否则，这就是我们要面临的未来。

最早定居在欧洲的那一批人，他们为何而来？与过去的几百年里成千上万个从旧世界移民到新大陆的人一样，是因为他们食不果腹，而西方的土地会给他们提供更大的生存机会。

我们使用"种族"这个词，是为了方便描述那些更大的人群，他们使用同一种语言（或多或少地），有着共同的历史渊源，他们在过去的2000年有文字记载的历史中，培养了一些民族个性、思维方式和社会行为方式，这一切使得他们有了一种民族的归属感，因为没有更恰当的词，所以我们沿用"种族"这个名称。

根据"种族"的概念（这个概念就像代数方程式中的 x，是为了简化难题而设的），今天的欧洲可以划分为三大种族和六七个小种族。

首先是日耳曼人，包括英格兰人、瑞典人、挪威人、丹麦人、弗拉芒人和一部分瑞士人。其次是拉丁人，包括法兰西人、意大利人、西班牙人、葡萄牙人和罗马尼亚人。最后是斯拉夫人，主要包括俄罗斯人、波兰人、捷克人、塞尔维亚人和保加利亚人。上述三大种群占欧洲总人口的93%。

关于这些生活在旧大陆上的高山和平地上的人，就介绍到这里吧。下面，让我们看看他们是如何利用地理环境，而地理环境又是如何影响他们的。我们的现代世界就是在这样的斗争中开辟的，没有这样的斗争，我们依然与原野上的野兽无异。

第八章　希腊：古老亚洲和新兴欧洲的纽带

希腊这个东地中海上的石堡，曾经是古老的亚洲和新兴的欧洲之间的纽带。希腊半岛处在巴尔干半岛的最南端，东邻黑海、马尔马拉海、博斯普鲁斯海峡和爱琴海，与亚洲相隔；西部以亚得里亚海为界与意大利相望；南邻地中海，与非洲相隔；北部以多瑙河为界。

我从来没有从空中鸟瞰过巴尔干半岛，可在我的想象里，它肯定像一只伸向亚洲和非洲的手。希腊是这只手的大拇指，色雷斯是小指，君士坦丁堡就是小指上的指甲，从马其顿和色萨利连绵到小亚细亚的层峦叠嶂就是其余的手指。这些山脉的下半部都隐没在爱琴海的波涛里，只能看到这些山脉的顶峰。不过倘若从高空俯瞰，无疑会看得一清二楚，就像半浸在清水盆里的手指似的。

这只手上的皮肤伸展开来，罩在雄伟挺拔的山脊上。大体看来，它们从西北向东南延伸，几乎可以说成对角线。这些山脉的叫法不一，有保加利亚叫法、黑山叫法、塞尔维亚叫法、土耳其叫法、阿尔巴尼亚叫法和希腊叫法，只有几个重要的值得一记。

其中之一是从瑞士的阿尔卑斯山延伸到科林斯湾的迪纳拉山脉。

科林斯湾把希腊的南北部隔开,希腊的南部像一个三角形,被早期的希腊人误认成了一个岛(这也不足为奇,因为把它和大陆连接起来的科林斯地峡的宽度只有3.5英里左右),称之为伯罗奔尼撒半岛或者珀罗普斯岛。而珀罗普斯就是古希腊传说中坦塔罗斯的儿子、宙斯的孙子,在奥林匹亚被尊为优秀运动员之父。

在中世纪征服了希腊的威尼斯商人平庸乏味,对曾被父亲当作烤肉敬神的青年①毫无兴趣。他们发现伯罗奔尼撒半岛在地图上看上去就像一片桑叶,于是给它取了个新名字,叫摩里亚,你在所有的现代地图册上都能看到这个名字。

在这里有两条山脉互不相连,北部是巴尔干山脉,整个半岛都以它的名字命名,而它只是一条半环形山系的南端,北端则名为喀尔巴阡山。两条山脉被"铁门"切开,所谓"铁门"就是多瑙河冲破层峦叠嶂开出的一条狭长的峡谷,多瑙河从这里流入大海。巴尔干山脉形成一道屏障,迫使多瑙河改变了似乎要从匈牙利平原流向爱琴海的意向,毫不犹豫地东行,直奔黑海而去。

不幸的是,这堵把巴尔干半岛和罗马尼亚隔开的"墙"却没有阿尔卑斯山那么高,无法抵挡从俄罗斯大平原吹向巴尔干半岛的凛冽寒风,因此,半岛的北部常常是冰天雪地。不过,在云团到达希腊之前,被第二堵墙挡住了,这堵墙就是罗多彼山脉。罗多彼的意思是"玫瑰覆盖的山",说明这里气候温和。

罗多彼山脉高达9000英尺。而巴尔干山脉的最高点仅有8000英

---

① 即珀罗普斯。

尺，位于著名的希普卡山口附近，俄罗斯军队1877年攻占这个关隘时损失惨重。因此，罗多彼山脉对半岛其余地区的气候起了决定性的作用。还有高达10000英尺、终年积雪的奥林匹斯山守护着色萨利平原，真正的希腊在这里诞生。

希腊

肥沃的色萨利平原曾一度是个内陆海。但皮尼奥斯河（即现代地图上的萨拉米比亚河）为自己开辟了一条通道，穿过有名的坦佩河谷，广阔的色萨利湖就全部倾入了塞萨洛尼基湾，此后，这里就变成了干涸的陆地。至于古希腊的粮仓色萨利，土耳其人却对它熟视无睹，与其说他们一贯的漫不经心源于邪恶的内心，还不如说是由于无可救药的惰性。对于一切紧迫的、实际的关键问题，土耳其人的回答一律是耸耸肩，轻描淡写地反问一句："有什么用呢？"土耳其人刚被赶走，希腊的放债人就顶上了土耳其人的空位，继续控制着农民。如今的色萨利种植烟草，它在沃洛有个港口，当年阿尔戈的英雄就是从这个港口出发去寻找金羊毛的①，早在特洛伊的英雄们诞生之前，这个故事就已经是一个家喻户晓的古老传说了。色萨利还有一个工业城市和铁路枢纽——拉里萨。

有件趣事能够表明古代人是怎样莫名其妙地混居起来的。希腊大地上有一个中心城市拉里萨，拉里萨城里有一个黑人区。为了镇压希腊人1821年至1829年的起义，土耳其从他们的非洲领地埃及调集了几个团的苏丹土人，拉里萨就是那场战争的大本营。土耳其统治者并不在意谁为他们浴血奋战，马革裹尸，所以战争结束后，可怜的苏丹人就被遗忘了，被困在异国他乡，时至今日依然如此。

我们还有更稀奇古怪的事情没讲呢。你会听到下列说法：北非有红皮肤的印第安人，中国东部有犹太人，大西洋上的某个荒岛上有马匹，这些都是给那些热衷于研究"纯粹人种"的人准备的好材料。

---

① 荷马时代前的一个神话故事，伊奥尔科城王子伊阿宋抢夺金羊毛的经历。

从色萨利平原越过品都斯山脉，就进入了伊庇鲁斯。这条山脉和巴尔干山脉一样高，一直是伊庇鲁斯与希腊其他地区之间的一道天然屏障。亚里士多德为什么把这个地区视为人类最初的家园，迄今为止还是个谜。因为伊庇鲁斯这个地区一贫如洗，除了连绵不尽的高山和四处游荡的畜群之外，既没有海港，也没有像样的道路，甚至当地的早期居民也所剩无几，因为在一次战役中，15万伊庇鲁斯人被罗马人卖为奴隶（这是罗马人为了建立法律秩序，所采取的臭名昭著的手段之一）。可是伊庇鲁斯有两个地方引人入胜，伊奥尼亚狭长的水道把它们和大陆分开来。一个地方是伊萨卡，就是传说中苦难备尝的奥德赛的故乡；另一个地方是科孚，是淮阿喀亚人最早的家园，淮阿喀亚人的国王阿尔喀诺俄斯是瑙西卡的父亲。在古代文学作品中，瑙西卡是最可爱的女人，一直是热情与优雅的典范。今天该岛（隶属于伊奥尼亚群岛，最初被威尼斯人占领，后来被法国人占领，再后来被英国人占领，直至1869年才归还给希腊）闻名天下的原因，主要是在1916年，溃败的塞尔维亚部队曾把这个岛作为撤退后的藏身之地，几年前还被意大利的法西斯海军胡乱地炮轰了几下。将来，这里也许会成为一个冬季疗养胜地，可它肯定处在欧洲的一条大地震带上。

作为地震的罪魁祸首，迪纳拉山脉声名狼藉，而它附近的桑特岛在1893年的地震中，受灾就最为严重。可是，人们不会因为地震灾害就不到赏心悦目的地方去，更何况我们还可以把危险的程度降低呢！倘若你环球旅行过的话，你会看到许多火山缓坡上住着很多人，其人口密度甚至比地球脆弱的表面上相对安全的地带还要大。谁能给个理由呢？现在我要从伊庇鲁斯继续南行，看哪，维奥蒂亚到啦！

维奥蒂亚像一个空空荡荡的大汤盆，南接阿提卡群山，北邻色萨利和伊庇鲁斯山群山。我之所以在这里谈维奥蒂亚，主要是因为它是大自然对人类产生影响的一个经典范例，而我在本书开头就提到过这种影响。对于黄金时代的普通希腊人来说，维奥蒂亚人尽管来自文艺女神缪斯的家乡帕纳塞斯，是从建有德尔斐神庙的山坡上来的，但依然还是乡巴佬、反应迟钝的大老粗、小丑、畸形人、傻子、呆子、蠢蛋，是命中注定要在古希腊粗俗的闹剧中被当作笑料的。

然而，维奥蒂亚人的天分并不比其他希腊人低。古希腊军事家伊巴密浓达和古希腊传记作家普鲁塔克都是维奥蒂亚人，却在很小的时候就离开了家园。而一直在那里生活的后人却忍受着科派斯湖周围沼泽地散发出的有害气体的毒害。用浅近的现代医学术语来表

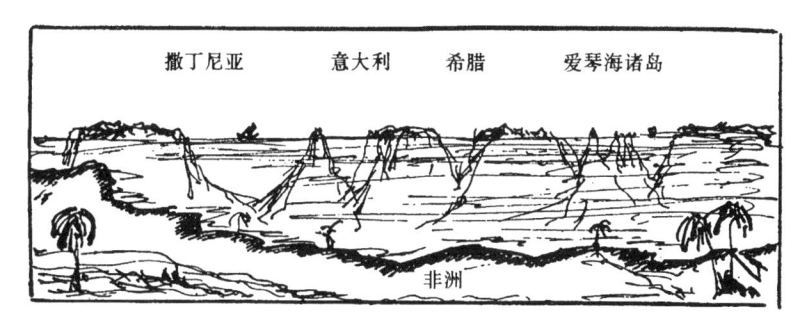

地中海

述，他们患的可能是疟疾，而疟疾不大可能造就出千伶百俐的人来。

13世纪时，法国的十字军骑士当上了雅典的新统治者。在他们执政的整整100年间，他们排空了沼泽地里的水，使得维奥蒂亚人的生活条件得到了改善。而土耳其人却心安理得地任由蚊虫繁殖，导致维奥蒂亚人的生活条件每况愈下。最后，在新王国的两代继任者——先是一家法国公司，后来是一家英国公司——手里，科派斯湖的水全部被排进了埃维亚海，这个内陆湖的湖底就此变成了肥沃的草场。

现在的维奥蒂亚人已经今非昔比，与雅典人和布鲁克林①擦鞋匠无异。老天知道，他们思维敏捷，有本事让苏格兰人或者亚美尼亚人从口袋里多掏钱。沼泽消失了，瘴气消散了，疟蚊绝迹了。几百年来，一直被讥为粗野的笨蛋、下贱的低能儿的"展品A"之地，扫清了瘴疠，恢复了正常的生活。

接下来，我们去看看希腊大地上最有趣的地方阿提卡。现在我们都是乘火车从拉里萨到雅典的，这条线与欧洲各条主干线相连。可若是在过去，从北方的色萨利到南方的阿提卡，却只有一条路可走，那就是取道有名的温泉关②。这并不是一个现代意义上的隘口，即两座大山之间的峡谷，而是一条狭窄的路，宽约45英尺，位于欧伊铁山的岩壁和海拉伊湾之间，是埃维亚海的一部分。公元前480

---

① 美国纽约市的一个区。
② 波希战争时，斯巴达人在国王列奥尼达的率领下，在此抗拒波斯大军，全部牺牲。

年,斯巴达国王列奥尼达和他的300名斯巴达勇士为了阻止薛西斯游牧部落的入侵,把欧洲从亚洲人手里解救出来,在温泉关全部捐躯。200年后,还是在温泉关,希腊人把野蛮的高卢人侵略的脚步挡在自己的国门之外。甚至在1821年至1822年间的土耳其和希腊的战争中,温泉关在军事上依然起着举足轻重的作用。今天,温泉关已经无处寻觅,海水后退了近三英里,空余着一个简易浴场,风湿病患者和坐骨神经痛患者试图在这些温泉里缓解自己的病痛(希腊语的thermos意思是"热",而你从英语的"温度计"[thermometer]和"温水瓶"[thermos bottle]这两个词就能看出来)。这个战场以这个温泉命名,就此名垂青史,人类还会天长日久地怀念那些明知败局已定,却死战到底的烈士。

至于阿提卡,它不过是个卧在爱琴海的碧波里的三角形岩岬。阿提卡的山多,山间的小峡谷也多,而条条峡谷通大海,海风习习,空气纯净清新。古代雅典人宣称,他们思维敏锐,观点明晰,都得益于他们所呼吸的空气令人心旷神怡。此言大约不虚。这里没有维奥蒂亚污浊的水塘,没有助长生命力旺盛的疟蚊滋生的环境,所以,雅典人个个健康,而且一直很健康。他们率先意识到人不可能一半是肉体,一半是灵魂,肉体和灵魂是合二为一的,健康的肉体是促进健全精神的必要条件,而健全精神乃是健康身体不可或缺的组成部分。

空气如此清新,可以从雅典卫城一览无余地望断彭忒利科斯山,群山俯瞰着马拉松平原,向雅典城提供大理石。然而,成就雅典人的不仅仅是气候因素，因为这个因素时至今日依然存在。

让雅典人直通世界任何一个有人区和无人区的是大海。把一座类似于方台的陡峭、平顶的小山摆在平原的正中，这是大自然的鬼斧神工，是地理上的奇迹。这座小山有500多英尺高，870英尺长，435英尺宽，恰好位于伊米托斯山（雅典优质蜂蜜产地）、彭忒利科斯山和艾加里奥山团团围绕的平原中心。就是在艾加里奥山的山坡上，那些从雅典逃出来的不幸难民目睹了波斯舰队在萨拉米斯海峡全军覆没，而在几天以前，薛西斯的军队刚刚纵火焚烧了他们的雅典城。这座陡峭的平顶小山，最先吸引了来自北方的移民，因为他们在那里找到了人类都需要的东西——食物和安全感。

奇怪的是，作为古代欧洲最重要的城市，无论是雅典还是罗马（正如现代的伦敦和阿姆斯特丹），都与大海保持几英里的距离，而不是紧紧依在海边。也许是因为早期地中海世界的中心城市——克里特岛上的克诺索斯就紧依海边而建，却因而常常遭到海盗的突袭，可能有骇人的事情发生，所以，几百年后所建的罗马城和雅典城汲取了这个前车之鉴。不过，从雅典出海要比罗马更方便些，古希腊水手只要在比雷埃夫斯（当时和现在都是雅典的海港）一登陆，就很快与家人团聚了。同样的路程，罗马商人却需要走三天，是过于远了些。于是，他们便改变了返回罗马故居的习惯，在台伯河口岸定居下来。罗马就是这样逐渐失去了与大海的紧密联系，而大海对于那些要称霸世界的国家而言，利益却大得很。

可是这些方台上的居民，这些"高城"（即"雅典卫城"一词的字面意思）的居民逐渐迁移到平原上来，在小山山脚下建房造屋，修筑围墙，后来工事式的居民区和比雷埃夫斯的居民区连为一体，他们依靠贸易和抢劫，过上了富裕的生活。在相当长的一段时间里，他们这个固若金汤的要塞成了整个地中海地区最富庶的大都会。后来，他们的"高城"也不再有人居住，却变成了一座神殿——一座座白色大理石神庙傲然耸立，阿提卡淡紫色的天空是它们的映衬。尽管一部分重要建筑被土耳其人炸毁（1645年雅典城被围期间），但是，在所有能够最完美地展现人类智慧的历史遗迹中，最独特、最辉煌的代表还是非它莫属。

1829年，当希腊重获自由，再度独立时，雅典已经沦为一个仅有2000居民的小村庄。1870年，雅典的人口是4.5万，现在已达到70万人，人口增长的速度与美国西部城市相差无几。在世界大战结束以后，倘然希腊不拿自己的命运作赌注，没有愚蠢地把小亚细亚所有有价值的殖民地拱手相让的话，雅典今天就会成为强有力的爱琴海地区的霸权中心啦。然而，将来依然存在这种可能性。上帝的石磨运转虽然缓慢，但不舍昼夜。而这座以上帝最灵巧、最机智的女儿①命名的城市，一定会像从她父亲的脑袋里蹦出来的守护神一样，有东山再起、重整河山的神力。

---

① 即雅典娜。雅典就源于她的名字。传说中，她没有生母，是全副武装地从父亲宙斯的前额里蹦出来的。在古希腊宗教里，她是战争、工艺和明智的女神，也是城市的保护神，尤其是城市和文明的女神。

接下来，我们要去大希腊半岛最后也最远的一个地方，在这里，我们的自信和预言都失效了。珀罗普斯王子由于父亲的罪孽而蒙受诅咒，从此，这块以这位不幸的王子名字命名的土地从来没能摆脱这个诅咒。在这里，雄伟的大山挡住了大海，大山背后是阿卡迪亚田园牧歌般的土地。诗人们异口同声地赞美它是纯朴、诚实而可爱的牧童和牧羊女的故乡。诗人们总是对于自己最不了解的事物倾注最大的热情。而阿卡迪亚人并不比其他地方的希腊人更诚实。如果说他们不像那些世故圆滑的希腊同胞那样耍卑鄙的阴谋诡计的话，原因并非是他们对此不赞同，而是因为他们对此闻所未闻，还没学会怎么耍。的确，阿卡迪亚人不偷盗，那是因为在这个只有枣和山羊的地方，实在没有什么值得偷。阿卡迪亚人确实不说谎，那是因为他们的村子太小，人人都对别人的底细无所不知无所不晓。如果说阿卡迪亚人不像埃莱夫西斯以及其他雅典圣地那样文雅而奢靡地敬奉诸神的话，那是因为他们有自己的神——潘神①。在开低俗的玩笑、表现乡巴佬似的弱智方面，潘神与其他奥林匹亚诸神相比毫不逊色。

的确，不论在当时，还是在现在，阿卡迪亚人一直都能征善战，可是这对他们却没有什么好处，因为同大部分的农民一样，他们厌恶纪律的约束，永远都会为由谁充当他们的主帅争论不休。

拉科尼亚平原位于多山的阿卡迪亚之南，这里的土地比阿提卡

---

① 古希腊神话中的丰产神，长着山羊的脚、腿和耳朵，通常被描绘成一个精力旺盛的好色之神。

山谷的土地更肥沃，但就独立思考而言却是贫瘠的，贫瘠到这里的居民对简单的日常生活之外一无所知。在这片平原上，有一座奇特的古城——斯巴达城。这座城市是北方希腊人对立面的代表。雅典人对生活是肯定的，而斯巴达人对生活却是否定的；雅典人信奉灵感神韵，而斯巴达人却追求效能和奉献；雅典人骄傲地宣称杰出人物的天赋神权，而斯巴达人却把所有人都视为平庸的众生；雅典人门户开放，笑迎八方客，斯巴达人却要么把外国人拒之门外，要么格杀勿论；雅典人是天生的商人，而斯巴达人却不让自己的双手沾染铜臭。倘若我们以成败论英雄的话，那么，斯巴达人无疑是失败的。雅典精神已经传遍了全世界，而斯巴达精神已经与它所诞生的城市一起烟消云散。

你能在现代希腊地图上找到一个叫作"斯巴达"的地方。那是个小村庄，住在村里的人是贫穷的农民和卑微的养蚕人。这个小村庄是1839年在古斯巴达传说中的遗址上建成的，由英国的热心人提供资金，一个德国建筑师绘制图纸。可是，没有人愿意去那里住，经过了近一个世纪的努力，斯巴达的居民至今只有4000人。珀罗普斯古老的诅咒！这个诅咒在这个半岛的那一端更加灵验，都应验在史前的迈锡尼城堡上了。

迈锡尼遗址距纳夫普利翁不远。纳夫普利翁是伯罗奔尼撒最著名的港口，坐落在同名的海湾里。早在有文字记载的历史以前相当长的那段时间里，人类文明首次在此触及未开化的欧洲海岸，所以，对于我们现代人来说，迈锡尼所具有的重要意义比雅典和罗马来得更为直接。

看看巴尔干半岛这只从欧洲伸向亚洲大手的那三根半隐半现的手指，你就会明白其中的缘故。这些手指由一些岛屿构成。这些岛屿现在属于希腊，只有爱琴海东部的几个岛被意大利占据至今，因为没有哪个国家愿意为了遥远的海域上的几个一文不值的岩岛而开战。为了便于介绍，我们把这些岛屿分为两组：一组是靠近希腊海岸的基克拉泽斯群岛，一组是靠近小亚细亚海岸的斯波拉泽斯群岛。正如圣徒保罗所了解到的那样，这些岛屿相距都不遥远，从而成为古埃及文明、巴比伦文明以及亚述文明西传，直至达及欧洲大陆的纽带。与此同时，受在爱琴海岛屿上居住的早期亚裔移民的影响，这些文明已经非常明显地"东方化"了，并且最终以这种形式抵达了迈锡尼。而迈锡尼本来能够像后来的雅典那样成为古希腊世界的中心的。

但是，为什么这一切没有成为现实呢？我们不清楚其中的缘由。我们同样不清楚，雅典顺理成章的继承人、地中海的新一代霸主马赛，为什么被迫把这个荣誉拱手让给了后起之秀罗马这样一个暴发户式的小村呢？迈锡尼昙花一现的辉煌和急速衰退是一个永恒之谜。

一条仅有4英里长的运河把科林斯地峡拦腰截断，可是这条运河太浅太窄，大船无法通行。希腊因为同土耳其（还与保加利亚、塞尔维亚及黑山单独或一起）进行了一系列战争，领土扩大了近一倍，随后又在宏大的霸主美梦中低估了土耳其人的战斗力，新领土的一半又得而复失。今天的希腊人和古希腊人一样乐于出海，地中海上到处可见共和国那蓝白相间的国旗（这是古代巴伐利亚人使用的颜色，1821年希腊获得独立时，由开国国王所引入）。有时也能在北海和波罗的海见到，但这类希腊船只可不像济慈①所描绘的希腊古瓮那样高雅华贵，而是以肮脏不法而臭名远扬的。此外，希腊还盛产无花果、橄榄和无核葡萄干，出口到那些喜食这些美味的国家。

希腊能否像它的人民热情期待和盼望的那样恢复往日的荣光呢？也许吧。

马其顿人、罗马人、哥特人、汪达尔人和斯拉夫人曾经先后占领过希腊；诺曼人、拜占庭人、威尼斯人以及那些罄竹难书的恶棍十字军曾经使希腊沦为自己的殖民地；接着，希腊差点被阿尔巴尼亚斩尽杀绝，差点被新移民同化，还被迫在土耳其的统治下生活了近四个世纪；在第一次世界大战中，被协约国当作军队后勤供应基地和战场——这样一个灾难深重的民族要复兴无疑是难上加难。然而，有生命，便有希望，哪怕是渺茫的希望。

---

① 约翰·济慈（1795—1821），英国浪漫主义诗人，著名作品有《夜莺颂》《秋颂》等。

第九章　意大利：海陆两栖占地利

意大利由于占据的地理位置，可以按照需要扮演双重角色：海上强国或者陆上强国。

从地理角度而言，意大利是一片废墟，是一块广阔的山地的残余，它的形状与现代的西班牙的形状一样，呈方形，然而却在逐渐缓慢地缩小（历经上百万年，纵是最坚硬的岩石也会变化），最终消失在地中海的万顷波涛之下。今天，只能看到这座古老山脉最东边的那部分，即亚平宁山脉，它从波河流域延伸到靴尖的卡拉布里亚。

科西嘉岛、厄尔巴岛和撒丁尼亚岛都是这块史前高原的遗迹。西西里岛当然是它的另一块遗迹。第勒尼安海中随处可见的小岛告诉我们，在古代，这里确实有山峰存在过。当陆地完全被大海淹没的时候，那一定是一幕惨烈的悲剧。不过，因为悲剧发生在2000万年以前，当时地球上正在经历最后一次大规模火山喷发，所以现在没有亲历者来讲述那段故事了。但对于后来亚平宁半岛的占领者而言，火山喷发的益处多多，使得这个国家在气候、土壤和地理位置等方面享有极其优越的自然条件,似乎命中注定要成为古代强国,这也成为艺术和知识在此得到推广和发展的重要因素之一。

希腊是伸向亚洲的一只手,抓住了尼罗河和幼发拉底河流域的古老文明,又转手把它贩到欧洲的其他地区。但在此期间,希腊却与蒙受了它诸多恩惠的欧洲大陆很疏离。希腊就像一座孤岛。但事实上,半岛地形并没有带来任何好处。层峦叠嶂的山峰,以及整个巴尔干山脉,把希腊人同其他欧洲人隔开了。

与此相反,意大利既享有三面环水的岛国之利,又有地连广阔的北欧大陆的明显特征。而我们在谈到西班牙、希腊和意大利时,往往忽略了这一事实,总是认为它们大体相仿。比利牛斯山脉和巴尔干山脉是一个不可逾越的障碍,横亘在南方和北方之间。可是波河大平原却像一把尖刀,笔直地插入欧洲的心脏。意大利最北部的城市所处的纬度比日内瓦和里昂还要高,甚至米兰和威尼斯的纬度也要比波尔多和格勒诺布尔高。而被我们下意识地视为意大利中心的佛罗伦萨,却与马赛差不多处在同一条纬线上。

此外,尽管阿尔卑斯山脉比比利牛斯山和巴尔干山脉高许多,它的走向却提供了一条比较便捷的南北通道。莱茵河和罗讷河与意大利北部的边界线平行,将阿尔卑斯山一分为二。它们穿过阿尔卑斯山,而山间的小溪流与主河道构成了90度角,通向波河平原的捷径就这样形成了。而第一批证实这条捷径确实存在的人,是汉尼拔[①]和他的大象马戏团。不过,对于没设防的罗马人来说,他们的到来,

---

[①] 汉尼拔(前247—前183),北非古国迦太基统帅,被誉为"战略之父"。

是一个沉重的打击。

因此，意大利可以扮演双重角色：作为沿海国家，称霸地中海；作为陆上强国，统治剥削其他欧洲国家。

直到地中海不再是世界的中心海洋，直到美洲新大陆的发现把大西洋变成了商业和文明的中心，意大利才失去了往日的优势。因为煤炭和铁资源匮乏，意大利无力与西方工业国家竞争。然而，从公元前753年罗马建城开始，直至公元4世纪的近1200年期间，易北河和多瑙河以南欧洲的每一寸土地，都在意大利的统辖管理下。

野蛮的日耳曼部落刚刚从亚洲来到意大利，便为占据这块诱人的"远西"的土地激烈地争吵起来。是意大利让他们首次了解了法律和秩序的观念，让他们知道：半开化的生活比居无定所、肮脏龌龊、单一的游牧生活优越得多。自然，意大利是靠掠夺别人才让自己富起来。不过，在苛捐杂税的同时，他们也输送一些"商品"，正是这些"商品"，在未来的时代，改变了不同地区的命运。时至今日，善于观察的人在布加勒斯特、巴黎、马德里或者特里尔参观游览，会立刻产生一个深刻印象，即当地居民不论是在外貌方面，还是在观念上，都与意大利人有某种相似性。他还会惊讶地发现，他能读懂商店的招牌，不论牌子上写的是西班牙文、法文、罗马尼亚文还是葡萄牙文。他很快就会意识到："我现在所在的地方是古罗马帝国的殖民地。曾有一度，这个地方的所有土地都是属于意大利的。这里的第一批房屋是意大利建筑师建造的，这里的第一条道路是意大利将军铺设的，这里的第一条商业贸易法规是用意大利语写成的。"对于这个国家海陆两栖的巨大的地理优势——本身是岛屿，又是大陆的一部分，他开始赞叹不已。

借助幸运的地理位置，意大利征服了整个已知世界，却也因此给自身带来一些显而易见的弊病。意大利这个文明古国，拥有的不单单是月光下的废墟、橘树、曼陀林音乐和过得如诗如画的农夫，它还是一个典型的火山喷发之地。这个在火山喷发中诞生的国家，时刻都有被生身母亲毁灭的危险。

每个年逾古稀的意大利人（这不难，因为在意大利，笑声和文雅已经成为天性，正如苦笑和粗鲁在其他国家一样常见）被毕恭毕敬地抬进坎波桑托圣地的家庭墓地之前，肯定会亲身经历过至少一次大地震和几次小地震。

火山喷发了千百年，意大利辽阔的大地渐渐被一层层厚厚的凝灰岩所覆盖。凝灰岩是一种硬度较低的岩石，由火山剧烈喷发时火山口喷发出来的火山灰构成。这些凝灰岩多孔，渗透性极强，因而对整个半岛的地形地貌具有决定性的影响。至少有4000平方英里的土地被火山凝灰岩所覆盖，就连罗马著名的古迹七座山[①]也不例外，也是由变硬的火山灰堆积而成的。

史前的火山喷发还造成了其他地质演变，使得意大利的土壤附着力非常弱。亚平宁山脉纵贯整个半岛，把半岛大致一分为二。它的大部分是由石灰岩构成的，石灰岩是一种硬度很低的岩石，覆盖在年代更久远、更坚硬的岩石上。这种石灰岩极易滑动。古意大利

---

① 罗马城建于七座山上。

人对此心知肚明，所以，即使没有火山喷发，他们也会每隔20年把乡村的地产边界检查一遍，看看个人地产之间的界石是否还在原地。而现在的意大利人则在经历了痛苦、付出了惨重的代价之后认识到：一次次的道路断裂，一次次的铁路变形，一座座可爱的村庄从青山上滚落，都是土壤的"滑动过程"。

你如果到意大利参观游览，你会惊奇地发现，有那么多的市镇坐落在高高的山顶上。通常的解释是：古意大利人为了安全起见，才躲到"鹰巢"上居住。而这不过是一个次要因素，最重要的原因是：山顶虽不舒适，却可以远离山谷的水道和交通要道，从而避免滑坡带来的生命之虞。在山顶上，古老的地质岩层通常会暴露在外，给未来的居民提供了一个恒久稳定的居所。而山坡由易移动的石灰岩构成，如同流沙一般，并不可靠。所以，那些美妙的村庄远远望去风景如画，一旦入住就会令人感到非常的不舒服。

这把我们带入对现代意大利的思考中。与希腊不同，意大利不仅有过去，它还有未来，它正凭借着智慧和勇气迈向一个新目标。只要它能够持之以恒，就可以弥补过去的1000年里因疏忽所造成的损失，恢复昔日的荣光，再度跻身于世界一流强国之列。

意大利在1870年再次实现了统一。争取独立的战争刚刚结束，刚刚把外国统治者赶回阿尔卑斯山的另一边（那才是侵略者的老家），他们便开始了那宏伟却又几乎绝望的奋斗历程——重整家园。

他们先是把注意力放在了半岛的粮仓——波河流域上。波河没有别的河流那么长。事实上，如果你把世界上的河流的长度做个比较的话，你会注意到，在欧洲，唯一可以享有"世界大河"殊荣的河流只有伏尔加河。波河紧靠着北纬45度，仅有420英里长，但波河的盆地却不小，有2.7万平方英里，包括波河支流的流经之地以及直接受惠于波河的地方。波河流域虽然不及其他那几条大河，但却有其独特的品质。

波河能通航的河段占河段全长的5/6，不仅如此，它还是世界上河口三角洲面积扩大得最快的河流之一。波河三角洲每年向外拓展200英尺，面积扩大0.75平方英里。依此类推，1000年以后，该三角洲会延伸到对岸的伊斯特拉半岛，而威尼斯将会成为湖中的孤岛，一条7英里宽的大坝会把它与亚得里亚海隔开。

波河挟裹入海的大量沉积物，一部分自然是沉到了河底，致使河床被几英尺厚的坚硬物质所覆盖。为了防止河床不断增高，淹没周围的陆地，波河两岸的居民从古罗马时代就开始拦堤筑坝，时至今日仍然坚持不懈。所以现在的波河河面比它所流经的平原高很多，有些村庄的堤坝高达30英尺，河面和屋顶一般高。

意大利北部所有的湖都是冰碛湖，马焦雷湖、科莫湖和加尔达湖就是例证。当人类刚刚在那里出现，刚刚开始进行农田灌溉时，这些冰川碛湖就成了天然的蓄水池。波河平原的早期居民就已经学会利用这得天独厚的地理条件了。他们开凿运河，把汇入波河的几百条小河连接起来。他们修筑堤坝，现在每过几分钟，就有成千立方英尺的水通过运河。

波河流域是种植水稻的理想之所。1468年，一位比萨商人最先

79

把水稻引进波河流域，今天，在波河平原中部，稻田随处可见。此外，其他农作物，如玉米、大麻和甜菜等，也被引入这里。这样一来，尽管这块平原比意大利其他地区的降水少一些，却是全国土地最肥沃的地方。

这块地方不仅让男人足食，还让女人丰衣。要养蚕，桑树必不可少。早在9世纪，拜占庭人就把中国的桑树引入波河平原。拜占庭位于罗马帝国的东部，1453年，土耳其人攻占其重要城市君士坦丁堡，并把它定为土耳其帝国的首都，拜占庭乃亡。桑树喜热畏寒，伦巴第地区——也就是波河平原，有着桑树生长的理想环境。今天，波河地区从事纺织工业的人数约50万，据说他们生产出的丝绸产品的质量比蚕的故乡——中国和日本还要高得多。正是蚕这种不起眼的小虫子，为我们提供了最华丽的服饰。

难怪波河平原人口稠密。然而，波河流域最初的建设者们为了安全起见，却与波河保持了一定的距离，原因是他们当时的工程技术还很落后，还没有能力建构稳固的堤坝，此外，他们还害怕每年春涝以后形成沼泽。都灵是唯一直接建在波河沿岸的重要城市。以前的都灵曾经是萨伏依王室的老家，今天的意大利就在它的统治之下。都灵还是连接法国和瑞士的交通要道（塞尼山口通向法国，圣伯纳德大山口通向罗讷河谷，此处以狗和修道院闻名于世）。不过，都灵的地势比较高，不必担心被洪水淹没。另一座城市米兰是波河地区的首府。米兰处在波河和阿尔卑斯山之间，是五条重要商道（即圣哥达大道、辛普朗、小圣伯纳德、马洛亚与施普吕根）的交会点。维罗纳位于阿尔卑斯山的山脚下，是布伦纳山口的终点，也是连接德国和意大利最古老的通道。波河岸边的克雷莫那，是小提琴制作世家——闻名遐迩的斯特拉迪瓦里、瓜奈里和阿马蒂的故乡。而帕多瓦、摩德那、费拉拉和博洛尼亚（欧洲最古老的大学所在地）都与波河大动脉保持一定的安全距离，同时又以波河为依托，保持着自身的繁荣。

古代最浪漫的两个城市威尼斯和拉韦那的情况与此相同。威尼斯的街道就是157条水路，总长28英里，本是难民的避难之地。面对亚洲游牧民族来袭的危险状况，原本住在大陆上的居民认为在大陆上不安全，所以宁愿在波河以及其他小河汇集而成的泥泞河岸上过不舒适的生活。可是他们一到这里就发现，波河流域盐滩里的黄金俯拾皆是。于是，他们垄断了盐业，迅速走上了致富之路。他们的茅草小屋被大理石宫殿所替代，他们渔船的规模与战舰不相上下。在近三个世纪的时间里，他们是整个文明世界的殖民领袖，同时也是最傲慢、最温文的教皇、帝王和苏丹。然而，哥伦布发现了（自然是自以为发现了）通往印度的道路，并平安归来，当这个消息传到威尼斯的商业区里亚尔托，引起了一场恐慌。所有的股票和债券都下跌了50点。经纪人这次成了预言家，因为威尼斯从此以后一蹶不振。威尼斯精心保护的海上贸易通道的投资付诸东流了。里斯本和塞维利亚取代了威尼斯，成为国际货仓，欧洲各国都到那里采购香料及其他亚洲和美洲的产品。大量黄金的流入，使威尼斯成为18世纪的巴黎。所有的纨绔子弟都齐聚于此，目的是接受高雅的教育，进行不那么高雅的享乐。当狂欢占据了一年中的大部分时间,末日也已经来到。拿破仑仅仅用一个小队便一举攻占了这座城池。水道今如故,犹自待君羡。不过,20年后,机动船将把这一切破坏殆尽。

另一座城市也是波河淤泥的产物,那便是拉韦那。拉韦那本是一个寻常乏味的港湾,当年,但丁和拜伦这样的名人曾经在此纵情买醉。一条六英里长的泥沙河把拉韦那与亚得里亚海隔断,让它成了如今这样的内陆城市。在公元5世纪,拉韦那是罗马帝国的首都,一个重要的、拥有庞大卫戍部队的海上基地,拥有最大的码头和最大的木材供应货源,它当时的地位比今天的纽约还要显赫。

由于蛮族的势力日益强大,罗马皇帝早在公元404年就认识到,罗马已非安全的久留之地,于是迁至"海上城市"拉韦那,以便更好地保护自己免遭蛮族的突袭。他和子孙后代从此在拉韦那治国安邦,安居乐业,谈情说爱。今天,你静静地站在那些美妙无比的镶嵌画前,看着那个黑眼睛女人,你会想到,她最初是君士坦丁堡杂技团的舞女,后来成了著名的罗马皇帝查士丁尼一世的爱妻,而死时被尊为圣洁之人,她就是狄奥多拉。

后来,拉韦那被哥特人占领,成为他们新建帝国的都城。此后,那些环礁湖湖水涨满。尔后,威尼斯和教皇都曾为拉韦那而战。再后来,拉韦那成了那个忧郁的逃亡者①的家,而为故乡佛罗伦萨奉献多多的他,换来的奖赏却是上火刑架。在环绕拉韦那的那些有名的松林里,他静静地度过了残生。再再后来,他进了坟墓,而不久

---

① 指诗人但丁。

以后，这座著名的古老帝都也随他而去了。

关于意大利北部，还要再说两句。意大利不产煤，却有几乎是取之不尽的水资源。第一次世界大战爆发时，水资源才得到了利用。在未来的20年里，你会看到这种廉价的电能得到充分的开发。原料短缺自始至终是一个棘手的难题。但众所周知，意大利普通公民生性勤劳，生活俭朴，需求适度，对于那些自然资源丰富但人力匮乏的国家而言，意大利是危险的竞争对手。

在西部，波河大平原与地中海被利古里亚阿尔卑斯山分开，而利古里亚阿尔卑斯山是亚平宁山脉和真正的阿尔卑斯山之间的纽带。利古里亚山南坡完全不受北方寒风的侵袭，从而成为著名的冬季度假胜地里维埃拉的一部分。说得更准确些，那是专属于能为火车的长途路费和宾馆昂贵的住宿费买单的欧洲人的度假胜地。热那亚是那里的主要城市，这个近代意大利王国的主要港口，拥有最华丽的大理石宫殿。这些宫殿是当时热那亚同威尼斯争夺近东殖民地，成为威尼斯最危险竞争对手时所留下的遗迹。

热那亚以南则是另一个小平原——阿尔诺河平原。阿尔诺河发源于佛罗伦萨东北25英里的山区，流经佛罗伦萨市中心。中世纪时，佛罗伦萨位于基督教中心罗马与欧洲各地连接的交通要道上，并且巧妙地利用这个有利的商业位置，迅速发展成为世界上最重要的金融中心。美第奇家族（他们原本是行医出身，后来，他们的盾形纹章上的三粒药片变成了当铺里的三个金球）在这方面表现得尤为出色，美第奇家族最终不仅成为托斯卡纳全境的世袭统治者，还把他们的家乡佛罗伦萨建设成为15世纪和16世纪最辉煌的艺术中心。

不仅如此,在1865年至1871年间,佛罗伦萨还一度成为新兴的意大利帝国的都城。虽然后来它日渐式微,但仍然值得一去,去领略既富裕又拥有高雅口味的人,能过上多么美好的生活。

阿尔诺河在入海前流经一个最美丽的花园,类似的地方只有在爪哇岛才能找到。而河口附近的两个城市却没有多少历史价值。比萨城有个斜塔,建筑师在打地基时不够细心,塔就这么斜了,却为伽利略研究自由落体定律提供了很大的便利。另一个城市是里窝那,不知道是出于什么稀奇古怪的原因,英国人称其为"莱戈恩"。人们之所以还记得里窝那,主要是因为1822年雪莱① 就是在这个城市附近溺水而死的。

由里窝那出发,古老的马车驿道和现代化的铁路都与海岸平行南下,车上的游客可以走马观花地瞥一眼厄尔巴岛(当年是拿破仑的流放地,他从此地突然卷土重来,重归巴黎,很快就踏上了命中注定的不归路——滑铁卢)。继续前行,便进入台伯河平原了。这条有名的河流在意大利文中被称为"特韦雷河",流速缓慢,水呈黄褐色。依稀让人联想起芝加哥河,却没有芝加哥河那么宽阔;还让人联想起柏林的施普雷河,却不如施普雷河那般清澈。台伯河发源于萨宾山脉,罗马人最初就是去那里抢亲的。在史前时期,台伯河河口在罗马以西12英里处,而现在的河口又向前伸展了2英里,因为台

---

① 雪莱(1792—1822),英国著名浪漫主义诗人。代表作有长诗《麦布女王》、诗剧《解放了的普罗米修斯》、诗歌《云雀颂》等。

伯河和波河一样，挟裹泥沙的能力堪称一流。台伯河平原与阿尔诺河平原的差异在于，阿尔诺河平原的面积虽然没有台伯河平原那么大，却比台伯河平原的土质更肥沃，更健康；而台伯河平原虽然更宽广些，却荒凉贫瘠，还是疾病的发源地。英语里的"疟疾"一词就是生活在台伯河平原的中世纪移民造的。他们坚信"疟疾"（malaria，意为"污浊的空气"）就是让病人死前频繁发热、高烧不退的罪魁祸首。出于恐惧，看太阳一落山，家家户户台伯河人就把门窗关得严严实实的。可是，这种预防措施有一个极大的弊端，那就是把小蚊子也都关在了屋里。然而，我们也不过是在30多年前才了解到疟疾和蚊子之间的关系，所以，我们大概也不该特别嘲笑祖先的这一点小小的愚昧无知。

在罗马帝国时代，坎帕尼亚平原这片有名的平坦之地的排水工作做得已经很好，人丁兴旺。可是它四面洞开，第勒尼安海沿岸没有设防，罗马"警察"一消失，海盗就在整个地中海地区猖獗起来了，而这里就自然被海盗当成了目标。于是，城镇被毁坏，农田荒芜了，排水渠无人问津，死水潭里疟蚊横生。从中世纪直至30年前，人们对台伯河河口至奇尔切奥山附近的彭甸沼地一带避之不及，即使实在无法回避，也会快马扬鞭，飞驰而过。

人们不禁要问，为什么要把这座古代世界最重要的城市建在这样一个疫病肆虐的地方呢？这到底是什么呢？为什么把圣彼得堡也建在沼泽里，为了排水，搭上了成千上万人的生命？为什么马德里要建在一个周围数百英里人迹罕至、寸草不生的高原上呢？为什么巴黎坐落在一个长年累月阴雨连绵的盆地的最低处呢？我不知道是什么缘故。或许是出于机遇，或许是由于贪欲，又或许二者皆有，或许在政治预见上出现了失误！我不知道是什么缘故。反正我又不是在写一部哲学著作，管他呢。

总之，罗马就建在罗马，尽管气候恶劣，于健康无益；尽管冬冷夏热，交通不便。可是罗马还是发展成为一个世界性帝国的首都，一个全球性宗教的圣地。

对于罗马城本身，我不想细细地描述，因为我对这个号称东半球的"不朽之城"的城市成见最深，无法做出客观公正的评价。站在古罗马广场，我理应哭泣，因为我看到那些打着将军和政党领袖旗号的土匪恶棍，蹂躏过整个欧洲和亚非的大部分地区。他们在那里留下了几条道路，成了他们罄竹难书残暴罪行的永恒借口；站在那座纪念殉难者圣彼得的教堂前，我理应敬畏地战栗，可是我却只感到痛惜，为了修建这座大教堂这样劳民伤财，耗资巨大，造出的教堂不过比同类建筑大了些，既没有美感，也没有魅力。而我所渴慕的是佛罗伦萨和威尼斯的和谐以及热那亚的平衡。当然，我知道这只是我私人的独特感受。彼特拉克①、歌德，以及任何一个略有声名的人，第一眼看到布拉曼特②的穹隆时，都曾潸然泪下。我们就此打住吧，对于一个将来你有时间亲眼参观的城市，我不想事先就倒

---

① 彼特拉克（1304—1374），意大利诗人，文艺复兴时期人文主义的伟大代表。
② 布拉曼特（1444—1514），意大利建筑家，佛罗伦萨教堂的设计者。

了你的胃口。我需要指出的是，从1871年起，罗马就是意大利王国的首都，而罗马城中还有一个城中之城——梵蒂冈。1870年9月是教皇之国梵蒂冈的大劫凶日，那一天，意大利王国的军队开进了城，颁布了一道法令，宣布梵蒂冈城从此归罗马管辖，取消了梵蒂冈教皇的绝对统治权。1930年，梵蒂冈城才归还给了教皇，教皇长期被剥夺的绝对统治权也得到了恢复。

现代的罗马城，工业近乎于无。只有一些难看的纪念碑，一条主街，让人联想到美国的费城。还有许多穿军装的人，军装做得倒是不错。

我们接着要去另一个城市，它迄今为止依然还是全意大利半岛人口最稠密的城市。这个地理和历史造就的奇特产物，又一次让我们面对那恼人的未解之谜："为什么这个具备一切优越条件的城市，没有取代那个坐落在一条寻常、干涸小河河道上的罗马，成为君临天下的都城呢？"

这个城市就是那不勒斯。那不勒斯位于一座优良港湾的前沿，面朝大海。它比罗马还要古老，周围地区本是意大利西海岸最肥沃的地区。那不勒斯最初是由希腊人建立的，希腊人与危险的亚平宁山脉的部落进行商品交换时，为了安全起见，将贸易活动安排在与大陆有一定距离的伊斯基亚岛上。而事实证明，伊斯基亚岛也不安全，它总是随着火山爆发而地动山摇，于是希腊人便迁回了大陆。由于远离故土，这些殖民者心情郁闷，又因为贪得无厌的总督敲诈勒索而烦躁，所以显然经常不可避免地发生口角摩擦，最终导致内证,三四个小型居民点遭到破坏(听起来就像美国建国之初似的)。于是,有一批新来的移民决定从零开始,另起炉灶,给自己建了一座城市,他们称之为"新城"或者"那波利斯",后来成了"那波利"或者英语的"那不勒斯"。

当那不勒斯已经发展成为一个繁荣的商业中心时,罗马还是个住着牧民的村落。然而那些牧民在管理方面有真才实学,因为早在公元前4世纪,那不勒斯已经与罗马"结盟"了。"结盟"是个悦耳动听的词,不像"臣服"那么难听,但所表述的关系却毫无二致。从那时候起,那不勒斯就沦为低人一等的角色,后来被蛮族霸占,最后落入西班牙波旁王室的后裔手中,而波旁王室的统治则是可耻的暴政与镇压一切自由思想和行为的代名词。

不过,那不勒斯拥有这么多优越的自然条件,它最终还是发展成了欧洲大陆上人口密度最大的城市。这些人是怎么生存的,没有人知道,也没有人想知道。直到1884年那不勒斯霍乱流行,意大利王国才迫不得已给房子来了个大扫除,这件事他们做得既明智又严格,值得赞许。

这座奇异之城的背后,恰好就是很有观赏性的维苏威火山。从火山喷发的方式来看,维苏威火山是所有已知火山中最干净利落、最有规律可循的。它的高度约为4000英尺,周围被一些漂亮的小村庄团团围绕,村里盛产一种特制烈性酒,即有名的"基督之泪"。早在罗马时期,这些村民的祖先就生活在这些村落里了。怎么就不可能呢?维苏威火山是个死火山,在人类的记忆中,它大约有1000年没喷发过了。只有在公元63年,在大地的深处曾经隐隐约约有过隆隆声,可是这对于意大利这样的国家来说根本算不了什么。

可是在16年以后,它让人们大吃一惊。在不到两天的时间里,赫库兰尼姆城、庞贝城以及另外一个更小的城市都被岩浆和火山灰深深地埋葬,从地表上彻底消失了。此后,维苏威火山至少每隔100年就要喷发一次,来表明自己不曾"死"去。新的火山口比原来抬高了1500英尺,一直冒着滚滚的浓烟。最近300年的统计材料,标明了它的喷发时间:1631年、1712年、1737年、1754年、1779年、1794年、1806年、1831年、1855年、1872年、1906年等等。这说明那不勒斯成为第二个庞贝城不是不可能的。

从那不勒斯向南,我们就进入了那个叫卡拉布里亚的地区。这个地区远离国家中心,深受其累。虽然有铁路与北方相连,但卡拉布里亚沿海地区疟疾横行,中部由花岗岩构成,农业生产还像罗马共和国时期那样原始。①

把卡拉布里亚地区和西西里岛隔开的是一条狭窄的海峡——墨西拿海峡。虽然这条海峡只有一英里宽,在古代却以两个大漩涡而闻名,其中一个叫斯库拉(六头女妖),另一个叫卡律布狄斯。据说,假如航船稍稍偏离航道半码,整条船就会被这两个漩涡吞没。我们从古代航海者对漩涡的恐惧中确切地感受到了他们的无奈,因为现代机动船可以不必关注水流的动向,直奔漩涡中心,一面"噗噗"叫着,一面潇洒自如地一穿而过。

---

① 第一罗马共和国建立于公元前510年。

对于西西里岛来说，它优越的地理位置使得它自然而然地成为古代世界的中心。更何况这里气候宜人，人口稠密，土地肥沃呢。不过与那不勒斯一样，或许是因为这里的生活太优裕、太轻松、太舒适了点，所以，在过去的2000多年的漫长岁月里，对于外强施与的各种各样的暴政，他们都逆来顺受，安之若素。他们一旦摆脱了侵略和压迫（来自距非洲北部海岸仅有几百英里的腓尼基人、希腊人、迦太基人，还有汪达尔人、哥特人、阿拉伯人、诺曼人、法国人，以及以这个幸福岛作为头衔的120位王子、82位公爵、129位侯爵、28位伯爵和356位男爵），便着手恢复被当地的火山埃特纳所毁坏的家园。

我在这里还要把马耳他岛带上一笔，虽然它在政治上并不属于意大利，然而对西西里岛而言，马耳他岛确实有点像自己的海上郊区。这个肥沃的岛屿恰好位于西西里岛与非洲海岸之间，扼住了从欧洲经苏伊士运河通往亚洲的海上商路的咽喉。十字军失败以后，马耳他岛成了给圣约翰骑士的献礼，此后，他们自称圣约翰骑士团，即马耳他骑士。1798年，拿破仑在远征埃及的途中占领了马耳他岛。拿破仑原计划是假道埃及和阿拉伯，把英国人赶出印度（这是个天才计划，但最终还是没有成功，原因是他没有料到埃及和阿拉伯沙漠是这般的浩瀚无边）。两年以后，英国人以此为借口占领了马耳他岛，从此赖住不走了。为此，意大利人懊悔不已，而马耳他人却不以为意，因为总体说来，他们过得不错，若是换了同胞来掌权，还不如外国人呢。

我不太关注意大利东海岸，因为它不是很重要。首先，亚平宁山脉几乎一直延伸到了海边，所以难以建立大规模的居住区。而亚得里亚海另一边的海岸上山崖陡峭，实际上不适宜居住，贸易也难以发展。

普利亚是意大利的靴跟部分。像卡拉布里亚一样，普利亚也饱尝远离文明地区之苦。世界上最好的天然良港之一塔兰多也在普利亚，却缺少客户。当地一种剧毒蜘蛛以及被这种蜘蛛咬伤后要跳的舞蹈都叫塔兰托，据说跳这种舞可以防止被蜘蛛咬过的人睡过去，进入致命的昏迷状态。

第一次世界大战把地理变得异常复杂，不说伊斯特拉半岛，就没有把现代的意大利说完全。把伊斯特拉半岛割让给意大利的缘由，是对意大利背叛盟友，倒戈到协约国行为的认可。昔日的的里雅斯特曾经是奥匈帝国的重要出口港，现在，因为丧失了天然的内陆贸易区，所以日渐衰落。而阜姆港①隐身于克瓦内尔湾的另一端，原为哈布斯堡的领地。由于整个亚得里亚海岸再也没有良港，阜姆就成了日耳曼人的天然出海口。由于害怕阜姆成为的里雅斯特港的竞争对手，所以意大利人一直对阜姆港的归属权争论不休。当签订《凡尔赛和约》的政治家们拒绝把阜姆划给意大利时，意大利就干脆明火执仗地去抢，或者更准确地说，是他们的诗人、大名鼎鼎的作家、伟大的邓南遮给意大利人抢回了阜姆。之后，协约国把阜姆变成了一个"自由邦"，最后，意大利经过同南斯拉夫旷日持久的谈判，终于

---

① 现为克罗地亚的港口城市里耶卡。

得到了阜姆。

　　本章已接近尾声，只剩撒丁岛没说了。撒丁岛真是大得很，可是它那么偏远，造访过的人也那么少，所以我们有时甚至会忘记了它的存在。然而它确实存在着，而且还是欧洲第六大岛，覆盖面积约一万平方英里。撒丁岛与亚平宁山脉一脉相承，是亚平宁这座史前山脉的另一端的最远处，背向祖国大陆。撒丁岛的西海岸有一些优良海港，而东海岸却陡峭、危险，一个便于靠岸的地方也没有。在过去的200年里，撒丁岛在意大利历史上扮演了一个奇怪的角色。1708年以前，撒丁岛隶属于西班牙。之后，它又落入奥地利人手中。1720年，奥地利用撒丁岛交换了西西里，当时的西西里属于萨伏依公爵，他的公国的首府设在波河边的都灵。撒丁岛一到手，萨伏依公爵就骄傲地自称"撒丁国国王"（从公爵到国王，迈出了果敢的一步），这就是以撒丁岛命名的王国逐渐发展成现代的意大利王国的过程，然而，10万个意大利人中恐怕都没有一个人见过撒丁岛。

第十章 西班牙：非洲和欧洲的战场

伊比利亚半岛人民以响当当的"种族特征"而闻名，人们认为西班牙人在"种族方面"与其他人群的差异很明显。所以，人们在任何地方，在任何情况下都会从他们种族的自豪感、他们彬彬有礼的举止言谈、他们自尊的态度，甚至他们弹吉他和打响板的水平上辨认出他们是西班牙人，人们甚至用音乐来支持这种"种族理论"。

也许是这样的。就像很容易从弹吉他和打响板的水平中辨认出西班牙人一样，从自傲和自尊的态度上，也许也很容易辨认出西班牙人。但我对此却持严肃认真的怀疑态度。西班牙人善于弹吉他和打响板，只不过是因为西班牙的气候温暖干燥，他们有条件使用室外乐器罢了。待到美国人和德国人玩这两样乐器玩得也真心不错以后，他们都比西班牙本土的才子高明得多。美国人和德国人不像西班牙人那样经常弹奏吉他、打响板，那是他们所在地区的气候造成的。人不可能在柏林的寒夜里，在倾盆大雨中打好响板，也不可能用害着冻疮的颤抖的手弹好吉他。至于西班牙人的自傲、自尊、彬彬有礼等品质，难道不都是多少个世纪以来艰苦军事训练的结果吗？

从地理上看，西班牙既是欧洲的一部分，也是非洲的一部分，他们的军事生活不正是这一事实所带来的直接结果吗？这里难道不是注定成为欧洲人和非洲人一决雌雄的战场吗？最后，西班牙人获胜，但是，他们长期以来为之战斗的土地却给这个民族留下了烙印。假如西班牙民族的发祥地是哥本哈根或者伯尔尼的话，西班牙人会变成什么样子呢？他们可能就是平平常常、毫不起眼的丹麦人或者瑞士人。他们可能不会去打响板，而是转而学会了用常声和假声引吭高歌，因为高山峡谷的峭壁悬崖会产生美妙的回音，诱使他们用美声歌唱。他们也无须再在那片撂荒的土地（是因为非洲和欧洲之间的冲突而再度撂荒）上，以无限的精心和无限的耐性劳作，靠干瘪的面包和发馊了的酒生存了。他们会吞吃大量的黄油，生活在永远潮湿的气候里，这成了必要的身体保护措施；他们还会喝烈性酒，而这种酒差不多是不可或缺的全民饮品，因为那里的粮食又多又便宜。

现在让我们来看看地图吧。你还记得希腊和意大利的山脉吗？希腊的山脉呈对角线状贯穿全境；意大利的山脉几乎呈直线状贯穿南北，把意大利一分为二，两侧却留下了足够的空间来建造公路，就是这条公路将沿海的两端连接在一起，而广阔的波河平原这个突出的角则把亚平宁半岛与欧洲大陆连为一体。而西班牙的山脉却是呈水平状的，人们几乎可以视其为看得见的纬线。你只须看一眼地图，就会明白这些山脉在西班牙有序发展过程中是怎样成为天然障碍的。先看看比利牛斯山脉吧。

比利牛斯山脉全长240英里，从大西洋直挺挺地直奔地中海而

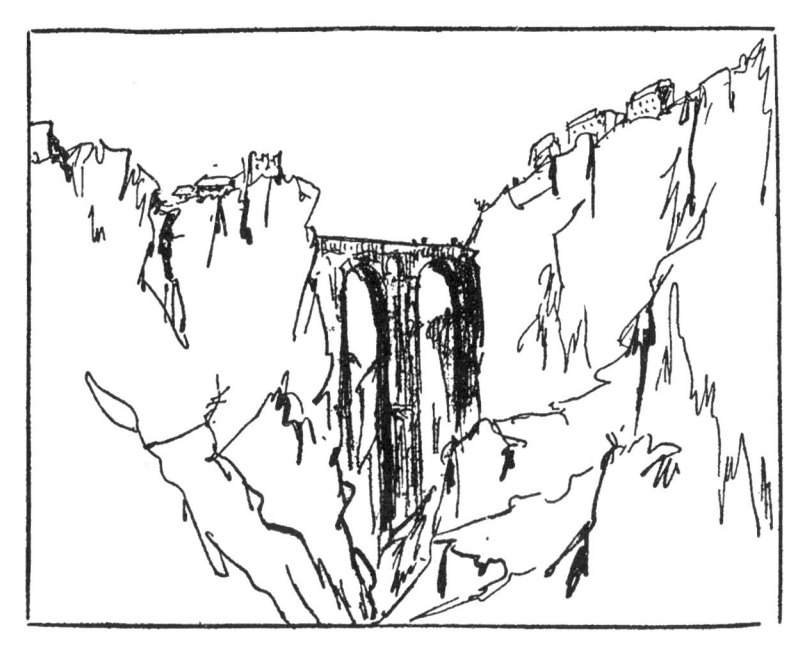

西班牙峡谷

去。这些山没有阿尔卑斯山高，所以从山口翻越似乎比阿尔卑斯山更容易些。然而，事实并非如此。阿尔卑斯山的山虽高，山体却很宽。山路虽长，坡却舒缓。这样一来，给行人和驮马造成的困难不太大；而比利牛斯山却只有60英里宽，这样一来，除了山羊和骡子之外，对于任何人来说，都会觉得比利牛斯山太陡峭了。而据经验丰富的旅行者说，连骡子也很难轻松翻越。此外，训练有素的登山者也能够成功翻越比利牛斯山，但也仅限于夏季的那几个月里。鉴于此，铁路工程师在修建连接西班牙与外界其他地方的铁路时，他们修建了两条铁路干线，一条从巴黎沿大西洋至马德里，另一条由巴黎沿地中海海岸至巴塞罗那。在阿尔卑斯山脉上，有六条铁路穿山越岭，而在比利牛斯山脉上，从西部的伊伦到东部的菲格拉斯，竟没有一条穿山隧道。开凿出一条60英里长的隧道毕竟是件困难的事情，谁也无法把火车送到40度的斜坡上。

在西部有个山口比较容易通过，那就是有名的龙塞斯瓦列斯山口。当年，查理曼大帝①的属下那赫赫有名的十二骑士之一——罗兰，对主人尽忠，在与萨拉逊人的战斗中坚持到最后一刻。700年以后，另一支法兰西军队取道该关口入侵西班牙。虽然他们已经越过了山口，却被阻挡在潘普洛纳城外，该城控制着南侧的道路。在守城之际，一个名叫依纳爵·罗耀拉的西班牙士兵腿部中弹，伤势十分严重。他在疗养时看到了一些异象，这赋予了他以灵感，从而创立了"耶稣会"，即有名的"耶稣会士骑士团"。

发源于这里的耶稣会保卫着可以翻越比利牛斯山脉中部的唯一山口。耶稣会对许多国家的地理变迁都有巨大的影响，其影响力不仅超过了任何一个宗教组织，甚至超过了那些不屈不挠的旅行者——方济各会修道士。

毫无疑问，正是由于比利牛斯山脉陡峭险峻，难以逾越，才为著名的巴斯克人提供了机会，使得他们得以从史前时代保全至今。由于同样的原因，位于山脉东部高山上的安道尔公国能够保持独立。总数约70万人的巴斯克人如今居住在一个三角地带。这个三角地带北起比斯开湾，东至西班牙纳瓦拉省，西抵桑坦德市和埃布罗河的

---

① 史称查理大帝或查理一世，公元768—814年为法兰克国王。

洛格罗尼奥市。

巴斯克人表现出了与世隔绝的疏离本领。他们非常勤劳。已经有10多万人移居到南美洲。他们是出色的渔民、优秀的水手和能干的铁匠。他们只关注自己的分内之事，连报纸的头版头条都不看。

他们国家最重要的城市是维多利亚，为6世纪的一个哥特国王所建。在这个城市里还发生过一场有名的战役，在那场战役中，有个名叫阿瑟·韦尔斯利的爱尔兰人，但人们知道得更多的是他的英文名字——威灵顿公爵。就是他，打败了那个名叫波拿巴的科西嘉将军所带领的军队，而此人更以他的法国头衔——拿破仑皇帝而闻名。从此这个法国皇帝就永远地被赶出了西班牙。

至于安道尔这个奇特的公国，它的人口最多不过5000人，只有一条马道通往外部世界。安道尔公国是中世纪诸侯国幸存下来的唯一标本。它之所以能够保持独立，以前是因为，作为前沿据点，它能为远方的君主提供有价值的服务；后来是因为，它远离外面喧嚣的尘世，没有引起外界的注意。

安道尔首都有600个居民，然而至少在美国进行民主试验、应用民主制度的800年以前，安道尔人跟冰岛人和圣马力诺人一样，已经按照自己的意愿来治理国家了。作为一个具有悠久历史的姊妹共和国，安道尔至少应该得到我们的同情和尊敬。800年岁月太久，2732年时，我们这些国家又会是什么样子呢？

比利牛斯山脉在其他方面与阿尔卑斯山脉也大不相同。比利牛斯山脉几乎是没有冰川的。曾有一度，比利牛斯山脉被厚厚的冰雪所覆盖，可能比瑞士的雪山还要厚哩！可比利牛斯山脉现存的冰川只有几平方英里。事实上，西班牙所有山脊也都是这样，山势陡峭，难以翻越。虽然在南部安达卢西亚山脉的内华达山上有少量积雪，也只是在当年十月至次年三月间出现，这里的积雪还是留存时间最长的。

山脉的走向自然对西班牙的河流产生了直接的影响。几乎所有的西班牙河流都源于（或者靠近）中部荒芜的高原，中部高原是一些吓人的史前高山的残余，历经数百万年的侵蚀。这些河流水流湍急，瀑布众多，从高原直奔海洋。一条有价值作为贸易通道的河都没有。漫长干燥的夏季，使得大部分的河水流量骤减，正如你所看到的那样，马德里的曼萨纳雷斯河一年中至少有五个月的时间，成为首都孩子美妙的模拟沙滩。

这就是我把这些河流的大部分都略去不提的原因。不过，葡萄牙首都里斯本的塔古斯河是个例外。塔古斯河的航道几乎与西班牙和葡萄牙的边界线等长。位于西班牙北部的埃布罗河也能通航，自纳瓦拉至加泰罗尼亚河段，小船可以通行，而在大部分河段里，大船只能在与河流平行的一条运河里航行。瓜达尔基维尔河（意思是"摩尔人的大河"），这条连接塞维利亚市与大西洋的通道，能通行的船只的吃水深度都在15英尺以内。在塞维利亚与科尔多瓦之间，瓜达尔基维尔河只能走小船。科尔多瓦曾因是摩尔人的首都而远近闻名，可以毫不夸张地说，它曾拥有不下900个公共浴室，后来被基督徒占领，人口由20万锐减到5万，公共浴室也从900个锐减为0。过了科尔多瓦这段河段以后，瓜达尔基维尔河就同西班牙的大部分河流一样，成了峡谷河（同美国的科罗拉多河相似），这不仅严重阻碍了陆地上的贸易，事实上对水上贸易也没有任何帮助。

总而言之，上帝对西班牙并非特别仁慈。中心地带被一座大高原占据，又被一条低矮的山梁一分为二，分水岭的名字叫瓜达拉玛，岭北叫旧卡斯蒂利亚，岭南叫新卡斯蒂利亚。

卡斯蒂利亚是个非常好听的名字，意思是"城堡"。然而，它就像西班牙雪茄烟一样，外表光鲜，内在质量却着实堪忧。卡斯蒂利亚贫瘠荒凉，这样的土地在世界其他地方随处可见。谢尔曼①将军率军攻破佐治亚州之后曾经说过，倘若一只乌鸦要飞越谢南多厄山谷，它得随身带上口粮才行。不论是有意还是无心，他的这句话还是套用了罗马人2000多年以前的一个说法。罗马人曾经说过，一只夜莺要想飞越卡斯蒂利亚，就必须备好食物和水，否则就会饥渴而死。高原周遭的山太高，从大西洋和地中海飘来的雨云都被挡住了，无法到达这块不幸的台地。

因此，一年之中，卡斯蒂利亚要过九个月地狱般的日子，而其余的三个月则暴露在冰冷干燥的寒风里，狂风无情地在这块连树都没有的大地上呼啸而过，连唯一能在这里生存的生物——绵羊都没有一丝一毫的舒适感。而唯一繁茂的植物是一种细茎茅草，因其坚韧异常，可以用来编织篮子。

可是，西班牙人却把这块台地的大部分地方称为"梅塞塔"，即

---

① 谢尔曼（1820—1891），美国南北战争时的联邦军将军。

平顶山，与寻常普通的沙漠十分相似。这会有助于你去理解为什么西班牙和葡萄牙的面积比英格兰大得多，而人口却只有英伦三岛的一半。

若想对这个地区贫穷敝败的状况有进一步的了解，我建议你去读一读米格尔·德·塞万提斯·萨维德拉的作品。可能你还记得他作品中的那位主人公"天真无邪的西班牙小贵族"，有着一个让人骄傲的名字——堂吉诃德·德·拉·曼查。其实啊，曼查就是一片内陆沙漠，同其他内陆沙漠一样，散落在卡斯蒂利亚高原上，今天也是如此。曼查位于西班牙古都托莱多附近，是一片萧瑟荒凉的土地。"曼查"在西班牙人听来可真是不吉利，它来自于阿拉伯语，意思是"荒野"，而这位可怜的贵族也当真成了"荒野之主"。

在西班牙这样的国家，大自然既顽固又吝啬，人们要么安居乐业艰苦劳作，从大自然手中获取生活必需品，要么选择普通西班牙人的生活方式，把全部家当都放在一头小小的毛驴身上，远走他乡。这就是恶劣的地理环境给我们人类造成的最大悲剧之一。

800年以前，西班牙这个国家属于摩尔人，而伊比利亚半岛也不是第一次遭受外族入侵。西班牙有着珍贵的矿藏资源。2000年以前，铜、锌、银与现在的石油同等重要。哪里发现了铜、锌、银，敌军就会去哪里抢夺争斗。当两大军事阵营在地中海出现以后，当闪米特人（属迦太基的一个分支，来自一个腓尼基人的殖民地，对附属国进行残酷的盘剥）和罗马人（并非闪米特人的分支，但对附属国的剥削同样的残酷）在掷灌铅骰子（这是铅早期的主要用途之一，旨在增加骰子的重量）来瓜分世界上的财富时，西班牙就不能久保，难逃厄运了。与许多现代国家一样，拥有丰富的自然资源成了不幸之源，西班牙就这样变成了两个有组织的强盗集团雇佣兵的战场。

这两个强盗集团前脚刚走，北欧蛮族后脚就进来了，他们把西班牙变成了一座方便的大陆桥，伺机入侵非洲。

后来，在公元7世纪初期，一个具有远见卓识的阿拉伯骆驼骑手①，率领一大批人们闻所未闻的沙漠部落，踏上了统治世界的征途。一个世纪以后，他们已经占领了整个北非，正预备攻占欧洲。公元711年，塔里克驾船开往著名的"猴子岩"（欧洲仅存的有野生猴子的地方），他的军队没有遇到任何抵抗，就长驱直入，在直布罗陀海峡附近的大岩石（令人意外的是它与众所周知的广告上的样子不同，原因是它背朝陆地，而不是背朝大海）登陆。在最近的200年中，"猴子岩"一直是隶属于英国的。

从此以后，古老的赫拉克勒斯之柱②，这个当年赫拉克勒斯③掰开欧洲和非洲的大山之后形成的海峡，就归了穆斯林了。

西班牙人能否依靠自己的力量成功地抵御这次外来侵略呢？他们也曾尝试过，但他们国家的地理条件使得他们的行动无法统一步调，全国被平行的山系和深谷的河流分隔成许多独立的小方块。不

---

① 即伊斯兰教创始人穆罕默德（约570—632）。
② 指直布罗陀海峡东端两岸的两个岬角——欧洲的直布罗陀和非洲的穆塞山，相传由赫拉克勒斯置于此地。
③ 希腊神话中的大力神。

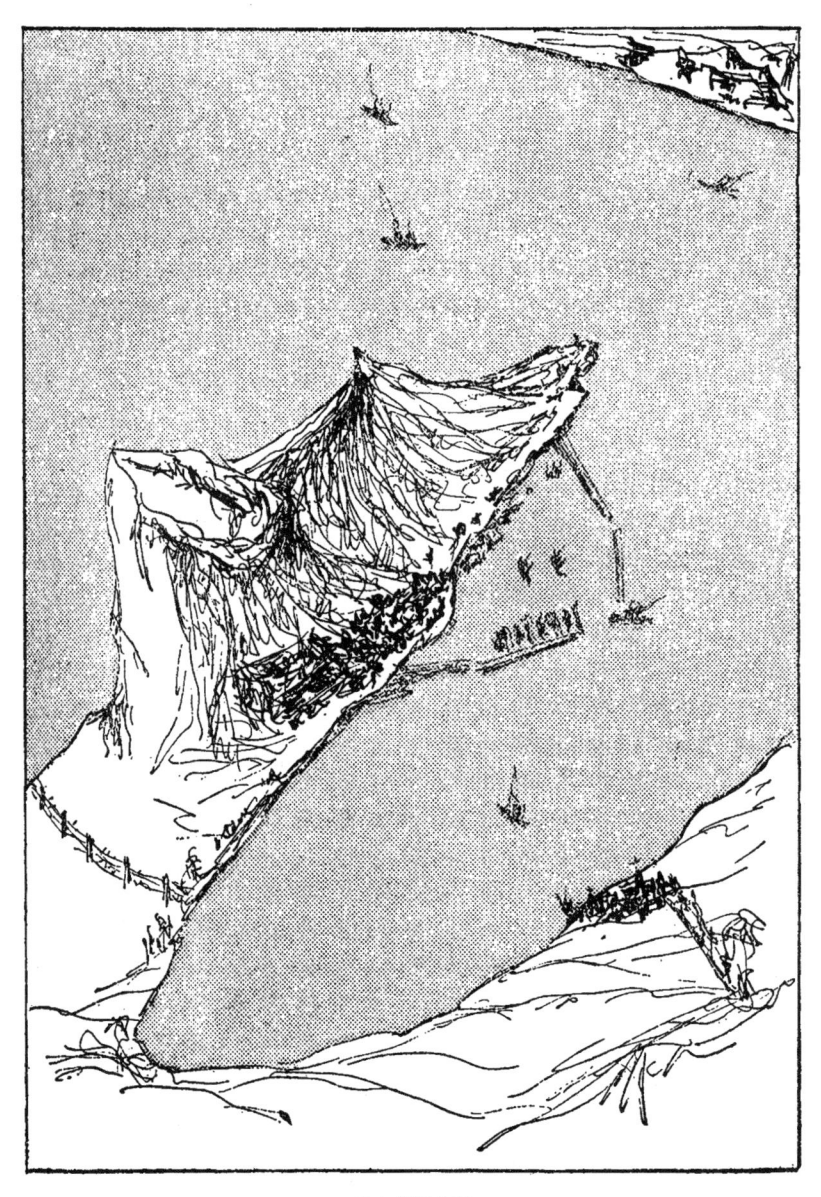

直布罗陀海峡

要忘了，甚至时至今日，还约有5000个的西班牙村庄相互之间没有直接的联系，与外界也没有直接的联系。他们唯一的对外通道是一条羊肠小道，只有不怕头晕的人，在一年之中的某些特定的时间才能通过。

历史和地理留给人们的确凿事实寥寥无几，不过还请你不要忘记这一点：西班牙这样的国家，是宗族性诞生的温床。毫无疑问，宗族性有一定的益处，会使同一宗族的成员彼此忠诚，并且忠于共同的，或者说是宗族的利益。然而，苏格兰和斯堪的那维亚半岛却向我们展示了，宗族制度是一切经济合作与全国性组织的死敌。虽然人们认为，岛国居民只关心自己这片弹丸之地的事情，对其余的事情都漠不关心，所以是"偏狭的"。但他们还能偶尔让自己跟邻居在一条小船上安坐下来，共度一个下午，或者去救援沉船上的船员，听船员讲讲外面的大千世界。而大山几乎是无法逾越的，山谷里的居民被完全隔绝在尘世之外，除了自己和自己的邻居，完全无法接触到别人，人人如此。

穆斯林之所以能够征服西班牙，那是因为：尽管摩尔人是沙漠民族，而沙漠民族又是狭隘的"部族"观念的忠实信徒，但是这一次，却在强有力的领导的统领下，抛开了各自的小算盘，万众一心，向着领袖所确立的统一民族目标前进。而西班牙的各宗族之间各自为政，不一致对外，对敌对部落的仇恨与对共同敌人的仇恨一样强烈（还常常有过之而无不及），而他们的敌人却在一个统一的领导下，把他们赶出了家园。

西班牙人伟大的解放战争持续了700年，在此期间，北方的基督教小国之间，没完没了地声讨对方钩心斗角、背信弃义。这些小国能够幸存下来，全赖比利牛斯山脉这道天然屏障。西班牙人不敢退到比利牛斯山脉的那一侧去招惹法国人，而法国的查理曼大帝在摆了几个模棱两可的姿态以后就听之任之，由西班牙人自己决定自己的命运去了。

与此同时，摩尔人把西班牙南部变成了一个名副其实的花园。这些沙漠民族都了解水资源的重要性，对在他们家乡极其罕见的花草树木也很热爱。他们修建大型灌溉工程，引进移植了橘树、椰枣树、扁桃树、甘蔗和棉花。他们把瓜达尔基维尔河的水资源充分利用起来，把科尔多瓦和塞维利亚之间的山谷变成了一片广阔的"灌溉冲积平原"或者说花园，那里的农民一年可以收获四次。胡卡尔河在巴伦西亚附近注入地中海，他们在胡卡尔河修堤筑坝，这样一来，摩尔人的领土上又增加了1200平方英里的沃土。他们引进了工程师，建起了大学，在大学里对农业进行科学的研究，还修筑了几条公路，而摩尔人修筑的这些公路，至今西班牙人还在使用！他们还是当时唯一关注过医药和卫生的欧洲人，他们甚至耐心细致到这样的程度，把古希腊的相关著作译成阿拉伯文，再转译给西方世界。他们还倾力做了另一件价值巨大的事，即给犹太人以自由，让他们发挥伟大的经商才能和组织能力，而不是把他们关在聚居区里或者更残酷地对待他们，这样做的结果是，国家总体说来受益良多。

接下来，在劫难逃的悲剧最终还是发生了，西班牙国土几乎尽丧于穆斯林之手，而来自基督徒的危险已不足为虑。还在悲惨的沙漠里干渴煎熬的其他阿拉伯部落和柏柏尔部落，听到了西班牙这个人间天堂的消息。穆斯林的统治是专制独裁统治，统治的成败取决于统治者个人的才能。在这种骄奢淫逸的环境中，由装备精良的农民组建的王朝逐渐颓败衰落，而另一些装备同样精良的农民却在耕牛后面挥汗如雨，他们羡妒的目光落到了格拉纳达的阿尔汉布拉宫和塞维利亚的阿尔卡扎宫里寻欢作乐的人身上。这样一来，内战爆发了，谋杀出现了，一个又一个家族瞬间消失，一个又一个家族被推到了前台。与此同时，北方出现了一位强大的人物，部族与部族联合组成了小领地，小领地与小领地结合形成了小公国。人们渐渐熟识了卡斯蒂利亚、阿拉贡、莱昂和纳瓦拉这些家族的名字。西班牙人终于抛弃了古老的世仇和积怨，连卡斯蒂利亚的伊莎贝拉都嫁给阿拉贡的斐迪南为妻了。

在这场伟大的解放战争中，前后发生过3000多次血战。而教会把这场种族之间的争斗演变成了宗教信仰的冲突。于是，这个西班牙人①摇身一变成了十字军骑士，他最高尚的理想就是把他为之浴血奋战的国家沦为废墟。就在摩尔人的最后一个要塞格拉那达被攻克的同一年，哥伦布发现了通往美洲的航路。6年以后，达·伽马②绕过好望角，发现了直通印度的航道。这样一来，就在西班牙应该夺回家园，继续开发这片土地的自然潜力的时候，它摇身一变，成

---

① 指斐迪南。
② 达·伽马(1469—1524)，葡萄牙航海家。

了暴发户。这个西班牙人凭借着那股宗教热情，轻而易举地把自己幻想成神圣的传教士，而事实上，他只不过是一个极其残忍凶恶、贪得无厌的匪徒而已。1519年，西班牙人占领了墨西哥。1532年，西班牙人又占领了秘鲁。自此以后，西班牙人得意忘形了。深谋远虑的宏图大志都被滚滚而来的黄金淹没了，笨拙的大帆船把黄金送进塞维尔和加的斯的仓库里。当人们可以从阿兹特克和印加的赃物中分得一杯羹，成为"金领阶层"的一员时，谁也不会纡尊降贵地动手劳作了。

摩尔人千辛万苦的劳动成果在顷刻之间化为乌有，而他们也被西班牙扫地出门了。接下来就轮到犹太人了，他们被抢得身无分文，一贫如洗，大批大批地扔进肮脏的船里，任凭船长兴之所至，船停靠在哪里，就把他们抛到哪里。他们满腔仇恨，但思维却因着苦难而愈见敏捷。他们对施暴者以牙还牙，参与每一个反对西班牙这个可恨名字的异端行动。连上帝也参与了，他给这些追求"黄金梦"的不幸的受害人恩赐了一位君主，这个君主终身隐居在自己建造的埃斯科里亚尔修道院里。① 埃斯科里亚尔修道院位于荒凉的卡斯蒂利亚平原的边缘，国王在这个高原上建起了自己的新都马德里。

从此以后，三大洲的财力和全西班牙的人力都用于控制异教徒——北方的新教徒和南方的穆斯林的入侵上来了。而700年的宗教战争，也把西班牙人变成了这么一种人，他们视超自然为自然，心甘情愿服从皇室主人。他们在努力过程中流尽最后一滴血，战死

---

① 此处指费利佩二世（1527—1598）。

沙场,正如他们因一夜暴富而一贫如洗一样。

伊比利亚半岛造就了今日的西班牙人。那么,在伊比利亚半岛疏于管理的几个世纪以后,西班牙人能否忘却过去,着眼于未来,按照西班牙人自己的愿望来改造它呢?

为此,他们正在努力,一些城市,譬如巴塞罗那,就正在努力地实现这个目标。

可是路漫漫,路漫漫啊!

第十一章　法国：一应俱全

我们常常听到这样的说法，即虽然法国人生活在大陆上，英国人生活在阴雨连绵、与大陆隔绝的岛屿上，但法国人却不把自己视为世界的一部分，"岛民性"比英国邻居还要强。简单地说，由于一贯固执地对这个星球上的事务漠不关心，法兰西已经成了最自私自利、最以自我为中心的民族，我们现有的很多麻烦多半都是由他们造成的。

我们只有追本溯源，才能彻底地了解这一切。任何一个民族的根都深植于土壤和心灵深处。土壤与心灵相互影响。我们了解了其中的一个，才能了解其中的另一个。然而，只有当我们把握了两者真正的内在含义时，才算得到了开启绝大多数民族特征的钥匙。

我们常常听到的对法国人的种种指责，多半都是有根有据的。然而，在第一次世界大战期间，法国人所得到的没完没了无可置疑的赞誉，也是有事实依据的，因为他们的美德和缺陷都直接源自他们国家的地理环境。法国人身处大西洋和地中海之间的大陆，地理位置十分优越，可以完完全全地做到自给自足，这样一来，他们自然而然地滋生出自私自利、自高自大的感觉。自家后院的气候和景色已经足够丰富多样的话，谁还会舍近求远到国外去感受呢？如果坐几个小时的火车就可以把你从20世纪带回到12世纪，或者从一个赏心悦目、郁郁葱葱的古堡田园到一个遍地沙丘苍松、庄严宏伟的神秘之地，你又何苦跑遍地球，去研习那些不同的语言、习惯和风俗呢？如果你自己的饮食起居和社交质量与其他国家相比不相上下，如果故土（信不信由你）可以把菠菜做成一道人见人爱的美味佳肴的话，你又何必劳神费力地使用护照和信用卡，吃不可口的食物，喝发酸了的酒，看北方农夫那呆头呆脑、俗不可耐的面孔呢？

当然，要是像可怜的瑞士人那样，除了大山什么也没见过；或者像可怜的荷兰人那样，除了几头黑白花奶牛和一块平坦的绿草地什么也没见过，那他们就非得出国做短期旅行不可了，否则的话就会烦死。对于那种一面听着优美的音乐，一面嚼着乏味的香肠三明治的独特饮食习惯，德国人早晚会厌倦的。意大利人也不能一辈子只吃意面活着。俄罗斯人肯定也希望偶尔轻松地吃顿饭，而不是排六个小时的队买半磅人造黄油。

而法国人确实是幸运儿，他们住的地方是人间天堂。在那里，人们想要的东西都应有尽有，唾手可得，所以法国人就会问你："我还有必要背井离乡吗？"

你可能会说这种观点片面得不可救药，说我的这位法国朋友错了。我倒是情愿同意你的观点，但我却不得不承认，法兰西在许多方面都是得天独厚的，独享自然的恩赐，占尽了地利。

首先，法国各种各样的气候是应有尽有：温带气候、热带气候和介于两者之间的适宜的气候。法国拥有欧洲的最高峰，值得骄傲。与此同时，在平坦得不能再平坦的法国大地上，四通八达的运河网把各个工业中心连接起来。倘若一个法国人喜欢在山坡上滑雪来消磨冬日的时光，那么，他可以到阿尔卑斯山西麓萨瓦的一个村庄里去。如果他更喜欢游泳而不是滑雪，那么，他只要买一张到大西洋沿岸的比亚里茨或者到地中海沿岸的戛纳的票就可以了。如果他对男人和女人特别好奇的话，那么，他只需坐在巴黎的和平咖啡店里，点上一杯加奶油的咖啡，静静地等候就是。或迟或早，那些曾经占据世界各地报纸头版头条的男女老少都会从这个街角走过。他们可能是流亡中的君主，或者是即将成为君主的流亡者，他们可能是前程似锦的男演员和红得发紫的女演员，他们可能是小提琴家和钢琴家，他们可能是在水银灯下倾国倾城的舞蹈演员。在近15个世纪里，国王、皇帝，甚至至高无上的教皇的出现也都不曾引起过法国人特别的关注或骚动，就像一个新生在校园里出现一样，稀松平常。

我们就是在这里遇到了政治地理学上的一个难解之谜。2000年前，这块飘扬着共和国的三色旗（这面旗帜日夜飘扬不息，因为法国人一旦升起国旗，不到岁月和风雨把它磨损成无法辨认的碎片，是不会把它降下来的）的土地，其中的大部分还是西欧大平原的一部分，这块位于大西洋和地中海之间的土地何以成为世界上集权程度最高的国家之一呢？其中有没有地球的（即地理上的）方面的原因呢?

地理学上有一个学派,主张气候和地理环境对人类的命运起着决定性的作用。毋庸置疑,有时的确如此,但大多数时候则不然。

瑞士人说四种语言,却依然自觉同属于一个国家。而只说两种语言的比利时人却相互仇视,甚至把亵渎对方军人的坟墓当作每个星期日下午的例行消遣。冰岛人偏居一隅,在小小的岛上维持着独立与自治,抵御一切外来侵犯,时间已逾千年。而爱尔兰岛上的居民至今尚不知"独立"为何物。世事皆如此。本来不论机械、科学和各种各样的标准化发展到什么程度,在一切总体规划中极不稳定、极不可靠的因素依旧是人的本性。大量不可思议、难以预料的进程都是人类的本性使然,世界地图就是一个活生生的例证,而法国不过是一个可以证实我观点的客观例证罢了。

从政治的角度看,法国似乎是一个国家。可是,劳驾,请你再看一眼地图,你就会注意到,法国其实是由两个背靠背的部分组成的,东南部的罗讷河流域面朝地中海,西北部的广袤而倾斜的平原面朝大西洋。

让我们从这两部分中最古老的那部分说起。罗讷河发源于瑞士,可还是在流出日内瓦湖,抵达法国纺织工业中心里昂,并且在里昂同索恩河汇合之后,才发展成为一条名副其实的重要河流。索恩河源自北方,距默兹河的源头只有几英里,正如索恩河(以及罗讷河)与南欧的历史有着紧密的联系一样,默兹河与北欧的历史也有着密切的联系。罗讷河不太适宜航运,在流入利翁湾(不是"里昂湾",

很多地图上都标成里昂湾，这是错误的）之前，落差达6000英尺，造成大量湍流，现代化的汽船还没能把它彻底征服。

尽管如此，由于古代的劳动力——奴隶很廉价，所以罗讷河还是为古代的腓尼基人和希腊人提供了一条通往欧洲中心的便捷通道。船儿顺水而下，只需几天时间。船儿逆水而上，则由那些史前伏尔加纤夫（他们的悲惨命运不会比他们的俄罗斯同行好很多）拉纤。古老的地中海文明就是这样经由罗讷河河谷碰撞欧洲内陆的。奇怪的是，这一地区最早的商业区马赛（迄今仍然是法国最重要的地中海港口），却没有直接建在罗讷河河口，而是建在河口向东几英里的地方（现在已有一条运河与罗讷河相通）。然而，事实证明这个选择非常英明，因为早在公元前3世纪，马赛就已经成为一个重要的商贸中心，而当时马赛的钱币就已在奥地利的提洛尔和巴黎的周边地区流通。而此后不久，马赛就成了这一地区和北部地区的首府。

后来，在马赛不幸遭受来自阿尔卑斯山的蛮族威胁的关头，马赛市民请罗马人伸出援手。于是，罗马人就来了，并且依照他们的一贯作风，不仅留了下来不走了，还把整个罗讷河河口地区变成了自己的一个"行省"。在历史上有着深远影响的名字"普罗旺斯"，便是一个无声的证明，证明认识到这块肥沃的三角洲重要性的是罗马人，而不是腓尼基人或者希腊人。

于是，我们在这里遇到了一个最令人困惑的历史和地理难题：融希腊文明和罗马文明于一身的普罗旺斯，拥有理想的气候条件和广袤肥沃的土地资源，前有向地中海敞开的前门，后有方便地通往中欧和北欧的后门,似乎命中注定、理所当然地成为罗马的继承者。虽然普罗旺斯拥有所有的自然优势,王牌也尽皆在手,最终却输给了别人。在恺撒与庞培的争斗中,普罗旺斯站在了庞培一边,结果恺撒摧毁了马赛城。然而,这仅仅是一场小劫难罢了。不久,马赛城的市民又打道回府,在原址上做起了生意。而与此同时,文学、礼仪、艺术和科学在罗马已经没有立足之地,于是全都越过了利古里亚海,普罗旺斯变成了一个被蛮族包围得水泄不通的文明孤岛。

当富甲天下、大权在握的教皇在台伯城也不能容身时(中世纪的罗马恶人比豺狼好不了多少,与强盗一样凶残),他们把自己的宫廷也迁到了阿维尼翁。该城赫赫有名,是因为在这里,人类首次尝试建造了一座巨型桥梁(这座桥的大部分已经沉入河底,可是在12世纪却是世界奇观之一)。教皇在阿维尼翁还有一个足以抗拒100次进攻的堡垒。于是,在此后的100年里,普罗旺斯就成了基督教领袖的家园,当地的骑士在十字军中的地位十分显赫,一个名门望族还成了君士坦丁堡的世袭统治者。

大自然在创造这些可爱、浪漫的肥沃河谷时,似乎注定要让普罗旺斯扮演一定的角色,可是,由于这样或那样的原因,普罗旺斯却始终没能做到。普罗旺斯出现过抒情诗人,尽管这些诗人被公认为这种文学体裁的奠基人,这种文学体裁也在我们的小说、戏剧和诗歌中延续至今,但绵软的普罗旺斯方言——奥克语却一直没能成为法国的"普通话"。虽然北方一点也不具备南方的自然优势,却恰恰是在北方建立了法兰西这个国家,恰恰是北方缔造了法兰西民族,恰恰是北方的奥依语成了法兰西的"普通话",也是北方把丰富多彩的法国文化传播到了全世界。可是在16个世纪以前,没有谁能够预见到情况会发展成这样,因为当时这片南起比利牛斯山脉、北至波罗的海的大平原,似乎注定要成为条顿大帝国的一部分。这可能是自然发展的结果,而人对顺其自然兴趣不太大,所以,一切便大相径庭了。

对于恺撒时代的罗马人来说,欧洲这一带就是远西。他们之所以把这片地区称为"高卢",是因为这里居住着高卢人,他们不论男女都长着一头漂亮的头发,属于一个神秘的种族,希腊人把他们统称为"凯尔特人"。当时,有两支高卢人生活在那里,那支出现得很早、有着漂亮头发的蛮族居住在阿尔卑斯山与亚平宁山脉之间的波河流域,被称为"山南高卢"或者"山这边的高卢"。当年恺撒孤注一掷,果敢地跨过卢比孔河时,这支高卢人就被留在了那里。另一支叫"山外高卢"或者"山那边的高卢",这一支对欧洲来说无关紧要,然而,自公元前58年至公元前51年的那场有名的恺撒远征之后,这支高卢人与法国产生了某种特殊联系。这是一片肥沃的土地,当地人不会对征税过于反感,是罗马人理想的殖民地。

对于一支以步兵为主的军队而言,跨越北部孚日山脉与南部侏罗山脉之间的山口并不困难。不久,法兰西大平原上就布满了罗马人的城堡、罗马人的村庄、罗马人的庙宇、罗马人的监狱、罗马人的市场、罗马人的剧场和罗马人的工厂。

塞纳河上有个小岛，小岛名叫卢泰西亚①（或者根据最初占有这个天然要塞的巴黎西人的叫法，叫"卢泰西亚-巴黎西"），是建造朱庇特神庙的理想之地。今天的巴黎圣母院耸立的地方就是该神庙的原址。

由于这个小岛与大不列颠（在公元元年后的400年间罗马最有利可图的殖民地）有水道直接相通，它也是一个非常有利的战略据点，据此可以监视莱茵河与默兹河之间的动乱地区，因此，它顺理成章地发展成为庞大的罗马帝国统治远西的重要中心。

正如我在关于地图的那一章所论述的那样，我们有时会感到奇怪，当年罗马人是怎么找到穿越岛屿和大陆的道路的。然而这不算什么问题，因为不论是建造港口、要塞，还是贸易点，罗马人都能凭借本能准确定位。一个旅行者在巴黎盆地度过了六周淫雨连绵、雾气弥漫的乏味时光以后，禁不住要问："为什么罗马人以战神玛尔斯的名义，偏偏选择了这么个凄凉的地方作为统辖西部和北方殖民地的行政首府呢？"而只要翻开一幅法国北部的地图，地理学家就会给我们指点迷津。

几百万年以前，这个地区地震频发，所有的高山平川就像赌桌上的筹码似的被随意地推过来推过去，不同时期的四层厚厚的岩层相互撞击，最后像中国茶具似的一层层地叠在了一起。这样的茶具曾经让我们的老奶奶心花怒放。从孚日山脉延伸至布列塔尼的是最

---

① 即现在的巴黎。

法兰西的地质结构

用茶托来表现法兰西的地形

下层,也是最大的那层茶托,它的西部边缘没入英吉利海峡。自洛林延伸至诺曼底海岸的是第二层茶托。第三层茶托是著名的香槟区,它环绕着的第四层茶托被称为法兰西岛,也名副其实。该岛略呈圆形,周围被塞纳河、马恩河、泰韦河和瓦兹河所环绕,巴黎恰恰就在岛的正中央。而这意味着安全,绝对的安全,可以最大限度地防御外敌入侵。因为敌人首先要一一攻破这些陡峭茶托的边缘,而守军早已占据了最佳防御位置,就算万一不慎失守,还可以不慌不忙地退守下一道茶托防线。在他们退到塞纳河的那个小岛之前,他们可以后退四次。最后一计,就是把小岛与外界相连的几座吊桥一烧,这样一来,小岛就成了固若金汤的堡垒了。

当然,如果敌军意志坚定且装备精良的话,巴黎还是可以攻破的,但这绝非易事,前不久发生的世界大战①就证明了这一点。把德军拒于巴黎城外的原因,不单单是英勇的英法联军,还有几百万年的地质变化,给西侵的侵略者设置了应有尽有的天然屏障。

为了争取民族独立,法国人进行了近千年的斗争。大多数国家都会四面防御,而法国只要集中精力把好西大门,就可以高枕无忧了。欧洲各国中,法国最早发展成高度集权的现代国家,个中缘由可能就在这里。

法国西部都处于塞文山脉、孚日山脉与大西洋之间,并且自然形成了一些半岛和山谷,它们全都被低矮的山梁分开。最西面的山谷是塞纳河和瓦兹河河谷,通过一条自然通道与比利时平原相连。自古以来,这条通道就被圣康坦城扼守,到了近代,圣康坦城已经发展成为一个重要的铁路交通枢纽,所以德军1914年向巴黎进军时,它是主要攻击目标之一。

塞纳河河谷与卢瓦尔河谷两地的交往非常容易,只要通过奥尔良隘口即可。所以,奥尔良地区在法国历史上曾经发挥过非常重要的作用。法国的民族英雄圣女贞德又被称为"奥尔良贞女",巴黎最大的火车站叫奥尔良火车站,之所以如此命名,是因为奥尔良城的

---

① 指第一次世界大战。

地理位置恰好处于南北交通的要塞。在中世纪，骑士们身着甲胄为这种要隘而战；今天，铁路公司为这种交通枢纽争夺不休。世界在变化，然而变化越多，其实重复就越多。

至于卢瓦尔河河谷与加龙河河谷，则是靠现在途经普瓦捷的铁路连接。正是在普瓦捷附近，公元732年，摩尔人继续向欧洲挺进的脚步被阻止了。也正是在普瓦捷附近，黑太子①于公元1356年把法国军队全部歼灭，使得英国人对法国人的统治又延长了近100年。

而广阔无垠的加龙河谷地的南部就是赫赫有名的加斯科涅地区，那里是壮士达达尼昂和尊贵的国王亨利四世的诞生地。通过加龙河畔的图卢兹至纳博讷的河谷，就能直达普罗旺斯地区和罗讷河河谷。地中海岸边的纳博讷，当年恰好是古罗马人在高卢地区最古老的居住区。

正如所有的这类史前道路（在有文字记载的历史开始以前，这条道路就已经使用了几千年了），奥尔良隘口一直是一些人的摇钱树。敲诈勒索和牟取暴利与人类历史一样悠久。你若是心存疑惑，那么请你任意找个隘口，守在那儿，找到1000年前那条道路最狭窄的位置。就在那个地方，你会看到几个到几十个不等的城堡的遗迹。倘然你对古代文明略知一二的话，不同的岩层会告诉你：它们分别是在公元前50年、公元600年、公元800年、公元1100年、公元1250年、公元1350年、公元1500年时，歹徒强盗们修建的堡垒，目的是向所有过往的客商索取买路钱。

---

① 指黑太子爱德华（1330—1376），英王爱德华三世之子，英国著名将领。

有时,你会惊奇地发现一座繁荣的城市,而不是一座废墟。然而,卡尔卡松市的那些塔楼、半月堡、棱堡和外层护墙会告诉你,山隘口的堡垒要多么坚固,才能抵御虎视眈眈的敌人,才能存留至今。

法国的地理概况就介绍到这里。现在让我来补充一些生活在地中海和大西洋之间这块土地上居民的总体特征。他们的共同之处似乎是一种协调、平衡的意识。要不是因为"符合逻辑"这个不幸的词跟枯燥乏味、刻板迂腐的观念联系得太过紧密,我会说法国人力图"符合逻辑"。

欧洲的最高峰在法国,这是事实,然而这不过是个巧合。正如美国的老百姓对佩恩蒂德沙漠漠不关心一样,法国的老百姓也不在乎自己浪费了高山的冰雪。法国人喜欢的是默兹地区吉耶那、诺曼底和皮卡第高低起伏、错落有致的山峦,令人心旷神怡的小河,两岸高耸的白杨,河上小艇徜徉,夜间浓雾锁谷,而华多① 会把这一切尽收画中。法国人如数家珍的是那些亘古不变的小村庄(在任何国家里,这都是最伟大的力量之所在)、小市镇(这里的人们一直过着500年或者5000年前的祖先所过的那种生活,并且努力保持着那种生活方式)和巴黎(1000多年来,这个城市最美好的生活和最美好的思想一直在并驾齐驱)。

法国人不是多愁善感的空想家,而是最明智、最热忱的现实主

---

① 让·安东尼·华多(1684—1721),法国画家,洛可可艺术代表人物,创立了抒情性画风,带有现实主义的倾向。

巴黎

义者。他脚踏实地，他懂得，人的生命只有一次，他所期盼的便是活到70岁，于是，他想方设法让自己于有生之年在这个星球上舒适安逸，而绝不会浪费时间幻想未来的世界会比当下更美好。这就是生活①，我们要充分享受生活！既然美食是文明人的最爱，那么，就让我们叫最穷的人也掌握烹调技巧吧！既然从耶稣基督时代起，美酒就被视为适合真正的基督徒的饮品，那就让我们酿造最好的美酒吧！既然上帝以他的智慧判断，认为应该让各种各样迎合人类视觉、

---

① 原文为法语。

听觉和嗅觉的东西装满人间，那就让我们遵循全能的上帝再明白不过的旨意，谦恭地接受上天的恩赐，而不是傲慢地否定神授的权利。既然集体的力量比个人的力量大，那就让我们紧紧地依靠社会最基本的单位——家庭，家庭为每个家庭成员的荣辱祸福负责，每个人也为家庭的荣辱祸福尽义务吧！

以上是法国人生活的理想一面，法国人生活的另一面却不那么令人愉快，却也是直接脱胎于我刚才列举的那些特征中的。家庭往往从美梦变成噩梦。一代又一代的祖父、祖母们在家族里大权独揽，却成了进步的绊脚石。为子孙后代勤俭持家的美德和习惯蜕变成了令人惊异的恶习：运用诈骗、盗窃、搜刮和敲诈获取生活必需品，还锱铢必较，连对邻居施舍时也不例外。假如慷慨助人都不复存在，那文明之光也就确实没有光彩可言啦！

不过，总体说来，法国老百姓不论地位和处境有多么卑微低贱，似乎都抱着某种实用主义的人生哲学，而这种哲学使得他以最小限度的付出获得最大限度的满足。譬如，法国人没有我们通常意义上的雄心壮志。法国人清楚，人生来就是不平等的。假如有人告诉他，在美国，每个当小职员的男青年有朝一日都有可能成为他所供职的那家银行的总裁，他就会说："那又怎么样呢？"他可不想担那么多的责任！若是那样，他还能花三个小时吃午饭？工作赚钱自然是好的，但牺牲舒适和快乐，代价可就太大啦！法国人就是这样工作，勤奋地工作，他的太太也在工作，他的子女也在工作，对，全国人民都在工作，都在存钱，过自己喜欢过的生活，而非别人认为他们应该过的生活。这就是法国人的那点智慧，虽然不能大富大贵，但与世界上其他国家的人所信奉的成功学说相比，却更能确保人类的终极幸福。

我们每次在这本地理书中提到大海时，我都没有告诉你海边的居民以打鱼为生。他们当然是打鱼为生的，否则，你觉得他们还能干什么？挤牛奶还是挖煤？

可是，每当我们的话题与农业联系在一起，我们就会发现一个奇特的现象：在近几百年间，当大多数国家的人口都被吸引到城市里的时候，60％的法国人却固守在农村。今天的法国是唯一可以承受长期的围困而无须从外国进口粮食的欧洲国家。现代的科学改良手段正在逐渐取代古老的耕作方式，法国农民不再像他们那些查理曼大帝时代和克洛维时代的祖先那样耕作之时，就是法国完完全全自给自足之日。

法国农民固守土地的原因是，他们总体说来个个是地主。他的农场可能都算不上是个农场，可那是他自己的农场。在旧大陆上的英国和东普鲁士，农业规模很大，可拥有大量田地的地主往往是一个身份不明的远方客。而法国大革命消灭了地主，不管他是贵族还是教士，并且把他们的田地都分给了小农户。对于原来的土地所有者来说，这太难啦，可是，这些土地也是他们的祖先用同样强制的手段掠夺来的，所以，这还有什么分别呢？事实证明，从整体来看，这场土地革命给法国带来了巨大的利益，使得半数以上的法国人直接享受国家的福利。当然,凡事有利也有弊,万事皆如此。这场土地革命也致使法国的民族主义情绪过度膨胀。这也解释了为什么每个法国人都只与本乡本土的村民交往,哪怕移居巴黎后也是如此。正是这种地方主义,使得巴黎充斥了为某一特定地区的旅行者提供食宿的小旅馆。而这种情况如果发生在纽约,就会出现专门接待芝加哥人、卡拉马祖人、霍斯黑兹人、弗雷斯诺人光顾的旅馆。此外,这也说明了法国人为什么根本不愿意移居异国他乡,还是那个曾经提过的问题:在本乡本土生活得心满意足、开心幸福的人,又何苦背井离乡流落异邦呢?

下面谈谈法国的农业。种植酿酒的葡萄,把许多法国人牢牢地与土地拴到了一起。整个加龙河流域都从事葡萄种植业。加龙河河口附近的波尔多就是葡萄酒的出口中心,而罗讷河流域著名的葡萄酒出口港就是地中海岸边的塞特。波尔多的正南方是广阔无垠的朗德平原,那里的牧羊人能在满是淤泥的平原上踩高跷,羊群则常年在野外。产自所谓的"黄金海岸"——勃艮第的葡萄酒,都在第戎集中。而法国古老的加冕之城——兰斯,则是香槟酒的集中和分装地。

当粮食和葡萄酒无法维持国计民生的时候,工业来助一臂之力。古代法国的君主不单单是傲慢的低能儿,只会压榨百姓,在凡尔赛宫的漂亮的贵妇身上挥金如土而已,他们还有其他本领。法国宫廷被他们打造成世界时尚和文明生活的中心,人们从世界各地蜂拥而至，学习他们的优雅礼仪，了解吃饭和进餐之间的差别。150年后的今天，法国最后的统治者早已身首异处，被扔进巴黎墓地的生石灰中，然而巴黎还在引领全世界穿什么和怎么穿的潮流。虽然大多数人还是喜欢物美价廉的生活必需品，但是这种工业为欧洲和美洲提供了必不可少的奢侈品，这种奢侈品工业的中心就在法兰西岛及周边地区，从而为成千上万的女人和女孩提供了就业的机会。那些6美元或者10美元一瓶的香水（很小一瓶，这是对国内无法生产、只能进口的产品征税的结果），就产自于里维埃拉一望无际的花圃。

后来，在法国还发现了煤和铁。皮卡第和阿图瓦由于大堆大堆的煤渣铁屑变得丑陋灰暗。然而，在英国人试图阻止德国人进军巴黎的蒙斯战役①中，这些煤渣铁屑却发挥了重大作用。洛林成了炼铁工业基地，中部高原成了产钢基地。战争刚刚结束，法国人就急急忙忙把阿尔萨斯收了回来，阿尔萨斯为法国提供了不少钢材，在德国人管理的过去50年间，阿尔萨斯转而发展纺织工业。由于近期的这些发展和变化，法国已经有1/4的人从事工业生产。他们还可以得意扬扬地夸耀，法国的工业城市看起来与英美工业城市一样面目可憎、枯燥乏味、缺乏人性。

---

① 这次战役发生在1914年8月23日。

第十二章　德国：蜗行牛步

为方便起见，我按照种族和文化，把欧洲各国作了分类。我的泛泛之论就从这些国家开始，有确凿的证据表明，它们在逐渐成为独立的政治实体之前，都曾经是罗马的殖民地。

巴尔干地区也确实被罗马征服过，拉丁语至少在一个国家（罗马尼亚）作为官方语言被保留下来。但中世纪时期斯拉夫人、蒙古人以及土耳其人的入侵，把这个地区遗留下来的罗马文明的痕迹全盘抹杀了，因而把巴尔干地区的君主国放在目前的讨论范围之内，显而易见是错误的。所以，我要告别地中海的势力范围，进入另外一种文明形式的讨论，这种文明以北海和大西洋为中心，起源于条顿人。

欧洲有一个巨大的半圆形的平原（我在讲法国的那一章里，已经告诉过你了），这个平原从俄罗斯的东部的群山（第聂伯河、德维纳河、涅瓦河以及伏尔加河的发源地），一直延伸到比利牛斯山脉。日耳曼人开始他们那次神秘的西迁之旅之时，罗马人曾一度控制了这个半圆形平原的南部。当时，东部似乎依旧被那些斯拉夫游牧民族占领着，他们的生命力极其顽强，就像澳大利亚的野兔一样，杀不绝，打不灭，无法战胜。当饥肠辘辘的条顿人出场的时候，这里只剩下了一大块方形的平原，它东起维斯瓦河，西抵莱茵河三角洲，北至波罗的海，南部是罗马人所筑的堡垒，这些堡垒在告诫所有初来乍到的人："此乃禁区，幸勿踏入"。

这一地区的西部是山区。首先，是莱茵河两岸的阿登高地和孚日山脉。其次，是黑森林、蒂罗尔山脉、厄尔士山脉（又名"铁矿"，现波希米亚地区）、克尔科诺谢山，由西向东依次排列。最后，是几乎延伸到黑海的喀尔巴阡山脉。

这个地区的河流只能向北流。按照这些河流自西向东排列的顺序，那么，第一条河便是莱茵河。莱茵河是这些河流里最有诗情画意的河，没有哪一条山间小河会像它一样，让人们为它而战，为它流泪。莱茵河确实是一条平常之极的小河，亚马孙河的长度是它的5倍多，密西西比河和密苏里河的长度是它的6倍，甚至连我们美国人认为名不见经传的俄亥俄河都比它要长500英里。第二条河是威悉河，现代化的城市不来梅就位于威悉河河口附近。第三条河就是易北河，是它造就了汉堡今日的风貌。第四条河是奥得河，是它成就了斯德丁①的繁荣，使其成为柏林城及周边工业腹地的出口港。最后一条河是维斯瓦河，但泽城②就是它的一个自由港。

这片平原的西北边界北海和波罗的海，其实只是两个浅浅的池塘，"海"不过是个礼节性的头衔，其实是徒有虚名。你最好把北海

---

① 今波兰的什切青。

② 今波兰的格但斯克。

和波罗的海视为沉没在水中的山谷,地表只要稍微隆起一点点,就能把它们再度变成干燥的陆地。

现在,让我们看看德国的陆地地形图吧。

这些早期移民是野蛮人。他们以狩猎为生,也种植一点谷物。可是,这些野蛮人却对美感有着极强的追求,当地缺乏金银饰物,他们就出国去寻找。

早期的商路都是奢侈品的运送通道,世界各地不同种族之间的早期战争,也都是对奢侈品的争夺战。我的不少读者或许对我的这一论述略感到讶异,然而这却是事实。罗马人从深入神秘的波罗的海寻求琥珀的商人那里,了解到北欧的地理轮廓。琥珀是一种石化的树脂,罗马女人用它来作头饰,希望吸引人们注意她们耳朵的美丽曲线或者她们的纤纤玉指。这种闪闪发光的结晶块,有时可以在牡蛎壳内找到。对于琥珀的渴求,是促使人们在太平洋和印度洋发现新航道最重要的原因,那种动力甚至比虔诚的教徒要把福音传播给异教徒还要大。

抹香鲸体内有一种物质叫龙涎香,这是不幸的鲸鱼患上人们常说的胆病的结果。龙涎香可以用来制作各种各样的香水,闻起来有花香,别有一番异国情调。为了获取龙涎香,大量船只涌向巴西、马达加斯加和摩鹿加群岛①,捕捞鲱鱼、沙丁鱼以及其他可食用鱼类的船则要少得多。与龙涎香相比,食物只是供食用而已,哪里会有

---

① 即今马鲁古群岛。

香水好玩儿呢。

由于时尚的变迁，17世纪的妇女流行在长外衣里穿上紧身衣（正餐的12道菜对身材的害处太大了），从外面还不能看出紧身衣的痕迹，而这直接推动了我们对北冰洋的认识。当白鹭羽毛帽饰刚在巴黎流行起来的时候，猎人们为了猎取白鹭头上的羽毛，便去追杀白鹭，拔下它头上的羽毛（根本不考虑这种行为意味着造物中最可爱、最高贵的鸟类会灭种）。猎人们深入到美国南部的环礁湖深处，以往为了生计他们也没走过这么远的路。

这类事例不胜枚举，我再写十几页也没问题。物以稀为贵，这些有钱人总是希望用奢侈的方式夸富，给不如他们幸运的穷邻居们留下深刻的印象。有史以来，引导人们在探险路上不断前行的真正先驱是奢侈品而非必需品。倘若我们认真地研究史前德国地图，我们仍然可以看到古老奢侈品贸易通道的旧迹，因为大体与中世纪和现代相差无几。

史前时代的那条重要的商路自西向东延伸，它发端于伊比利亚半岛，沿比利牛斯山至巴黎一线，途经法国的普瓦捷和图尔山口——这两个山口，我在法国那一章已经介绍过了。这条商路绕过了德国境内的阿登高原，沿欧洲中部高地的边缘而行，一直到达北部俄罗斯苏维埃共和国联盟①境内的北方低地。在这条商路一路东进的过程中，自然是要跨过不少河流，而它总是择利于通行的浅滩而行。正如罗马城是从台伯河上的浅滩上发展和建立起来的，德国北部的一

---

① 指苏联。

些早期城市也都不过是在史前和历史初期移民聚居点的基础上发展起来的。我们会发现，今天的加油站和百货商店的所在地，恰好就是当年那些聚居点的原址。柏林、汉诺威、马格德堡、布雷斯劳都是这么发展起来的。莱比锡原本不过是斯拉夫腹地的一个小村庄，却是因商业得到发展，因为从萨克森山区开采出的矿产品，如银、铝、铜、铁等，汇聚到莱比锡之后，顺流而下，卖给那些曾经赞助过这条欧洲东西大通道的商人。

这条商路一到莱茵河，水上运输自然就同漫长的陆路运输展开了激烈的竞争。水上运输总是比陆路运输便宜得多，方便得多。早在恺撒瞥莱茵河的那第一眼之前，河上一定已经有运送货物的木筏了。他们把货物从斯特拉斯堡①（莱茵河在这里同弗兰科尼亚、巴伐利亚和符腾堡的腹地连接起来）运到科隆，再运到低地国家的沼泽区，最后到达英国。

柏林同耶路撒冷虽然在地域上相距遥远，却遵循着同样的地理规律，即一定要把城市建在重要商路的汇合处。耶路撒冷位于自巴比伦王国至腓尼基和大马士革至埃及两条商路的交叉处，在犹太人听说它的存在之前，就已经是一个重要的贸易中心了。河畔的柏林处在由西向东以及从西北向东南（用现代的名称说，就是从巴黎到圣彼得堡，从汉堡到君士坦丁堡）的两条商路的交会处，命中注定地成为第二个耶路撒冷。

---

① 法国东北的一个城市。

整个中世纪期间，德国还是一个由许多半独立的小公国组成的地区，直至300年以前，都没有任何迹象表明欧洲大平原西部的这块地区有朝一日会发展成为世界上举足轻重的大国。令人奇怪的是，现代的德国几乎就是十字军运动失败的直接产物。当西亚（穆斯林已经彻底证明了基督徒不是自己的对手）再也没有可以征服的新领土的时候，欧洲被剥夺了继承权的阶层开始寻找其他土地财富的来源。他们非常自然地立刻想到了位于奥得河和维斯瓦河上的斯拉夫平原，那里住着野蛮的异教徒普鲁士人。一支古老的十字军骑士团——条顿骑士团一口气从巴勒斯坦搬到了东普鲁士，把商业中心也从加利利的阿卡迁到了但泽以南30英里的马林堡。此后的200年间，这些骑士一直同斯拉夫人作战，带来西方的贵族和农民，霸占斯拉夫人的农庄。1410年，在坦嫩贝格一战中，条顿骑士团惨败于波兰人之手；1914年，还是在这个坦嫩贝格，兴登堡①大败俄罗斯军队。虽然经受了这一打击，条顿骑士团还是幸存下来了，当基督教的宗教改革爆发之际，条顿骑士团依然是一个十分重要的团体。

　　巧得很，条顿骑士团的领导者是霍亨索伦家族的成员，这位特别的大公不仅加入了新教一方，还接受了马丁·路德②的建议，宣

---

① 兴登堡（1847—1934），第一次世界大战时的德国元帅。1925年至1934年，出任德国总统。
② 马丁·路德（1483—1549），德国人，16世纪欧洲宗教改革运动发起者，基督教新教路德宗创始人，公布《九十五条论纲》，抨击教廷发售赎罪券，否定教皇权威，将《圣经》译成德文。

布自己是世袭的普鲁士大公，定都但泽湾的柯尼斯堡。这个公国在17世纪为既勤劳又精明的霍亨索伦家族的另一支所得，自15世纪中叶起，他们就一直统治着勃兰登堡的这块荒凉的沙地。100年以后（确切地说，是1701年），这些勃兰登堡的暴发户自觉很强大，可以觊觎比"选帝侯"更高级别的地位，于是蠢蠢欲动，要自立为王。

自古同类惺惺相惜，神圣罗马帝国皇帝表示认同，哈布斯堡家族很乐于为好朋友霍亨索伦家族帮这点小忙。难道他们不都是一个俱乐部的成员吗？1871年，普鲁士国王霍亨索伦七世出任统一德国的开国皇帝。47年以后，普鲁士国王霍亨索伦九世，即现代德国第三任皇帝，被迫退位，远走他乡，霍亨索伦家族庞大的"股份制"集团最终破产。而资本主义工业时代最强大、效率最高的大国却是由十字军的残渣余孽起家的。

时至今日，一切都风流云散了，霍亨索伦家族的后裔还在荷兰伐木呢。然而，我们还是要老老实实地承认这些前蒂罗尔山民能力超群，或者说起码会聪明地把一批能力超群的人团结在自己的周围，为自己服务。不要忘了，他们故乡的领土上什么自然财富都没有。在普鲁士大地上，一直以来只有农田、森林、沙地和沼泽，没有任何可以出口的产品，而对于任何国家来说，出口都是获得贸易顺差的唯一途径。

当一个德国人发明了从甜菜中榨糖的方法以后，情况略有好转。但蔗糖比甜菜糖便宜得多，还可以从西印度群岛海运进口，这意味着普鲁士人和勃兰登堡人口袋里的进项极其有限。不过，当拿破仑皇帝在特拉法尔加一战中损失了海军,①所以决定用一种"反向封锁"的方法来摧毁英国时,欧洲对甜菜糖的需求就骤然增长起来了。差不多是与此同时,德国的化学家发现了钾碱的价值,而普鲁士又蕴藏着大量的钾碱,至此,普鲁士终于有了可以出口国际市场的产品了。

不过,霍亨索伦家族总是好运常伴。拿破仑被打败以后,莱茵河地区就落到了他们的手里。在工业革命到来之前,莱茵河地区没有什么特别的价值,然而工业革命使得煤、铁矿藏的价值大大提高。普鲁士意外地发现自己拥有一些世界上储量最大的煤矿和铁矿。500年来贫困度日的严格教育终于结出了累累硕果。过去,贫穷已经教会了德国人一丝不苟与节约俭省,现在则告诉他们如何靠薄利多销来赶超其他国家。这个小小的条顿民族人数骤增,陆地上的发展空间不够了,于是,他们转向海洋谋求发展,在不到50年的时间里,就成了在海外贸易中收入最多的主要国家之一。

当北海还是世界文明的中心时(在发现美洲,大西洋成为主要贸易通道之前),汉堡和不来梅的地位曾经相当重要。今天,汉堡和不来梅又恢复了往日的活力,严重地威胁着伦敦以及其他英国港口独一无二的显赫地位。从波罗的海至北海之间开凿了一条可以行驶大船的运河——基尔运河,该运河于1895年正式投入使用。运河网还把莱茵河、威悉河、奥得河、维斯瓦河、美因河、多瑙河(只有部分完工)连接在一起,为北海和黑海之间提供了一条直接水上通道,柏

---

① 指1805年10月21日,在西班牙大西洋沿岸的特拉法尔加,英国舰队与法、西联军展开了一场海战,结果是英国人在拿破仑战争时期掌握了制海权。

林也能借由一条从首都至斯德丁的运河直达波罗的海了。

凡是凭借人类的智慧可以做到的，譬如保证大多数人有份相当不错的工资，过比较体面的生活，德国人都做到了。在第一次世界大战之前，普通的德国农民和工人虽然算不上很富有，但习惯于受严格纪律约束的他们，却比其他任何国家的同一阶层的人吃得、住得更好，总体说来，遭遇意外、需要养老的也更有保障。

至于第一次世界大战如何让德国失去了一切，这不属于本书的讨论范围。作为一个战败国，德国失去了阿尔萨斯和洛林两个富裕的工业区，失去了所有的殖民地，失去了商船队，失去了1864年战后从丹麦人手里抢来的石勒苏益格－荷尔斯泰因的一部分。此外，数千英里的前波兰领土（已经为德国所同化），也被再度从普鲁士分割出去，还给了波兰。这样一来，这片沿着维斯瓦河河道，从托伦到格丁尼亚和波罗的海的狭长地带回归到波兰的统治之下，波兰有了直通公海的出海口。还在德国人手里的只有西里西亚的一部分，而这原本是18世纪腓特烈大帝从奥地利抢夺而来的。尽管纺织业还在德国人的控制之下，但更有价值的矿藏却被割让给了波兰。

在其他方面，德国在过去的50年里所获得的一切都被剥夺了。德国在亚洲和非洲的殖民地也被其他国家瓜分了，而这些国家所拥有的殖民地的总数已经超额，甚至本国都没有多余的可迁移的人口了。

从政治角度而言，《凡尔赛和约》或许是一份出色的条约。从应用地理学的观点来看，它却使得人们对欧洲的未来持绝望态度。

第十三章　荷兰：沼泽变帝国

英语中"尼德兰"（Netherlands）这个词指的是荷兰，但只在极正式的场合用，其本意是泛指那些比海平面低2~16英尺的低洼地区。倘若发生一次史前规模的洪水的话，那阿姆斯特丹、鹿特丹等一些重要城市就会从地面上消失得无影无踪。

然而，这一显然十分恶劣的自然环境，却成了荷兰自强不息的最大动力。在北海沿岸的这些沼泽地里，先民很难建国兴邦。既然不能在沼泽里建国兴邦，那就创造出一个新天地来。在这场人类与暴虐大自然的斗争中，荷兰人民在双方力量悬殊的情况下，运用自己的智慧，取得了最后的胜利。他们也学会了坚忍不拔和未雨绸缪，而在我们生存的世界里，这些品质并非一文不值。

当罗马人来到这个地域偏远、人迹罕至的欧洲一角时（大约是在公元前50年），这里遍地沼泽和泥塘，一条狭长的低矮沙丘从比利时延伸到丹麦，抵御着北海的惊涛骇浪。而这条沙丘还被数不清的河流截成一段一段的，其中最重要的河流有莱茵河、默兹河和斯海尔德河。这三条河总是恣意妄为，不受堤坝的限制，每年春季一到，便随心所欲地改变河道，把陆地变成岛屿，把曼哈顿那样固若金汤的岛屿上的大片陆地冲得无影无踪。

与生活在坚实大地上的邻居佛兰芒人相比，这些早期荷兰人的生活确实是水深火热。可是后来不知是因为波罗的海海水的温度发生了变化，还是海水的盐度发生了变化，荷兰人的生存状态发生了神秘的变化，他们的机遇来啦！一天早晨，波罗的海的一种名叫鲱鱼的鱼突如其来地蜂拥而至，来到北海。在那个年代，鱼曾经是人类的主要食物，欧洲人都雷打不动地要在星期五吃鱼，鱼在当时的重要性要比现在大得多。所以这标志着波罗的海沿岸大批城市的彻底衰落和荷兰大批城镇的迅速崛起。荷兰的这些城镇现在已经开始向南欧各国出口鱼干，鱼干就这样取代了我们今天的鱼罐头。鲱鱼贸易带动了粮食贸易，而粮食贸易又推动了印度群岛的香料贸易，一切都是顺理成章的，都是商业国家发展的正常过程。

然而，命运之神却无视现实的发展，将所有低地国家纳入了哈布斯堡王朝的统治之下，还命令强壮无礼、奉行铁拳主义和实用主义的荷兰农夫和渔民服从乖戾暴躁的哈布斯堡军官的管制，而这些军官又是在绝对专制的统治下受过训，在荒无人烟、暴风肆虐的西班牙式城堡中离群索居惯了的，性情孤傲乖张。当这两种人一相遇，麻烦就不可避免啦！结果导致了一场长达80年的自由独立战争，并以低地国家人民的彻底胜利而告终。

作为实用主义者，后来的新统治者真诚地相信"自己活，也让别人活"的原则，在利益问题上更是如此。因此，他们对别国那些因为信仰、宗教或者其他原因不幸遭受迫害的人，都热情地款待并提供保护。这些难民中的大多数人（只有那一小撮来自英国的持不同政见者没有在荷兰久住）都成了荷兰的忠实臣民，开始了他们全新的幸福生活。他们原来的君主，通常会没收他们所有的流动资产和存款。然而，无法没收的是他们的才华，他们走到哪里，就把才华带到哪里，他们无私地把自己的聪明才智和商业才能奉献给自己第二祖国的发展和建设。争取独立自由的战争一结束，在湖地和沙岛上建起小城镇的100万荷兰人，便勇敢地承担起领导欧亚大陆的重任，并且一担就是三代的时间。

此后，荷兰人过起了养尊处优的生活，大规模地购置房地产，收购外国名画（这些画当然比他们本国天才们的画强多啦）。他们尽量想让邻国的人忘记他们的钱是怎么来的。但他们的财富没多久就不再来了，因为这世上没有一劳永逸的事情，尤其是我们人类的精力。那些不努力把握已经拥有的一切的人，到头来也会失去一切，思想和财富也不例外。

19世纪初，荷兰走向衰落。而地理知识只够打仗的拿破仑宣布：既然低地国家是由流经法国的三条河流——莱茵河、默兹河和斯海尔德河冲积成的三角洲而成，那么，从地理学角度而言，这个国家理所当然地应该归法兰西帝国所有。他大笔一挥，在一份文件的末尾草草地写了一个大大的"拿"字，就把荷兰人三个世纪的霸主地位一笔勾销了。从此，荷兰从地图上消失了，而法国又多了一个行省。

1815年，荷兰重新赢得了独立，又恢复了昔日的权利。荷兰所拥有的殖民地比本土大62倍，保证了阿姆斯特丹和鹿特丹作为东印度群岛的产品集散中心的地位。荷兰从来就不是一个工业国，除了最南边有一点点质量欠佳的煤炭之外，什么原材料都没有，荷兰向殖民地出口的原材料还不到殖民地进口额的6%。但苏门达腊、爪哇、摩鹿加、婆罗洲和西里伯斯等地需要大量的资金来发展茶叶、咖啡、橡胶和奎宁等农作物的种植业，于是，股票交易日隆，阿姆斯特丹成了欧洲股票交易中心。为了筹措资金，各国政要和各地商人云集阿姆斯特丹，与此同时，他们还同往来于世界各地的商船进行进出

船闸

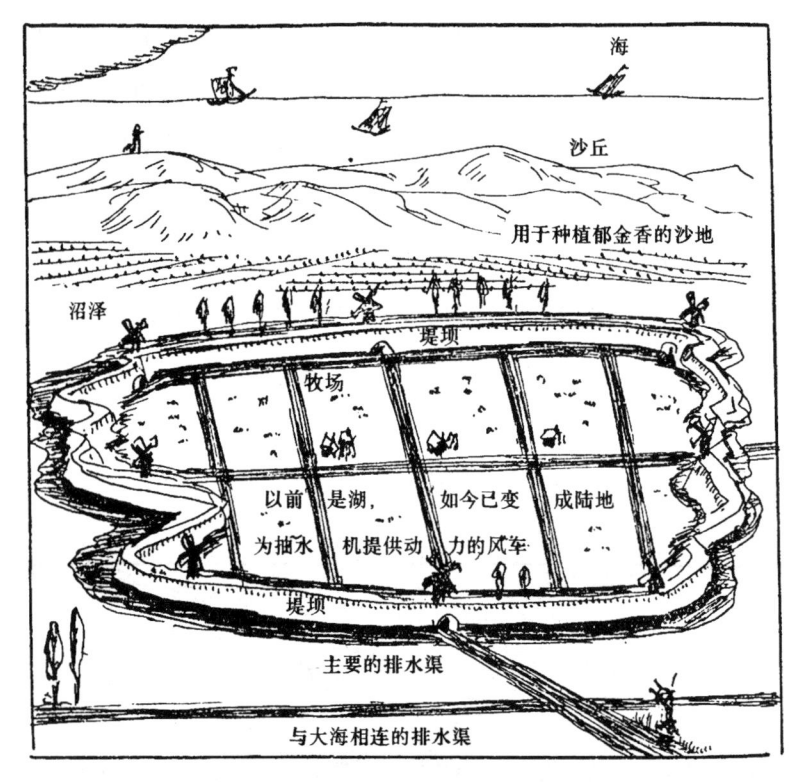

围湖造田

口商业贸易活动，使得荷兰运输船的总吨位稳居世界第五位。

荷兰国内的商船总吨位在世界上独占鳌头。荷兰境内的水路四通八达，十分便捷。而荷兰人的时间观念又不强，不论是男人还是女人，不论是牛马还是狗，在日常生活里都不紧不慢的，这样一来，成本最为低廉的运河小船就成了铁路运输最有竞争力的对手。

从通常意义上说，荷兰王国1/4的陆地根本就算不上陆地，而是海底罢了。那里曾经是鱼和海豹的地盘，荷兰人历尽千辛万苦填海拓地，然后时刻警惕着，以防意外。因此，荷兰的很多运河其实就是排水渠。自1450年以来，通过抽干沼泽、围湖造田的方法，荷兰的领土面积增加了几千平方英里。告诉你，只要得法，围湖造田并不难。首先，在选中的水域周围筑一条大堤。然后，在大堤外面挖一条又深又宽的运河，要让运河与距离最近的河流相连，以便日后用一个复杂的水闸系统向河里排泄日用废水。最后，在大堤的高处建几个风车，为抽水机提供动力。其余的工作就由风车和一台小小的汽油发动机代劳了。当湖水抽干，排进运河以后，在新的"堤围泽地"里挖几条平行的沟渠，与此同时，风车和抽水机不停地运转，新开凿的水渠会把必要的排水工作做完的。

这些"堤围泽地"有的面积很大，能住两万多人。如果把艾瑟尔湖的湖水抽干（这个过程耗资巨大），至少还能为十万人提供生存的空间。荷兰国土总面积中的25%是这样的"堤围泽地"，所以你就不难理解，荷兰的河流、运河和堤岸部每年的开支要远远大于其他部门的原因了。

荷兰的东部和西部对比鲜明。西部低洼地带繁荣富庶，东部地势虽高，却绝少有人开发利用。东部原来是欧洲中央平原与大海的交会处，是莱茵河、默兹河和斯海尔德河冲积而成的三角洲的沼泽地带上游。几千年来，欧洲北部的冰川的冰砾和卵石沉积在这里，所以，这里的土质与新英格兰[①]有相似之处，只不过荷兰的土质的

---

① 指美国东北部缅因、佛蒙特、新罕布什尔、马萨诸塞、罗得岛、康涅狄格六个州。

含沙量更大些。荷兰王国本来已经人满为患了，人口密度高达每平方公里625人。不仅如此，荷兰25％的土地"根本无法进行农业生产"，这意味着荷兰背负的包袱更为沉重。

正是因为荷兰繁荣的东部和落后的西部之间这种巨大的反差，所以荷兰所有的重要城市都集中在堤围泽地中心的那一小块三角地区。海牙、阿姆斯特丹、莱顿、阿勒姆、代尔夫特以及鹿特丹一个挨着一个，事实上形成了一个大城市。这些城市与那些著名的沙丘防波堤也相去不远，三个世纪以前，荷兰商人从波斯和亚美尼亚买回花种，在那些沙丘脚下种植培育，他们把那种小巧可爱的花称为"郁金香"。

在荷兰，一辆老爷车几个小时就能把你从一头带到另一头。倘若不将阿提卡地区考虑在内，以人口数量和领土面积的比例而论，这块位于莱茵河、北海和艾瑟尔湖之间的狭长地带，对科学与艺术的贡献似乎比任何国家都要多。荒蛮的石地孕育了雅典，水汪汪的沼泽里孕育了荷兰，但两国一飞冲天、声震寰宇的时候，都具备这两个特点：一是得天独厚的国际商贸地理位置，二是动物似的旺盛活力和精神上的好奇心。这些都是他们在不战则亡的岁月中所习得的，也由此铸就了希腊和罗马的辉煌。

第十四章　英国：岛小人稠

荷兰对面的一个海岛，为世界上四分之一的人的幸福负责。

换在几年以前，这个题目还应该是"大不列颠和爱尔兰"，是人类对造物主的作品做了改动，把一个地理单位变成了两个独立的实体。所有中规中矩的代笔人只能照猫画虎，用两章来分别介绍这两个国家。

恐龙不会画地图，但留存至今的岩石会讲述恐龙的故事。各种各样的岩石应有尽有，无处不在：有火山喷发出的岩浆在地表冷却后产生的火成岩；有在重压之下生成的花岗岩；有在湖底和海底慢慢沉积而成的沉积岩；还有板岩和大理石这种变质岩，它们实际上是石灰石和黏土，在地球深处经历了微妙的化学变化，摇身一变，成为了贵重的材料。

各种各样的岩石就这样杂乱无章地堆在地球的表面，如同遭受过飓风袭击的房屋里的家具。岩石的存在，为我们提供了一个异常有趣的地质实验室，告诉我们，为什么对打兔子兴致盎然而对搜集科学数据兴味索然的英国，会孕育出那么多世界一流的地质学家。当然，我们也可以反过来说，正是因为英国有了这么多世界一流的地质学家，我们对英国的地质构造了解才会比其他国家要多，不过，这似乎不大可能，因为游泳冠军通常出自于亲水之处，而绝少来自于卡拉哈里沙漠的腹地。

所以，有了地理环境，也有了地理学家，他们对英国的起源，都有过什么看法呢？

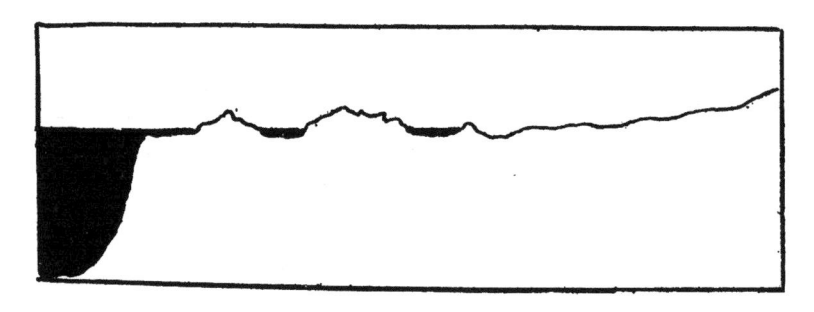

大西洋、爱尔兰、英格兰和欧洲

暂时不要去回忆脑海中的欧洲地图，自己画一张地图吧。设想一个世界刚刚从海平面上浮现出来，它还在新生的阵痛中颤抖着。偌大而苍凉的大陆高耸在海面之上，就像纽约市的水泥路面因地下管道的爆炸而四分五裂一样，岩石碎裂，火山喷发。与此同时，造物主的实验室还在耐心地继续发力。来自海洋的风吹个不停，挟裹来大量的水汽，自西向东滋润着大地，给大地铺上了一层生着青草和蕨类植物的宽大绿毯，斗转星移，它们长成了高大的灌木和参天大树。日复一日，年复一年，不舍昼夜，不知疲倦，海浪拍打着、撞击着、碾磨着、雕琢着海岸，海岸渐渐崩解，渐渐萎缩，像受到长期日照的残雪，消融了。突然，冰雪像一堵残忍的死亡之墙，从最高的山脉上轰然崩落，冲过最陡峭的悬崖，重重地冲进宽谷的斜坡，山顶的碎石和冰块瞬时填满了深深的峡谷和窄窄的山涧。

阳光普照，大雨倾盆，冰雪迸裂消融，海浪侵蚀着海岸，四季更迭。人类出场时，所看到的就是这样的世界。一个被水淹没的峡谷把这块狭窄的陆地与外面的世界隔断，从北冰洋一路向前，直至比斯开湾。另一块高耸在海面波涛上的高原与这块狭窄的陆地隔海相望，这片狭窄的水域波涛汹涌、变幻莫测。还有几块孤零零的礁石伸出海面，更适合海鸥栖息，而非人类居住。

这大致就是英格兰的形成过程。现在让我们打开现代地图，看看能发现什么。

从设得兰群岛到兰兹角之间的距离与从美国哈得孙湾或南阿拉斯加至美加边境线相等；为了让欧洲人更好理解，可以说这个距离相当于从挪威的奥斯陆到波希米亚的布拉格①。英国总人口4500万，是世界上人口最稠密的国家之一，所处纬度在50~60°之间，与坎察加半岛（在阿拉斯加的对面）相似，而坎察加岛上的居民还不到7000人，唯一的食物是鱼，人们靠吃鱼才没有被饿死。

英国东临北海，北海原本不过是个洼地，后日积月累，蓄满了水，便成了海。只要看一眼地图，就会一目了然，胜过万语千言。地图

---

① 今属捷克。

上的英国的右面（即东面）是法国，英吉利海峡和北海就像大路上的一道小沟似的横在两国之间。英格兰平原上最深的深谷中卧着伦敦城。再过去，就是威尔士的高山。再过去又是一片洼地、爱尔兰海、爱尔兰山脉，再往西是浅海上的几个孤岛。最后是圣基尔达岛（因为路途艰险，所以直至去年才有人去定居）。随后，地势突然下降，下降，下降，再下降，这里是海洋真正的起点，也是在海面上半隐半现或者全部淹没在海面下的欧亚大陆的末端。

至于英国的内海、海湾和海峡，我最好还是讲得详细些。虽然我在本书中一直竭力避免罗列一大堆不必罗列的地名，以免你看了这一章就忘了上一章，但我们这一章却要用传统的方法来讲解，因为这个神奇的小岛曾经对世界上所有的人——不论男女老少，都产生过影响，时间至少也有四个世纪。然而，这并非完全是由于机缘巧合或者种族的优越。毋庸置疑，英国人确实充分把握了机遇，但造物主把他们这个可爱的小岛不偏不倚地放在东半球大陆群的正中央，这也给了英国人一个巨大的优势。你只要把英国与可怜巴巴的澳大利亚作个比较，就能明白这意味着什么。澳大利亚孤零零地坐落在广阔无垠的海洋中间，全靠自力更生，没有邻居，没有机会从任何地方获取新思想。再把澳大利亚的地理位置与英国的地理位置作一比较，你会发现，英国所处的位置就像蜘蛛网里的蜘蛛，到地球上的四面八方的距离都相等；而与蜘蛛不同的是，英国周围那咸咸的海水又像一条护城河一样，保护着英国免遭外族的侵犯。

当然，当地中海还是世界文明的中心时，英国这一特殊的地理位置并没有什么意义。直到15世纪末,在人们的心目中,英国还只不过是个偏远的小岛,就像现在的人对冰岛的印象一样。"你去过冰岛吗?""没去过,可我姨妈去过一次。那是个挺好玩儿的地方,一个挺有意思的海岛,可也太远了,要坐船晕三五天才能到呢!"

这就是公元10世纪前,英国在人们心目中的印象:要晕三五天的船。别忘了,当时罗马的帆船与今天从利思到雷克雅未克的700吨汽船相比,可要难受得多啦。

然而,人们对这些文明边缘地区的了解日渐增多。那里居住着文身的野蛮人,住在半埋在地下的圆形小屋里,房屋周围有低矮的泥巴墙,他们最终被罗马人驯服了。从他们所说的语言上,罗马人推断他们与北高卢的凯尔特人同宗同族,这两个族群整体看来都温驯老实,愿意向罗马人纳贡,很少奢谈"权利"。他们对自己所占领的土地是否享有"权利",也是可疑的。因为几乎可以肯定,他们也是后来人,这些入侵者从原来的族群手中把土地夺了过来,而原来的族群的踪迹只有在东部和西部偏僻的地区才能找到。

罗马人占领英国大概有400年的时间,差不多与白人占领并统治美洲的时间一样长。可是,罗马突如其来地一蹶不振了。在此之前长达500年的时间里,罗马人都能把如狼似虎的条顿人拒于自己在欧洲的领地之外,但他们最终防守失利,防线被突破,野蛮人潮水般地席卷了西欧和南欧。罗马人急忙召回驻外的部队,只留下几个军团凭借着高墙,守卫不列颠平原,抵御苏格兰蛮族的侵略(那些蛮族来自无法逾越的崇山峻岭之中),还凭借其他城堡守卫威尔士的边界。哪个帝国又不是在不复存在多年以后，才承认自己大势已去呢？

终于有一天，定期跨海而来的供给船没有来，这表明高卢人已经输给了敌人。从此以后，滞留在英国的罗马人同故国的联系被切断了，并且再也没能恢复。不久，就有消息从沿海城镇传来，在亨伯河与泰晤士河的入海口出现了外国船只，达勒姆、约克、诺福克、萨福克和艾塞克斯等地的村庄遭到袭击和洗劫。罗马人做梦也想不到在东海岸设防，他们以为根本就没有那个必要。可是现在在某种神秘压力（是饥饿所迫，还是浪迹天涯的天性，还是后有追兵？我们永远都不会了解啦）的推动下，条顿人的先锋部队曾经跨过多瑙河，越过巴尔干和阿尔卑斯山山口；现在，他们又引领着撒克逊强盗的先头部队从丹麦和荷尔斯泰因径直杀奔大不列颠海岸来了。

当时，那些罗马的执政官、罗马的卫戍部队、罗马的妇女和儿童一定都住在那些漂亮的别墅里，虽然我们至今还能不断地发现一些断壁残垣，但这些人却从人们的视线里神秘地消失了，无声无息，就像美国弗吉尼亚州和缅因州最早的白人移民一样，从地球表面消失得无影无踪，仿佛在宇宙中溶解了。有些人被自己的仆人杀害，他们的女人被当地的好心人娶了回去，这就是一个骄傲民族的奇特命运，不止一批没能搭上最后一班船回国的"殖民者"就落得如此下场。

接着，发生了暴乱。由于凯尔特人曾经在罗马人充任国内和国际"警察"的几百年间为虎作伥，所以，凯尔特人受到了来自邻居加勒多尼亚的野蛮同胞——"斧头帮"的滥杀。在这样哀痛的气氛里，凯尔特人犯下了一个容易犯的错误——弄巧成拙，一失足成了千古恨："我们召些能征善战的壮士，雇佣他们为我们打仗吧。"就这样，壮士们来了，壮士们从艾德河与易北河之间的沼泽和平原上来，他们所属的部族叫撒克逊，我们从这个名字上看不出这个部族的起源，因为日耳曼北部到处都是撒克逊人。

另一个不解之谜就是这些人为什么要自称是盎格鲁人。盎格鲁-撒克逊这个词出现在他们在英国登台亮相的几百年之后。现在，盎格鲁-撒克逊已经成了一个战斗口号：盎格鲁-撒克逊血统，盎格鲁-撒克逊传统。好啦，神话总是越说越神，既然这个神话能让他们开心，觉得比其他民族要高上一等，又何乐而不为呢？但历史学家一定会遗憾地宣称，盎格鲁是古代以色列王国"失踪十族"中的一支，是十族中的小弟弟，无从查证的历史记载中常常提及他们，但却没有人发现过他们的踪迹。至于撒克逊人，就跟30年前人们在远洋轮船的下等舱里可能见到的北欧游牧部落差不多。不过，撒克逊人身强力壮，对工作、打仗、娱乐、掠夺都有很高的热情。他们花了整整500年的时间，才将世袭领地统一。在此期间，可怜的凯尔特人被迫使用他们的语言，很快就将从尊贵的罗马主妇的厨房里学来的几个拉丁词忘了个一干二净。不过，一报还一报，在蜂拥而至的条顿人移民潮中，轮到他们被赶出家园了。

到了1066年，英格兰成了诺曼的一个附属国，这是英伦群岛第三次被迫承认海外的统治权。可是不久，情况完全颠倒过来，事实证明，英国殖民地比临时的故乡法国更有投资的价值，于是，诺曼人离开了大陆,在英国永久定居下来。

结果,诺曼人不仅丧失了在法国的财产,也丧失了对英格兰的统治。然而,诺曼人的不幸却成就了英格兰人的大幸,他们开始意识到大西洋的存在,而不再像以往那样总是眼巴巴地向往着大陆了。尽管如此,假若不是亨利八世跟一个名叫安妮·博林的人谈了那场恋爱,英国也不可能走上开拓远洋之路。亨利八世所爱的安妮对他说,要走进她的心灵,须先走进一座金碧辉煌的教堂。这意味着亨利八世必须先把他的法定王后,即"血腥玛丽"①之母废掉,而这导致了英国人与罗马教廷的彻底决裂,触及了基督教世界至高无上的统治者。由于西班牙站在教皇一边,所以,英格兰人必须学会航海技术进行自卫,否则就难以维持独立,只能沦为西班牙的一个省。就是这么一场离奇曲折的离婚闹剧,成了英国熟练掌握航海技术的真正动因,而新的贸易方法一经习得,他们国家所拥有的得天独厚的地理位置就充分发挥了作用。

然而,没有国家内部异常残酷的斗争,就没有这样翻天覆地的变化。在阶级社会中,任何一个有理性的人都不会期望一个阶级为了另一个阶级的利益而自动退出历史舞台。所以,自诺曼征服以后,那些掌握了国家最高权力的封建大地主就千方百计地阻挠国家放弃传统的农业生产,还反对开拓世界贸易,这是再自然不过的事情,

---

① 即玛丽一世(1516—1558),英格兰都铎王朝的女王,在她统治期间,天主教的正统地位得到了恢复,因她对新教徒的残酷迫害,所以人称"血腥玛丽"。

大不列颠是一个灯塔之国

封建主义和资本主义历来就是不共戴天的敌人。中世纪的骑士认为自由人不应该从事商业贸易活动，对商业贸易很鄙视；在他们眼里，商人就像私酒贩子，你可以利用他，但绝对不会允许他从家里的正门出入。这样一来，经商的人中大多都是外国人，主要是德国人，还有来自北海和波罗的海的有名的"伊斯特利斯人"，正是他们首次让英国人对拥有明确的、不容置疑的价值的钱币有了概念，而"伊斯特利斯镑"就是今天英镑的前身。犹太人被驱逐出境，严禁他们踏入国门半步，所以，莎士比亚在塑造夏洛克这个人物时，也只能把道听途说作为素材。沿海的小镇也做一点渔业贸易，但是几个世纪以来，英国的大多数国民一直以从事农业生产为主。大自然也格外青睐这片土地，这片土地尤其适合发展畜牧业，土壤中往往沙石多，尽管种庄稼不适合，但青草繁茂，正好可以给牛羊当饲料。

英国每年有2/3的时间会有西风刮个不停，西风带来充沛的降雨，如果有人冬天在伦敦待过一段时间，对这一点一定不会忘怀。正如我在给你介绍北欧国家时所说的那样，现代农业已经不像几百年前或者几千年前那样靠天吃饭了。我们人类虽然还不能呼风唤雨，但已经从化学工程师们那里学会了众多战胜自然灾害的办法，然而乔叟①和伊丽莎白女王②那个时代的人却认为自然灾害都是上帝的旨意，根本无法补救或者挽回。此外，英伦岛的地质结构也让东部的地主受益不小。英伦诸岛的横断面就像一个汤盆，西高东低，这正好可以证明前文所言不虚：英国原本是一个古老大陆的组成部分，历经风吹雨打，东部最古老的群山都被侵蚀殆尽，而西部仍在崛起的年轻山脉再过一万年或者一万五千年也不会消失。这些年轻的山脉耸立在一块叫威尔士（是少数几个幸存的凯尔特词汇之一）的土地上，像一道栅栏，使得大西洋暴风骤雨的力量在到达东部低地之前就被削弱了，成功地把它调理得温温和和，从而保证东部大平原的气候风调雨顺，成为发展农业和畜牧业最理想的地方。

汽船的发明，让我们从阿根廷和芝加哥订购谷物成为可能；冷藏法的采用，是为了把冷冻肉从地球的一头运送到另一头。只要支付

---

① 杰弗里·乔叟（约1340—1400），人文主义的最早代表，英国最杰出、最伟大的诗人之一。
② 即英国都铎王朝伊丽莎白一世（1533—1603），1558—1603年在位。

得起所需的费用,任何国家都不必只靠本国的农场和农田来养活自己的国民了。然而,仅仅还是在100年以前,还是得粮食者得天下。一旦粮食的所有者决定把粮仓的门锁上,成千上万的人就会慢慢饿死。古老的英国最主要的地区就是英国最大的产粮区,南抵英吉利海峡,西至塞文河(这条河从威尔士和英格兰之间流过,最后注入英吉利海峡),北达亨伯河与默西河,东邻北海,使得英国免除了饥馑之虞。

当然,我说的这块平原,并不是我们通常意义上的平原。这块平原不像美国的堪萨斯大平原,堪萨斯大平原就像一块又扁又平的薄饼,而这块大平原却地势起伏不平。泰晤士河(215英里长,与哈得孙河相仿,哈得孙河为315英里)从这块平原中间流过,它发源自科茨沃尔德丘陵,此地以山羊和巴斯古城闻名。早在罗马时代,那些备受英国饮食习惯折磨的人就会到这里来洗热热的钙钠泉浴,目的是强身健体,回去继续吃半生不熟的牛排和水泡蔬菜。

泰晤士河流经奇尔顿山和白马山脉,为牛津大学提供了方便的划船场地,最后进入低洼的泰晤士峡谷,泰晤士峡谷位于东盎格鲁山脉和北部丘陵之间。如果不是多佛海峡努力把大西洋与北海连接起来,从而截断了它在松软的白垩土上流淌的河道,泰晤士河会一路流往法兰西。

世界上最大的城市伦敦就坐落在这条河畔,与罗马以及世界其他名城一样,伦敦的出现绝非偶然,也不是某个君主一时的心血来潮。伦敦之所以矗立在这里,完全是经济发展的需要。当时英格兰南部与北部之间的交通，需要依赖那些素以敲诈勒索闻名的摆渡人；要摆脱他们，当务之急就是在泰晤士河上建座桥。伦敦所在的位置正是航运的终点处，河面也不宽，让2000年前的工程师造一架安全的桥并非难事，这样一来，商贾百姓就可以把人和货物运到对岸，鞋也不会打湿了，伦敦城就这样诞生了。

罗马人离开以后，英伦三岛发生了翻天覆地的变化，但伦敦依然故我。伦敦现有人口800多万，比纽约整整多了100万，而面积则比古代世界上最大的城市巴比伦大5倍，比巴黎大4倍。为了不受外人干扰，自成一统，英国人拒绝住在鸽子窝似的高楼大厦里，所以，伦敦的建筑一直在呈水平方向扩展，且多低层，而美国的城市建筑却有向上发展的趋势。

伦敦的中心区，即"城区"，现在不过是个工场罢了。公元1800年时，全城还有13万居民，此后人数骤减，现在只剩14000人了。但财大气粗的英国斥巨资投资海外的企业，每天都有50多万人汇聚城区办公，管理数十亿的资本流通与运作，监管着来自殖民地的数目大得惊人的产品。货场从伦敦塔一直延伸到伦敦桥下，长达20英里，里面堆满了货物。

为了保证泰晤士河货物运输畅通无阻，唯一的方法就是在河的两岸多建船坞和货场。想了解国际贸易是怎么回事的人，只要到伦敦的这些码头上看看就一目了然了。他们会很不自在地发现，相比之下，纽约不过是个地方性的村庄，与重要的国际贸易主干线相去甚远。不过，时过境迁，情况最终会变化，国际贸易中心似乎在西移，

工厂战胜了农场

但伦敦在贸易技巧方面的知识仍然是遥遥领先，而纽约不过是刚入门而已。

我有点离题了，还是让我们回到1500年的英国大平原吧。英国大平原的南部边缘由群山构成，最西端是康沃尔。康沃尔从地理角度而言，是布列塔尼半岛的延续，只是被英吉利海峡切断而已。康沃尔是块奇特的土地，直到200年前，那里的凯尔特人还保留着本民族的语言，那里还有些与布里塔尼的石碑高度相似的奇特石碑，从而为这一学说提供了证据，即曾有一度，这两个地区的居民本是同根同源。顺便提一句，康沃尔还是地中海的水手所发现的第一块英国土地。为了寻找铝矿、锌矿和铜矿，腓尼基人（不要忘了，金属时代初期正是这个民族的鼎盛时代）曾到达过锡利群岛这么远的地方。

在那里，他们与来自云雾弥漫的陆地上的野蛮人相遇，还同他们进行过物物交易。

该地区最重要的城市是普利茅斯，普利茅斯是个军港，平时除了偶尔有大西洋的汽船出入，很少看到其他船。康沃尔的对面是布里斯托尔海峡，在17世纪的地图上叫"错误的海峡"，因为从美洲返回的船很容易把它误认成英吉利海峡。这里40英尺高的恶浪变幻莫测，船毁人亡的事故经常发生。

布里斯托尔海湾的北部是威尔士群山，在威尔士群山附近的安格尔西岛发现铁、煤、铜之前，这个地方没有引起过任何人的重视。这些矿藏的发现，使得该地区成为整个王国最富庶的工业区之一。现在已经成为世界最大的煤炭中心之一的加的夫，原本是古罗马的一个军事要塞。一条铁路线从塞文河下穿过，把加的夫与伦敦连在一起，在工程界，塞文河铁路隧道所赢得的美誉可与联结威尔士和安格尔西岛及霍利黑德岛的大桥相媲美。从霍利黑德出发，能直航至爱尔兰首都都柏林的港口金斯顿。

古代英国的轮廓呈四方形，每座城市、每个村庄都年代久远，历史悠久，所以我连它们的名字都不敢提，唯恐把这部世界地理写成英国地理。时至今日，这块古老的方块地还依旧是英国地主阶级的支柱。在法国，倒不是没有大地主，但是数量很少，而地主的数量是英国的十倍。在丹麦，这种比例差异就更大了。这样的乡绅阶级已经风光不再，现在，这个遗老集团除了教别人怎么穿对高尔夫球裤之外，只有靠打猎来消磨时光了。究其原因，并非是他们缺乏

英格兰得天独厚的地理位置，恰好处于地球大陆群的中央

美德，而是因为詹姆斯·瓦特发明了那个有效实用的蒸汽机，从而给我们的经济生活带来了巨变。瓦特毕业于格拉斯哥大学，他迷恋数学，一心一意要制造仪器。当他开始摆弄祖母的茶壶时，蒸汽还只是用来驱动几个又笨重又缓慢的唧筒的玩意儿。而在瓦特去世时，蒸汽机已得到普及，占据了主宰地位，土地不再是唯一的财源了。

自古以来南方就是英国经济发展的中心，而在19世纪的前40年间,英国的经济中心开始北移。在兰开夏郡,曼彻斯特的棉纺机在蒸汽的驱动下运转着;在约克郡,蒸汽机把利兹和布拉德福德变成世界毛纺工业的中心;在伯明翰的"黑乡",蒸汽机开足马力,生产出数百万吨的钢板和钢梁,钢材是造船不可或缺的材料,钢材造出的船又把英伦三岛制造出的产品运往世界各地。

由蒸汽机代替人力,这是有史以来人类所经历的最大的变革。当然,蒸汽机本身没有思维能力,需要人工操纵,给它们进料,维护它们,指挥它们何时开始运转,何时停止运转。对于这种简单劳动的回报,似乎保证农场的工人可以富裕起来。乡下人听信了城市的诱惑,于是,转眼之间,80%的农村人口涌入城市,城市迅速膨胀,出租公寓的房产商一夜暴富。也就是在那个时候,英国积累了大量剩余财富,即便其他资产都被消耗殆尽,这笔财富还能支撑很久。

时至今日,还有人在不断地反躬自问:英国还能支撑多久?也许时间才能给出答案,或许就在未来的10年或者20年间。拭目以待是很有意思的。大英帝国从崛起一直到现在,与一系列的偶然事件有关系,在这一点上与罗马帝国相似。罗马帝国曾经是地中海文明的中心,为了保持自身的独立,只好东征西讨,以邻为壑。英国在成为大西洋文明的中心以后,也只得重蹈罗马的覆辙。今天,世界范围内的大掠夺似乎已经结束。商业与文明正在穿洋过海,几年前的大帝国中心旋即沦落为荷兰对面的一个人满为患的岛屿。

这似乎是一场悲剧,但这就是我们地球上的常态。

苏 格 兰

古罗马人对苏格兰人的了解,就像美国最早的殖民者对大西洋沿岸的"五个开化部落"①的了解一样。在帝国最远那排堡垒和诺森伯兰人最远的那个茅屋的北面,有一片荒凉的山区,住着一个由牧羊人和牧主组成的蛮族部落,这就是苏格兰人。苏格兰人的生活差不多与传说中同样原始简朴,与当时世界大多数地区不同,苏格兰是母系社会而非父系社会。除了几条连马都嫌太陡的羊肠小道之外,无路可走。苏格兰人对一切文明教化的努力都极力抵制,所以,对苏格兰人实行的最佳政策就是对他们听之任之、敬而远之。但是,苏格兰人还是偷盗牲畜的凶猛强盗,他们会突然从山上冲下来,把切维厄特丘陵上的羊和坎伯兰的牛偷走。人们认为维护这些地区安全最明智的方法,就是自泰恩河至索尔威湾建一堵高墙把他们挡住,一旦捕获,便用匕首或铁钉钉在十字架上,让他们在痛苦中死去。

就这样,在罗马帝国统治英格兰的400年间,除了几次惩戒性质的探险之外,苏格兰人几乎没有得到文明的赐福。除了与爱尔兰岛的同族凯尔特人继续保持贸易关系,苏格兰人几乎与世隔绝,也没有其他物质需求。古罗马的城墙早已无影无踪,然而,时至今日,苏格兰人在很大程度上还保持着自己独特的生活方式,发展着自己

---

① 指北美五个印第安人部落,即切罗基、奇克索、乔克陶、克里克和塞米诺尔。

独特的文化。

苏格兰人之所以能够保持自己的民族特性，可能是因为他们地处这样一个极其贫瘠的穷乡僻壤。苏格兰的绝大部分地区是山区，早在人类出现的很久很久以前，这里的山跟阿尔卑斯山一样高。此后，经风吹雨打，高山渐渐被侵蚀，而剧烈的地壳运动也起到了相同的作用。接踵而至的是冰，覆盖斯堪的纳维亚半岛的冰把山谷中沉积的那层薄薄的泥土冲得一干二净。难怪只有10%的人在苏格兰高地生活，而其余90%的人都聚居在苏格兰低地。苏格兰低地是一条大部分地方都不足50英里宽的狭长地带，西起克莱德湾，东至福斯湾。这个山谷中，有一条由火山爆发造成的裂隙（以往的城堡大都建在死火山口上），苏格兰的两个大城市——古都爱丁堡和现代城市格拉斯哥就坐落在那里，而格拉斯哥是钢铁、煤炭、造船和制造业的中心。一条运河把两个城市连接起来，此外，还有一条运河从洛恩湾直达马里湾，有了这条运河，小型船只就可以从大西洋直航到北海，避开约翰奥格罗茨、奥克尼群岛和设得兰群岛之间的危险水域，那是从爱尔兰到挪威北角的古老大陆的残骸。

然而，格拉斯哥的那种繁荣却无法使得苏格兰繁荣富庶起来，普通的苏格兰农民依然在温饱线上挣扎，没有饿死已是万幸，还谈不上是真正的生活。也许正是因为这个原因，他们才对千辛万苦挣的几个先令太"抠门"；正是因为这个原因，他们才学会了自力更生，只依靠自己的聪明才智和勇气胆识，不在乎别人怎么说。

根据伊丽莎白女王的临终遗嘱，她的苏格兰表兄弟——斯图亚特王朝的詹姆士继承了苏格兰的王位，这场偶然事件把苏格兰纳入了英格兰王国的版图，苏格兰人就此可以自由出入英格兰了。苏格兰人觉得这个海岛太狭小，不能施展他们的宏大抱负时，便在帝国的大地上四处游荡。他们勤俭、聪明和冷静的性格特征使得他们很适合担任偏远地区的领导。

自由之邦——爱尔兰

现在我要讲的是一个截然不同的故事，这是人类命运不可思议的悲剧之一：一个原本智慧超群、潜力无穷的民族，竟然故意放弃了自己的目标，转而在一个注定失败的事业上浪费精力，做徒劳的追求。与此同时，临近岛上的强敌正虎视眈眈，准备对那些对自身利益缺乏开明认识的民族进行无情的残酷掠夺和奴役，因为对自身利益的开明认识本是人类生存的第一法则啊！

谁之罪？我不知道，也不会有人知道。怪地质状况吗？很牵强。爱尔兰也是史前时代北冰洋大陆的残余，如果没有发生后来的地质变迁，爱尔兰会更加富饶、更加繁荣。假如爱尔兰在地质变迁中没有沉得那么深，沉到海岸山脉以下，那么爱尔兰的地貌就不会像个汤盆，仅有的几条河流也就不会九曲十八弯才入海，几乎无法航行。

怪气候吗？不能，因为爱尔兰的气候跟英格兰的差不多，只不过爱尔兰可能更潮湿些，雾更多些罢了。

那么，该怪地理位置吗？回答还是不能，因为在美洲发现之后，与其他欧洲国家相比，爱尔兰是与新大陆进行商业贸易最便捷的地方。

那么，到底是谁之罪？在我看来恐怕还是那深不可测的人性。是人性把自然优势变为物质弱势，转胜为败，把胸有成竹消磨成麻木低沉，只得承受令人慨叹的命运。

是氛围之过吗？我们都听说过爱尔兰人是多么珍爱他们的神话故事。每个爱尔兰戏剧和爱尔兰民间故事中都要提到小精灵、人狼、妖精和小矮妖，说实话，在现在这些无聊的日子里，我们对他们那些古灵精怪的亲戚都有些烦啦。

你会说，又跑题啦。这跟地理有什么关系呢？倘若地理仅限

爱尔兰

于罗列山川河流和城市，统计煤炭出口量和羊毛进口量的话，这跟地理确实没什么关系。然而，人活着不仅仅是为了觅食，人还有大脑，还有想象力。但爱尔兰这个国家却有异乎寻常的地方。当你遥望其他国家时，你会自言自语："那是一片土地，看起来或隆起或平坦，颜色或黑或绿。有人在那里生活，他们可能在吃喝，可能很漂亮，可能很丑陋，可能很幸福，也可能很痛苦。他们活着，然后死去，有人下葬时得到了牧师的祝福，有人没有得到。"

但爱尔兰不一样，爱尔兰有一种与世隔绝，或者更确切地说是超凡脱俗的品质。寂寞的氛围铺天盖地，孤独的气氛几可触及。昨日的真实，到今日就混沌不清。几个小时前似乎还很简单的事情，忽然间就复杂起来。爱尔兰西面有静寂无声的大海深渊，而这大海深渊都不如你脚下的这块土地神秘莫测。

历经磨难的爱尔兰人，遭受奴役的时间比任何一个民族都长，这么可怕的命运，把他们变得怨天尤人。然而，他们的思想深处一定存在着某种微妙的认知缺陷，才使得这种人类历史上绝无仅有的臣服状态世世代代延续下来。据我所知，这个缺点植根于这块土地，所以，大多数爱尔兰人随时准备赴死，很少有人准备好好活下去的。

当年，诺曼的征服者们刚刚在英格兰站稳脚跟，就把贪婪的目光投向了对面的爱尔兰海。所谓的爱尔兰海与北海一样，与其说确实是海洋的一部分，还不如说是一个被淹没的山谷。而爱尔兰岛的富庶，更助长了诺曼人的勃勃野心，当地的部落首领总是争吵不休，所有统一全岛、建立爱尔兰王国的努力都付之东流了。对于同时代的征服者威廉来说，爱尔兰就像一块"颤抖的荒地"。这个地方充满了双目炯炯的神父，他们如饥似渴地要把基督的福音传给全世界的异教徒，却不在家乡修一条路，造一座桥，爱尔兰什么交通设施也没有。所有这些为日常生活提供便利，让人们生活得更和谐的设施，虽微不足道，却都被随意地忽视了。岛屿的中央比四周低很多，形成了一个沼泽，而这个沼泽一直没人去治理。而沼泽有个不幸的习性，那就是不会把自己排空；人类的灵魂一旦充满诗意，人的手就会很容易忘记洗碗。

当时的英格兰和法兰西的统治者固然是一时之雄，与世界列强的关系也相当不错。教皇英诺森三世①不就冲出去声援自己溺爱的教子约翰了吗？他宣布《自由大宪章》②无效，对胆敢逼宫，迫使国王签下这样荒谬绝伦文件的贵族进行诅咒。在一次爱尔兰内战中，一个爱尔兰部落首领遭遇强敌（我也记不清敌人当时到底有多少了），战不过对方，于是请求英格兰的亨利二世到爱尔兰来助阵。而罗马又伸出了一只幕后黑手，教皇阿德里安四世欣然签署了一纸文书，委任英格兰国王陛下为爱尔兰世袭君主。就这样，一支由200名骑士

---

① 英诺森三世（1161—1216），意大利人，在出任罗马教皇期间发动了两次十字军东征。

② 1215年，英国封建领主联合骑士和平民迫使英王约翰签署了一个文件，文件共有63个条款，主要捍卫的是大贵族的利益，也捍卫了骑士和平民的一些权利。该宪章后来成为资产阶级革命时代的法律依据以及确立君主立宪制的宪法文件之一。

和不足1000人的杂牌军组成的诺曼人军队占领了爱尔兰。虽然部落制度在世界其他地区已经绝迹,但爱尔兰人却一直在这样的制度下过着简单而快乐的原始生活,英格兰人把封建制度强加到他们身上。纷争就此展开,直至几年前,才告结束。甚至今天,报纸的头版头条都会出现火山爆发似的突发暴力事件。

爱尔兰的土地,就像爱尔兰的灵魂一样,是谋杀和埋伏的理想之地,崇高的理想和卑劣的背叛不可救药地纠结在一起,似乎不把当地的爱尔兰人赶尽杀绝,就不能解决问题。哎哟!我讲话可不是空口无凭。英格兰的统治者曾经多次试图对爱尔兰人实施大规模的屠杀和流放,还打着国王及其亲信的幌子,没收他们的全部财产。例如,1650年,爱尔兰人凭借伟大的直觉和超凡的臆想,再一次在错误的时间采取了错误的行动,站在一文不值的国王查理一世一边,发动起义。起义遭到了克伦威尔①的镇压,时间已经过了多少个世纪了,今天的爱尔兰人对那一血腥罪行仍然记忆犹新。克伦威尔这次企图一劳永逸地解决爱尔兰问题,结果就是岛上的居民总数减少到80万,饿死的人难以尽数(爱尔兰的出生率从来就没高过),所以,人们只要能讨到、借到或者偷到短途船票,便慌忙逃往异国他乡的海岸去。实在走不了的,埋葬了亲人,守护着墓地,满怀着仇恨,靠土豆和一线希望活下去。直到世界大战爆发,他们才最终得以解脱。

---

① 克伦威尔(1599—1658),17世纪英国资产阶级革命的代表人物。1649年宣布成立英国共和国,1653年自任"护国公"。

从地理角度上看，爱尔兰一直是北欧的一部分。从精神角度而言，不久以前，爱尔兰还处在地中海中心附近。时至今日，虽然爱尔兰已经取得了自治权，享有与加拿大、澳大利亚和南非同样的高度自治权利，但它依然与整个世界保持着疏离的状态。爱尔兰人民非但不为建立一个统一的祖国而努力，反而内讧，分裂成水火不相容的两部分。南方的天主教徒占爱尔兰总人口的75％，他们定都都柏林，享有"自由邦"的地位。北方则由六个郡组成，人们通常称其为阿尔斯特，居民差不多都是新教徒移民的后裔，依然是英国的一部分，并继续向伦敦的英国议会派出自己的代表。

以上所说的是我写这本书时的情况。从现在算起，一年以后，或者十年以后，情况又会是什么样？谁也无法预测。不过，一千多年来，爱尔兰的命运第一次掌握在爱尔兰人的手中，他们现在可以自由地开发他们的海港啦！可以把科克、利默里克和戈尔韦建设成为真正意义上的海港。他们可以尝试在丹麦卓有成效的农业合作制。他们的奶制品可以与世界上其他国家的乳制品进行公平竞争。作为自由而独立的国民，爱尔兰民族终于与世界上其他国家的民族一样，扮演自己应该扮演的角色啦！

可是，爱尔兰人是否能够把过去彻底遗忘，理智地迎接未来呢？

第十五章 俄罗斯：非亚非欧

从地理意义上说，我们所居住的这个星球1/7的陆地为俄罗斯所有，俄罗斯的国土面积比整个欧洲还要大两倍，比美国大三倍，人口数量是欧洲四个最大国家人口的总和。与我所能够想到的国家相比，俄罗斯更像是一个地理背景的产物。到底是归属欧洲还是归属亚洲呢？俄罗斯自己都从来没有打定过主意，一直在左右为难。这些复杂的感情引发了文化上的冲突。我希望借助一张简单得不能再简单的地图，来把这个问题说清楚。

我们还是先来回答这个问题吧，即俄罗斯是欧洲国家呢，还是亚洲国家？为了便于论证，你可以假定自己是楚克奇人，是居住在白令海峡沿岸某个部落的成员，对生活的现状不满意（我不会因此责怪你，因为在东西伯利亚的穷乡僻壤谋生委实是一件艰难的事）。再假定你决定听从霍勒斯·格里利的建议到西部去。再假定你不喜欢住在大山里，决心要到儿时所居住的那样的大平原上生活。那好，你可以一路西行，走上几年时间，除了要游过十几条宽阔的大河这个麻烦事以外，一路上会畅通无阻。最后，你自然会与乌拉尔山山脉面对面，尽管所有地图都把乌拉尔山定成亚洲和欧洲的分界线，其实它却算不上一个很大的屏障，因为第一批到西伯利亚来的俄罗斯探险家（原本都是逃犯，因为有了有价值的发现，被拔高成了"探险家"）曾经抬着小船跨越乌拉尔山。你能抬着船翻越洛基山脉或者阿尔卑斯山脉吗？

越过了乌拉尔山，你还要艰难跋涉半年，才能抵达波罗的海。你会纳闷，怎么从太平洋到大西洋（因为波罗的海其实不过是大西洋的一部分罢了），所经之处都是真正的平原呢？而这片平原不过是另外一片更大平原的一部分，这个大平原覆盖了亚洲的1/3和欧洲的一半（因为这片平原与德国大平原相连，一直延伸到北海），这也使得俄罗斯地理环境产生了一个很大的天然不利条件，那就是要直面北冰洋。

这就是昔日俄罗斯帝国的祸根。几百年过去了，为了靠近"温暖的海洋"，俄罗斯人劳民伤财、流血流汗地努力又努力，结果都是徒劳无功；这也是苏维埃社会主义共和国联盟（已经不复存在的罗曼诺夫王朝的政治继承人）的一大不利条件，因为它就像一幢80层高、有8000个房间的大楼，除了三层后部有两扇小窗户与逃生通道相连之外，再也没有其他的出入通道了。

也许你会认为美国是世界国土面积最大的国家之一，其实那只是与英国和法国这样的小国相比得出的结论。然而，这块到处飘扬着俄罗斯国旗的俄罗斯大平原的面积是法国的40倍，英国的160倍，欧洲的3倍，我们所在的地球陆地总面积的1/7。俄罗斯的第一大河鄂毕河，与亚马孙河一样长。俄罗斯的第二大河勒拿河同密西西比河一样长。至于俄罗斯的内海与湖泊，譬如西部的里海的总面积是休伦湖、苏必利尔湖、密歇根湖和伊利湖的面积总和。中部的咸海比休伦湖大4000平方英里，而东部的贝加尔湖差不多是安大略湖的两倍。

俄罗斯南部的山峰将它与亚洲其他地方隔开，其高度可与美洲的最高峰相匹敌，阿拉斯加的麦金利山高20300英尺，高加索的厄尔布鲁山高18200英尺。人们发现，地球表面最冷的地方是西伯利亚的东北部，而这块大平原在北极圈内的面积是法国、英国、德国以及西班牙四个国家面积的总和。

俄罗斯从各方各面都鼓励走极端。俄罗斯人生活在光秃秃的大

俄罗斯风景

平原和冻土上，他们的性格肯定会深受自然环境的影响，因此，在世界上任何地区的人的眼里，他们的思维方式和行为方式都很怪诞离奇。难怪数百年来他们可以以最虔诚的形式祷告，按照上帝的旨意行事，也可以转眼之间抛弃上帝，把上帝所有的旨意丢掉，把上帝的名字从学校的课程中去掉。难怪数百年来他们会心甘情愿地服从一个他们认为是至高无上、神圣不可侵犯的人的统治，而突然有一天却把他拉下台，要他的命。

罗马人很显然听都没听说过俄罗斯。想当年，古希腊人为了寻找粮食，来到了黑海（你还记得金羊毛的故事吗？），在那里曾经遭遇过一个野蛮人部落，古希腊人称他们是"喝马奶的人"。根据当时流传下来的那几个花瓶上的图画判断，古希腊人遭遇的，很可能就是现代的哥萨克人的祖先。当俄罗斯人第一次在历史上崭露头角的时候，他们住在一块四四方方的土地上，南依喀尔巴阡山和德涅斯特河，西接维斯瓦河，北连普里佩特沼泽，东靠第聂伯河。在这块四方形的土地北部的波罗的海平原上，住着俄罗斯人的近亲——立陶宛人、列特人①以及普鲁士人。而这个现代强国德国的创造者——普鲁士人，原本不过是斯拉夫人的后裔。在这块四方地的东部，住着芬兰人，他们的领土在北冰洋、白海和波罗的海之间的那一小块土地上。在这块四方形土地的南部，住着凯尔特人、日耳曼人，或者说这两个民族的混血儿。

此后没多久，日耳曼部落开始穿越中欧，他们发现，需要奴隶

---

① 拉脱维亚的一个民族。

的话,最方便的办法就是偷袭劫掠北方的邻居。因为这些北方的邻居是一个温驯的民族,对厄运总是逆来顺受,只是耸耸肩,说"算啦,这就是生活",然后就一言不发了。

这些北方的邻居似乎有个名字,在希腊人听来,像"斯拉夫尼"。那些在喀尔巴阡山地区劫掠人口作为活商品的人贩子,常常习惯于说他们抓了多少斯拉夫人,即奴隶,久而久之,"奴隶"这个词就成了一种商品的名称,专门指那些不幸沦为别人合法财产的人。

斯拉夫人原本和平安宁地生活在他们的那块小小的三角形土地上,后来,他们人丁越来越兴旺,需要的土地也越来越多。可是,西面的道路被强大的日耳曼部落挡住了,通往花花世界地中海的大门也被罗马人和拜占庭人封住了。只剩下东方一条路,于是,他们一窝蜂地东进,开拓疆土。他们就这样一直东进,跨过德涅斯特河和第聂伯河,到了伏尔加河畔才停了下来。伏尔加河又名"大河",河里的鱼取之不尽,养活了成千上万的俄罗斯人,被俄罗斯农民视为万河之母。

伏尔加河是欧洲最大的河流,它发源于俄罗斯中央高原低矮的群山之间。早期的俄罗斯人也利用这样卓越的自然环境建起了城堡和要塞,基于同样的原因,俄罗斯的早期城市也建在那里。伏尔加河为了汇入海洋,不得不在群山之间蜿蜒而行,绕过一个大弯之后,向东奔去。它小心翼翼地沿着山的边缘流着,以至于靠山的右岸又陡又高,不靠山的左岸又低又平。群山造成的蜿蜒曲折不可小视。从伏尔加河的源头特维尔到里海之间的直线距离只有区区1000英里,但事实上伏尔加河河道却足足有2300英里之长。这条欧洲最大河流的流域面积比密苏里河大约40000平方英里（伏尔加河的流域面积是563000平方英里，密西西比河的流域面积是527000平方英里），与德、法、英三国的领土面积加起来一样大。然而，同俄罗斯的一切事物一样，伏尔加河也有点离奇古怪。这条以适合航运而名扬天下的河流（在第一次世界大战之前，河上穿梭的小船多达四万艘），在流到萨拉托夫城时，河面已经与海平面齐平，所以，最后的几百英里河道里的河水是在海平面以下流淌的。这乍一听起来很反常，其实却是正常的。因为伏尔加河所注入的里海位于盐漠的中心，而里海的海拔比地中海还低85英尺。以此类推，再过100万年，里海的海拔跟死海的海拔就差不多啦！现在的死海不就比海平面低1290英尺吗？

顺便说一句，伏尔加河还被视为我们所吃的鱼子酱的母亲河。我在这里特地用了"被视为"这样的字样，原因是伏尔加河不过是鱼子酱的继母而已，而使得这道俄罗斯美味天下闻名的，是金枪鱼，而不是鲟鱼。

在铁路被广泛利用之前，人类进行贸易往来或者劫掠抢夺的天然通道是河流与海洋。而俄罗斯通往大海的西路被强敌条顿人切断了，南面为劲敌拜占庭人所阻，所以，俄罗斯人要寻找更多的领土，只有依赖河流这个通道。俄罗斯从公元600年至今的历史，始终与伏尔加河和第聂伯河这两条大河密切相关，其中又以第聂伯河更为重要，原因是它是从波罗的海通往黑海的主要通道，毫无疑问，这条路与贯穿德国大平原的商道同样古老。请看地图，让我们从这里讲起。

先看北面，我们会发现涅瓦河把芬兰湾和拉多加湖（与美国的安大略湖的面积差不多）连接起来，圣彼得堡就在涅瓦河河畔。有一条名叫沃尔霍夫的小河从拉多加湾向南流，把拉多加湖与伊尔门湖连接起来。我们会在伊尔门湖的南面发现洛瓦季河，而洛瓦季河到多瑙河之间的距离很短，地势也平坦，所以人们可以进行水陆联运。只要克服了这个困难，来自北方的游客就可以优哉游哉地沿第聂伯河顺流而下，直抵距克里米亚半岛西面几英里的黑海。

商业贸易面前人人平等，与国家和种族无涉。把北欧斯堪的纳维亚的货物运到东罗马帝国的拜占庭有利可图，所以商人们才会趋之若鹜，才会在这些地方安家落户。在公元元年后的五六百年里，这里是一条简单纯粹的商业便道，沿地质下陷造成的洼地而行，一侧是加里西亚和波多里亚群山（喀尔巴阡山的余脉），另一侧是俄罗斯中央平原。

然而，当该地区渐渐被斯拉夫移民挤满的时候，情况发生了变化。此时的商人不再四处游荡，而是安家落户，建立起自己的王朝，成为政治上的霸主了。但智慧超群的俄罗斯人，却不很擅长搞行政管理。他们不具备邻居条顿人思维的缜密性。他们生性多疑，精力总是集中不起来。他们喜欢夸夸其谈和静思冥想，所以就不善于做需要集中精力和当机立断的工作。这样一来当个一方霸主并不难。最初，俄罗斯人的野心并不大，但他们需要一个安身立命的容身之

古代俄罗斯

所。他们建立了一个略具皇家气派的府邸之后,还要给仆从臣僚建造房舍,大多数的俄罗斯城市就是这样出现的。

然而,生机勃勃的年轻城市,特别吸引外界的眼球。君士坦丁堡的教士们听说又有了拯救灵魂的新机会以后,随即划着船沿着第聂伯河北上,就像几百年前的斯堪的纳维亚人划着船顺着第聂伯河南下一样。他们很快与当地的统治者合流,修道院成了王宫的一部分,历史的舞台上出现了罗曼诺夫王朝。南部的基辅和商业城市诺夫哥罗德(与伏尔加河和奥卡河交汇处的下诺夫哥罗德无关)富庶发达,名满天下,连西欧各国都有所耳闻。

与此同时,一如过去的几千年,耐心的俄罗斯农民继续繁衍后代，人丁越来越兴旺。他们又一次需要更多的土地了，于是摆脱了故土的束缚，告别了欧洲最富庶的粮仓——乌克兰肥沃的河谷，向俄罗斯中部高原迁移。到达平原的最高点之后，他们又顺流而下向东而去。他们不慌也不忙（对俄罗斯农民来说，"时间"不算什么）地沿奥卡河河谷缓慢移动，最后终于到达了伏尔加河，又建起了一座新城，即下诺夫哥罗德。该城不仅永远归属于他们，还可以控制周边的平原地区。

然而，历史上的"永远"却没有那么长久。13世纪初期的一场大灾难曾一度遏制了俄罗斯人的野心。成千上万个身材矮小的黄种人从乌拉尔山与里海之间的那个大缺口（即乌拉尔河的盐碱荒滩）自东向西飞奔过来，就像要把亚洲人都倒进欧洲中心地区似的。西方的斯堪的纳维亚-斯拉夫小君主国被惊得目瞪口呆。在不到三年的时间里，俄罗斯所有的平原、河流、海洋、山脉悉数落入鞑靼人①之手。而德国、法国以及其他欧洲国家幸免于难，则纯属偶然（鞑靼人的蒙古种小马染上了瘟疫）。

一批新马刚刚长成，鞑靼人便卷土重来，重试自己的运气来了。但是，日耳曼人和波希米亚人的城堡牢不可破，所以鞑靼侵略者只好兜了个大圈，在匈牙利烧杀抢掠，然后在俄罗斯东部和南部定居下来，开始享受胜利成果。在此后的两个世纪里，所有基督教徒，不论男女老少，只要一看见令人闻风丧胆的成吉思汗的后裔，都要跪倒在尘埃里，亲吻他们的马镫，否则就会被当场处死。

---

① 鞑靼人其实早已被蒙古人所灭，但西方还一直沿用这个名称来泛指蒙古人。

欧洲人知道了这些情况以后，却无动于衷。因为斯拉夫人是按照希腊人的礼仪供奉上帝的，而西欧却是按照罗马的礼仪来供奉上帝的，那么，就让异教徒怒火满腔吧！就让异教徒在外国人的皮鞭下颤抖，做最绝望、最悲惨的奴隶吧！因为他们是异教徒，这是他们命中注定的。而欧洲人最终为自己的冷漠付出了沉重的代价。善于忍耐的俄罗斯人，可以肩负"当权者"强加的任何重负，在鞑靼人统治的250年间，他们养成了逆来顺受的可怕恶习。

倘若听天由命的话，他们永远也无法摆脱这个可怕的枷锁。东斯拉夫的一个古老的前沿哨所，发展成了小小的莫斯科公国，解放祖国的责任落到了它的统治者身上。1480年，伊凡三世（即俄罗斯历史上的伊凡大帝）拒绝向金帐汗国①的统治者进年贡。这是公开反抗的开始。半个世纪以后，外国人的长期占领终于结束了，然而，鞑靼人消失了，他们的制度却保留下来了。

新的统治者对生活的"现实"拥有一种天然美好的情愫。大约是在30年前，君士坦丁堡被土耳其人占领，东罗马帝国末代皇帝在圣索菲亚大教堂的台阶上被杀。但他还有个远房亲戚，名叫佐伊·帕莱奥洛吉娜。这个幸存下来的女人，恰好又是罗马天主教徒。此时的教皇正在寻找时机，把希腊教廷这只迷途的羔羊领回自己的羊圈，于是从中撮合伊凡与佐伊的联姻。婚礼举行了，佐伊从此改名为索菲娅。但教皇的苦心孤诣却落空了。伊凡更离心离德了，他意识到

---

① 成吉思汗长子术赤的封地，领土东至额尔齐斯河，西至多瑙河，南至高加索，北至加保尔地区。

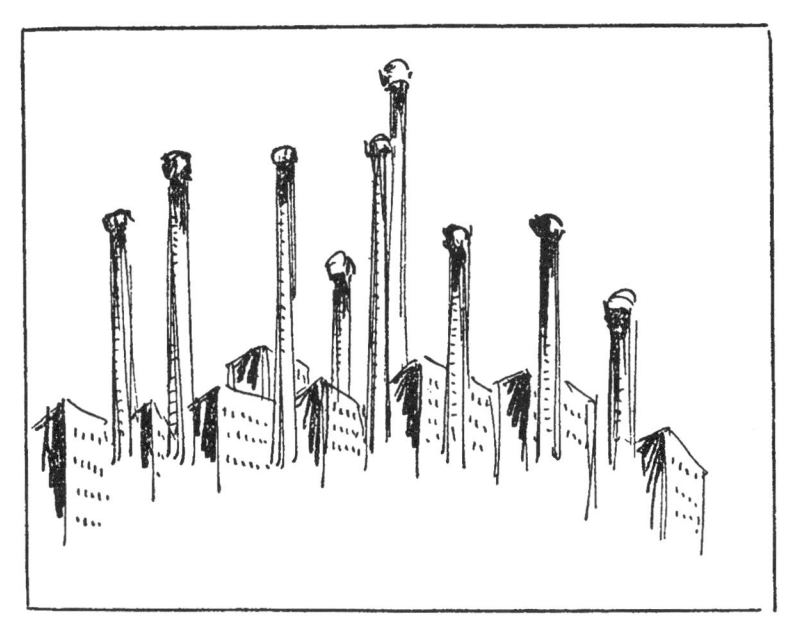

新俄罗斯

取代拜占庭人,称王称霸的天赐良机已经来到。伊凡采用著名的、代表东西罗马帝国的君士坦丁堡双头鹰盾形纹章,确立了自己神圣不可侵犯的皇权,视贵族为奴仆。伊凡把古老的拜占庭礼仪引入他那小小的莫斯科宫廷。伊凡自视为当时唯一的恺撒式人物。而伊凡的孙子在家族接二连三的成功鼓舞下,终于宣称自己是俄罗斯所有辖下领土的皇帝或者恺撒。

1598年,古代斯堪的纳维亚入侵者的末代后裔,即留里克家族的最后一个继承人死了。经过15年的内战,一个无足轻重的莫斯科贵族——罗曼诺夫家族的一个成员自封为沙皇。也就是从那个时候开始，俄罗斯的地理版图只剩下了一个功能，那就是反映罗曼诺夫家族的政治野心。罗曼诺夫家族的人有不少显而易见的劣迹，但美德也不少，这样一来，我们还是不要斤斤计较吧。

罗曼诺夫家族的人都坚持认为，要为臣民开辟一条"直通大海"的通道，作出多少牺牲，付出多少代价都不为过。他们尝试在南方打通通往黑海、亚速海和塞瓦斯托波尔的道路，结果发现土耳其人切断了他们通向地中海的道路。然而，他们却通过这些战争赢得了10个哥萨克部落的效忠，这些哥萨克后裔的祖先是海盗、冒险家或逃奴。在此前的500年间，他们为了逃避波兰主子或鞑靼主子的奴役，在荒野中藏匿起来。他们与瑞典人作战，而瑞典人在"三十年战争"中获得胜利后，实际上占领了波罗的海地区。又经过50年的战争，沙皇彼得终于可以派遣成千上万的臣民在涅瓦河的沼泽中为他建造新都圣彼得堡了。但是，芬兰湾每年有四个多月的冰冻期，所以，"直通大海"还是一个遥不可及的梦想。俄罗斯人沿着奥涅加河和德维纳河北上，穿过冻土地带的中心——北极苔原，在白海边上建起了一座新城，就是后来叫作阿尔汉格尔斯克的那个地方。然而，卡宁半岛这片不毛之地离欧洲太远了，就像冰天雪地的哈得孙湾海岸一样遥不可及，而摩尔曼海岸也是所有荷兰船长和英国船长小心翼翼避之唯恐不及的地方。看来这项任务是没有希望完成了。只有东进这一条路啦。

1581年，一支由欧洲六国的逃亡奴隶、冒险家和战俘组成的约1600人的队伍，越过了乌拉尔山。在东进的途中，他们为了活命，袭击了路上遇到的第一个统治西比尔或者说西伯利亚地区的蒙古可汗。他们打败了可汗，瓜分了可汗的财产。可是他们深知，莫斯科的手伸得很长，与其坐等沙皇的部队接踵而至，把他们当作叛徒和逃兵绞死，还不如把这块土地进献给沙皇，这样还可以凭借对敬爱的大帝的荣誉所做出的贡献，赢得真正爱国者的美名和奖赏。

这种奇特的殖民方式持续了一个半世纪。这些"坏蛋"面前这片广袤的大平原虽然人烟稀少，土质却肥沃异常。北半部是草原，南半部却是丛林茂密。没过多久，他们就把鄂毕河抛到了身后，紧接着来到叶尼塞河岸边。早在1628年，这支臭名昭著的侵略军的前锋就已经进抵了勒拿河；到了1693年，他们已经站在鄂霍次克海岸边了。他们继续南进，1640年初，他们在贝加尔湖建起了最早的要塞。1648年，他们初探阿穆尔河①。同年，一个名叫迭日涅夫的哥萨克人，从西伯利亚北部的科雷马河顺流而下，沿着北冰洋海岸到达了分隔亚洲与美洲的海峡。他回去以后，把这个发现讲给大家听，却没有引起多少注意。事隔80年，俄罗斯雇佣的一个丹麦航海家再次发现了这个海峡，被批准以他的名字来给这个海峡命名，他的名字叫维塔斯·白令。

从1581年至1648年，只有67年时间。你只要想一想，美国人的祖先从阿勒格尼山走到太平洋岸边，却花了约200年时间的话，就会明白俄罗斯人也不像我们有时认为的那样缓慢迟钝。俄罗斯人把西伯利亚划入了自己的版图以后，并没有就此满足，他们最后终于从

---

① 即今天的中俄边界河黑龙江。

亚洲进入了美洲。在乔治·华盛顿辞世以前的很长的一段时间里，在以大天使加百列命名的要塞周围，就已经有一个非常繁荣的俄罗斯殖民地了。这个市镇现在叫锡特卡，俄美两国1867年举行的阿拉斯加的移交仪式，就是在锡特卡进行的。

东西伯利亚

俄罗斯早期开拓者在个人的精力、勇气以及无畏的勇敢精神方面，都比美国早期移民要强。虽然该地区各种资源应有尽有，等待着知道如何去开发利用的人，但是，莫斯科和圣彼得堡当权者仍然固守着亚洲式的帝王思想，这阻碍着这个地区朝着正常的方向发展。

俄罗斯非但没有开发西伯利亚的牧场、森林和矿藏，反而把西伯利亚变成了一个巨型监狱。

第一批囚犯于17世纪中叶入狱，那是叶尔马克①翻越乌拉尔山的50年之后。他们是拒绝按照东正教仪式做弥撒的教士，因而被流放到阿穆尔河岸边，任其冻饿而死。从此以后，就不断有人被流放至此。那些具有欧洲个人主义思想的男男女女（还时常有儿童）与亚洲的集体主义观念发生冲突，被一批又一批地驱赶到西伯利亚荒原上，因为集体主义是昔日俄罗斯政权形式的法律基础。这样的流放在1863年达到了高潮。波兰大革命的最后一次起义失败不久，五万多波兰爱国者被迫从维斯瓦河畔迁移到托木斯克地区和伊尔库茨克地区。没有准确的统计数据可以证明被强迫移民的总数是多少，然而，在1800年至1900年间，由于外来的巨大压力，流放制度稍微宽松了些，但每年流放的平均人数也有两万人，而且，这里面并不包括普通罪犯、杀人犯、小偷和窃贼。这些人与那些思想解放、心灵高尚的人无法相提并论，后者唯一的过错就是对那些同胞付出了过多的爱。

服刑期限一满，幸存者就会获得一小块被流放的村庄附近的土地，被批准成为自耕农。从理论角度而言，让白人定居乡下，是个伟大的蓝图，这样一来，帝国政府就可以向欧洲的股东证明：这个计划并非像报纸上有些时候所描绘的那么糟糕，流放西伯利亚的计划

---

① 叶尔马克（1532？—1584），哥萨克人，逃亡者、探险家。1581年开始征服西伯利亚。

中蕴含着秩序，"罪犯"经过改造可以成为有益于社会的劳动者。然而，事实上，这个计划过于有效，大部分"自由移民"都从地球表面消失得无影无踪，无处可寻了。他们可能与某个土著部落一起生活，变成了穆斯林或者异教徒，永远告别了基督教文明；他们也许在逃跑的路上被狼吃掉了。我们无从知晓。俄罗斯警察的统计数字表明，常年有3万至5万名嫌犯在逃，他们隐匿于深山老林中，宁愿承受自然环境中千般苦万般罪，也不愿在"小白人老爷"①的监牢里服刑。

俄罗斯旧式的易物制度和农奴制生产体系走向衰落，直至最终被资本主义工业取代的过程，早已妇孺皆知。早在林肯签署《解放黑人奴隶宣言》②的前几年，俄罗斯的农奴就已经获得了自由。为了让他们活下去，俄罗斯政府还给他们一点点土地，可是数量远远不够，原来的农奴还是无法维持生计。而这些土地又是从农奴主那里索要来的，结果就是农奴主和原来的农奴都吃不饱。外国资本家一直对俄罗斯大平原地下所埋藏的丰富矿产资源虎视眈眈，他们修起了铁路线，开辟了汽船航道。欧洲工程师蹚着泥水，吃力地穿过半亚洲式的村庄，建起一座巴黎大剧院式的剧院，最后还不敢相信自己的眼睛，自问这怎么可能是真的。

昔日俄罗斯王朝的缔造者所具有的那种明知不可为而为之的原始野蛮力量已经消耗殆尽。而俄罗斯的未来会如何？只有时间能给出答案。

---

① 指沙皇。
② 指1863年1月1日，美国林肯政府所颁布的废除南部的奴隶制度的宣言。

第十六章　亚洲的发现

欧洲人是在什么时候开始认识到，又是怎么认识到欧洲并非是世界中心的呢？欧洲人的家园不过是一块广阔无垠大陆上的一个小小的半岛，而亚洲居民的数量远远超过欧洲，那里许多人文明程度都远远要比欧洲高。当特洛伊的英雄们手持史前原始武器拼杀时，智慧的中国人早已将这些陈年古董放进了博物馆。

人们通常会认为第一个抵达亚洲的欧洲人是马可·波罗①，然而，实际上，在马可·波罗之前，早就有人去过了，只不过我们对那些人的情况知之甚少罢了。地理学上一个很常见的现象就是：拓宽我们知识面的往往是战争，而不是和平，而我们对亚洲地理知识的了解，正是如此。希腊人由于跨洋过海进行商贸活动，所以有了了解小亚细亚的机会；特洛伊战争自有其教育意义；古波斯帝国的三次大规模西征，更是极大地增进了欧洲人对于亚洲的认识。我怀疑

---

① 马可·波罗（1254—1324），意大利旅行家，以其口授的东方见闻录成书的《马可·波罗行纪》（又名《东方见闻录》）著名，曾在中国为元世祖忽必烈效劳达18年（1275—1292）。

波斯人根本就不知道他们要去的地方是什么地方。我怀疑希腊对于波斯的价值是否比西印度群岛对于进兵荒野、攻打杜肯堡①的布雷多克②将军的价值大。200年后亚历山大对亚洲的回访已经不再是一次纯粹的军事行动了，而是欧洲人对于横卧在地中海与印度洋之间这片区域首次有了科学认识。

罗马人的自我感觉太良好了，不会对"外国的"东西真正感兴趣，罗马人只是把外国当成收入的来源，像是水磨里的磨料，用以维持他们花天酒地的奢华生活。而罗马人辖下的人民，对于罗马人来说一点意义也没有，只要人民照章纳税、修桥筑路，他们的生生死死、吵吵闹闹就由他们去吧。罗马人甚至不想知道周围都发生了些什么事情。倘若出现了危机，他们就叫来警察，大开杀戒一通，恢复秩序以后，就又去享自己的清福了。

本丢·彼拉多③既不是一个无能之辈，也不是一个无赖恶棍，只是一个典型的罗马殖民地的统治者，因其"治理有方"，青史留名。他对辖下殖民地的人民那种无为而治的优雅做法，得到了罗马国内的高度评价。纯属偶然，一个名叫马克·奥勒留的怪人登上了罗马

---

① 战略要地名，位于今天美国的匹兹堡。1754年由法国人兴建，1758年被英国人夺走。

② 爱德华·布雷多克（1695—1755），英国将军，1754年被任命为驻美洲的英军司令官，1755年7月在攻击杜肯堡时遭法国和印第安人的联合武装伏击身亡。

③ 公元1世纪罗马驻犹太和撒马利亚地区的总督。《圣经·福音书》中说，耶稣被钉死在十字架上就是在他的统治时期。

帝国皇帝的宝座，纯粹出于寻欢作乐的目的，他派遣一个外交使团出访神秘的远东地区。使团返回罗马，尽述所见的奇闻逸事，罗马人也只是啧啧称奇几天就腻味了，很快就回到了圆形角斗场，还是天天看激动人心的表演。

后来，由于十字军东征，欧洲对小亚细亚、巴勒斯坦和埃及有了些许了解，即便如此，他们依然认为死海东岸是人类世界的终点。

然而，最终使得欧洲获得了"亚洲意识"的不是严谨的"科学"考察，而是一个以卖文为生的文人的作品。这个一贫如洗的作家对于自己所描写的东西见也没见过，却找到了一个可能畅销的选题。

马可·波罗的父亲和叔父都是威尼斯商人，因为经商的缘故，跟成吉思汗的孙子忽必烈有了联系。巧得很，忽必烈大汗是一个超级睿智的人，他认为如果引入一些西方文明的成果，自己的子民会因此而受益不浅。阿姆河与锡尔河之间有个国家叫布哈拉，布哈拉位于阿尔泰山脚下。当忽必烈获悉有两个威尼斯商人时不时地到布哈拉来时，他便邀请他们来元大都北京。他们应邀来到北京以后，受到了极高的礼遇。过了几年，他们挂念家人，提出要回去。忽必烈恩准他们回乡探亲小住，回来时把他们经常提到的那个千伶百俐的小男孩带回来，这个男孩就是他们的儿子和侄子马可。

马可一家经过三年半的长途舟车劳顿，于1275年重返元大都。年轻的马可果然名不虚传，没过多久就成了元大都宫廷的宠儿，被封为一个行省的大员，加官晋爵。可是24年过后，马可思乡心切，于是,他取道印度(这一段他坐的是船)、波斯和叙利亚,最后回到了威尼斯。

马可总是给邻居讲述忽必烈可汗怎么富甲天下,讲述庙宇里有多少金像,这个或者那个朝中大员妻妾有多少丝绸衣服,邻居们怎么能相信这样的奇谈怪论呢?他们对他讲的天方夜谭一点兴趣都没有,还给他起了个外号叫"百万富翁马可"。谁不知道,连君士坦丁堡帝国的皇后也才只有一双丝绸袜子!

倘若威尼斯与热那亚之间没有出现那个小小的争端,倘若马可·波罗没有在威尼斯的一艘战舰上当指挥官,倘若他没有沦为获胜方热那亚的阶下囚,"百万富翁马可"也许就会默默地死去,他的传奇故事也会随他而去。他被关了一年的监,同室的狱友是一个名叫鲁思梯谦的比萨市民。这个鲁思梯谦以前有过写作的经历,曾经改写过亚瑟王的故事和一些廉价的法国骑士小说,例如中世纪尼克·卡特的故事。听了马可了不起的传奇故事,他立刻意识到了它的出版价值,于是,他在监狱里把马可·波罗问了个遍。他把马可·波罗所说的一切一五一十地写了下来,一部巨著就这样呈现在世人面前,而现在它的读者数量一点也不比14世纪初版时少。

这部作品之所以长销不衰,可能与书里不时地提到黄金以及其他各种各样的财富有关吧。罗马人和希腊人也曾经含糊其词地提及东方帝王的奢华与富有,但波罗却是亲临其境,一切都是他亲眼所见,亲耳所闻。就是从那个时候开始,寻找直通印度的捷径,才真正提上了议事日程。然而,要完成这个任务又谈何容易?

葡萄牙人终于于1498年抵达好望角。10年之后，他们到达了印度。又过了40年，他们在日本沿海登陆。与此同时，麦哲伦自西向东航行，到达菲律宾群岛。至此，欧洲人对开发南亚的热情空前高涨起来。

亚洲的总体情况就介绍到这里。西伯利亚是怎么被发现的，我在前面已经讲过了。我谈到相关内容时，也会提及率先到达其他亚洲国家的人物，同时授予他们荣誉。

第十七章　亚洲与世界

欧洲为人类奉献出的是文明,而亚洲为人类奉献出的是宗教。更有趣的是,今天在人类社会中占统治地位的三大宗教——犹太教、基督教和伊斯兰教均由亚洲所献。令人感到奇怪的是,当年的犹太教教徒被异端审判所①处以火刑时,无论施刑者还是受刑者,他们所信仰的神祇都是起源于亚洲;十字军骑士屠杀穆斯林,或是穆斯林屠杀十字军骑士,皆因双方所信仰教义不同,而这两种教义也都是亚洲教义;而当某个基督教传教士与某个儒家信徒发生争论时,所交流的也是纯粹的亚洲观念。

亚洲不单单给我们奉献了宗教信仰,还给我们奉献了搭建文明框架的基础。我们或许可以为西方近代的科技发明而沾沾自喜,自吹自擂"我们西方的巨大进步"(我们时常这样说),然而我们所夸大了的这种进步,其实不过是东方早已开始了的进步的延续罢了。人们大可这样质疑:如果东方不把一切基本原理传授给西方,那么西

---

① 又称"宗教审判所"或者"宗教法庭"。由13世纪时的罗马教皇格列高利九世创建,是天主教廷的司法机关。

方将一事无成。

希腊人的知识并非来自瞬间迸发的灵感。数学、天文学、建筑学和医药学也跟雅典娜诞生的方式不一样,雅典娜全副武装地从宙斯的脑袋里跳出来,时刻准备投身于消灭人类愚昧的光荣战斗。知识的习得却是一个漫长而痛苦的、深思熟虑的过程,而这些知识真正的开拓性工作不是在欧洲的希腊,而是在亚洲的幼发拉底河和底格里斯河沿岸完成的。

艺术和科学从巴比伦传入非洲,埃及人接过了这个接力棒。最后,古希腊人的文明达到一个很高的水平时,才有能力欣赏几何图形之美与平衡方程式之精妙。从那时起,才谈得上真正的"欧洲科学"。然而这个真正的"欧洲科学"的祖先却在亚洲,早在2000年前就已经扎下根来,繁荣昌盛了。

亚洲奉献给我们的恩惠不止这些。狗、猫,以及所有对人类有用的四足动物,包括温驯的牛、忠实的马,还有羊和猪,所有这些家畜都是亚洲人驯化出来的。只要想到在蒸汽机发明之前这些有用的动物在我们的生活中所起的作用,我们就会意识到欧洲人对亚洲人亏欠良多。还要补充一下,实际上,欧洲人食谱中的所有水果、蔬菜,大部分花卉,所有的家禽也都来自亚洲,是由罗马人、希腊人或十字军骑士带回欧洲的。

然而,亚洲虽然是来自东方的女慈善家,曾经把恒河和黄河两岸丰厚的恩惠赐给西方可怜的野蛮人,但她并非总是这样。亚洲也是一个让人不寒而栗的严格监工。公元5世纪时蹂躏中欧的匈奴人,就是亚洲人。700年后，鞑靼人步匈奴人的后尘进入欧洲，就是这些原本居住在中亚沙漠地带的民族，把俄国变成了亚洲的附属，还长期危害其他欧洲国家。在长达500年的时间里，致使东欧至今仍血流成河、惨不忍睹的土耳其人，也是亚洲人。再过几百年，我们或许会看到一个联合起来的亚洲再次发起战争，急切地对贝特霍尔德·施瓦茨发明火药枪之后我们对他们子孙所做的一切实施报复。

第十八章 中亚高原

亚洲总面积共1700万平方公里，由五个高低起伏不平的部分组成。

第一部分，就是我在讲到俄罗斯的时候提到的那个大平原，它离北冰洋最近；然后分别是中央高原、西南高原、南部半岛和东部半岛。既然北冰洋大平原已经介绍过了，那我现在就直接从中央高原开始讲吧。

亚洲中央高原从一系列地势平缓的绵绵山脉开始，这些山脉或多或少地呈平行线，全部自东向西或自东南向西北延伸开去，没有纵贯南北的。不过，许多地方的地表由于剧烈的火山喷发，出现了严重断裂、扭曲、重叠和变形。我们看到的贝加尔湖东部的雅布洛诺夫山脉，贝加尔湖西部的杭爱山脉、阿尔泰山脉，以及巴尔喀什湖以东的天山山脉的不规则的轮廓就是这样形成的。这些山脉以西是大平原，以东是蒙古高原，成吉思汗的故乡戈壁沙漠就在这里。

戈壁沙漠以西就是地势略低些的帕米尔高原，那里还有个塔里木河河谷，塔里木河最终漫无目的地流入罗布泊中。罗布泊因着瑞典旅行家斯文·赫定的发现而闻名天下。从地图上看，塔里木河好像沙漠中的一条小溪，其实它比莱茵河还长1.5倍呢！别忘了，亚洲是个名副其实的"巨人洲"。

帕米尔高原北部的阿尔泰山与天山之间有一条通道，那就是准噶尔盆地，它直通吉尔吉斯斯坦的草原。这个宽大的盆地是那些远征欧洲、烧杀抢掠的沙漠民族——匈奴人、鞑靼人和突厥人的必经之路。

塔里木盆地以南，更准确地说是塔里木盆地的西南，地形在那里变得异常复杂。有"世界屋脊"之称的帕米尔高原①把塔里木盆地与阿姆河（这条河流入咸海）河谷隔开。希腊人早就听说过帕米尔山，知道从小亚细亚和美索不达米亚直通中国，要途经这个地方。虽然关山重重，壁垒多多，但只要翻过几个山口就能过去。这些山口的平均海拔都在15000英尺到16000英尺之间。别忘了，勃朗峰②也才15000英尺多一点。现在你对这些山口有了个模糊的认识了吧？它们的平均海拔比欧洲的最高峰还要高。地表的所有褶皱与这些大山相比，都会相形见绌。

然而，帕米尔高原③还只是一个开始。好像以这个高原为起点似的，一座座高山峻岭从这里向四面八方延伸。北面有我已经提到过的向北延伸的天山山脉，还有把西藏和塔里木盆地拦腰截断的昆仑山

---

①③　此处应为青藏高原。应系作者笔误。
②　欧洲最高峰。

青藏高原

脉，以及长度虽不长，却极为陡峭的喀喇昆仑山脉，最后是喜马拉雅山脉。喜马拉雅山脉南段把西藏跟印度隔开，最高峰埃佛勒斯峰①和干城章嘉峰海拔高达29000多英尺，相当于5.5英里，创下了"世界上海拔最高"的纪录。

青藏高原平均高度为15000英尺，确实是世界上最高的地方。南美的玻利维亚高原平均高度只有11000英尺至13000英尺，可是那里实际上是无人区。而西藏的土地面积却是俄国的2/5，人口约200万。

这体现了人类承受空气压力的极限。每个跨过格兰德河，到可爱的墨西哥首都小住几天的人，都会感到不舒服，其实那里的海拔

---

① 中国政府于1952年把该峰正名为珠穆朗玛峰。"珠穆朗玛"为藏语，意思是"女神第三"。

只有7400英尺。他们没去之前就会有人警告他们，要他们走路不要像在国内那样匆匆忙忙的，那样的话，走上几步路就会心跳如捣，这时一定要停下来，等心跳稳定下来以后再走。而西藏人每天不仅要走100个街区那么长的路，而且还要背着日常所需的一切东西翻越一个个大山隘口。这些隘口往往陡峭险峻，骡马难行，却是他们与外界联系的唯一通道。

与同样位于亚热带的西西里岛相比，西藏还要偏南200英里，但西藏的积雪却长达半年不化，气温往往会降到零下30度以下。虽然在青藏高原上，常常有可怕的风暴从南部荒凉的盐湖上掠过，扬起尘土和飞雪，生活总体条件也很差，那里却是一个离奇古怪至极的宗教试验地。

公元7世纪时，西藏只是一个属邦，由一个住在"神之城"拉萨的藏王管辖。这些藏王中有一个在妻子的劝告下改信了佛教，从那一天开始，佛教便在拉萨兴盛起来。与亚洲其他地方相比，拉萨变得不同凡响，对于佛教徒来说，拉萨是圣地，就像罗马之于天主教徒，麦加之于穆斯林一样。

西藏的佛教并不是公元前6世纪那个温和的印度王子的原装教义，但西藏却一直是佛教的堡垒，对于抵抗西方穆斯林的进攻以及印度南部各种异教教义的冲击起了很大的作用。西藏佛教的世袭制度之所以能够成功地延续下去，其中部分原因就在于它那独特的继承制度，这个继承制度保证了西藏佛教统治差不多可以自动延续。

至于那些山脉，则有效地保护了西藏免遭南方近邻的侵犯，所以，直至几年前还没有异乡人踏上这块活佛居住了700多年的佛家圣地。这些山脉在出版物上随处可见，所以，许多人很熟悉它们，却不了解自家附近的山。因为我们处在一个喜欢破纪录的时代，人们总是用仰慕的目光注视着尚未测量过的重要高峰。埃佛勒斯峰得名于一位英国测量队队长，他在19世纪中期为英国进行地质测绘时，把这部分喜马拉雅山绘成了地图。埃佛勒斯峰高2.9万英尺，正好是美国的瑞尼尔山的两倍。迄今为止，人类向顶峰发起的所有冲击都以失败告终。在1924年的埃佛勒斯峰大探险中，人们曾经到达过距顶点几百英尺的地方，但是有两个人自愿做最后的冲刺，他们背上了氧气筒向同伴道别。最后一次看见他们是在距顶点600英尺的地方，后来就再也没有人看见过他们。埃佛勒斯峰还没有被人类征服。①

然而，对于雄心勃勃的登山者来说，喜马拉雅山确实是一块绝妙佳地。喜马拉雅山位于亚洲这个"巨人洲"的中央，与喜马拉雅山相比，瑞士的阿尔卑斯山简直就像小男孩和小女孩在沙滩上堆起的沙丘。首先，正如印度人所说的那样，它常年积雪，宽度是阿尔卑斯山的两倍，面积是阿尔卑斯山的13倍，一些冰川的长度是瑞士最大的冰川的4倍。喜马拉雅山脉中海拔在22000英尺以上的高峰就有40座，有几个山口的海拔高度是阿尔卑斯山口的两倍还多。

与从西班牙绵延至新西兰的"大褶皱"一样，喜马拉雅山也是

---

① 1953年5月29日，新西兰人埃德蒙·希拉里与夏尔巴人丹增·诺尔盖从珠峰南侧登顶，完成了全世界首次登顶珠峰的壮举。

高山深谷

一座相对年轻的山脉（形成的时间比阿尔卑斯山还晚），它的年龄以百万年计而不是以千万年计。若要摧毁它，把它夷为平地，需要大量的风吹日晒和雨水侵蚀，而破坏岩石结构的大山的自然力却一刻也没有停歇。事实上，喜马拉雅山已经被几十条山涧和河流冲刷的深谷分割成了许多断片。印度的三大河流——印度河、恒河和布拉马普特拉河①正在愉快地参与这项瓦解大山的工作。

从政治角度来看，长达1500英里的喜马拉雅山脉也呈现出与其他山脉不同的多彩多姿的景观。它不仅像阿尔卑斯山和比利牛斯山那样，是两个比邻国家的天然疆界，而且由于它的面积广阔，还把

---

① 中国境内称雅鲁藏布江。

几个独立的国家尽揽入怀。譬如尼泊尔,那里是著名的廓尔喀人①之乡,这个赢得了相当程度独立的国家,其人口约600万,但面积却是瑞士的4倍。再譬如克什米尔地区②(欧洲老婆婆的披肩就产自这里,英国著名的锡克军团③也是从这里招募的),面积约8.5万平方英里,人口超过300万,现在是英国的属地。

最后,倘若你再看一眼地图的话,你就会发现印度河和布拉马普特拉河这两条大河的奇特之处。它们的流向与发源于阿尔卑斯山的莱茵河和发源于落基山的密苏里河都不一样,它们发源于喜马拉雅山的背后。印度河的源头在喜马拉雅山和喀喇昆仑山之间,而布拉马普特拉河先是在西藏高原上自西向东流,而后突然急转弯,自东向西流,很快就与恒河汇合到了一块。恒河的广阔流域在喜马拉雅山与印度半岛中心的德干高原之间。

奔腾咆哮的河流自然是具有一种可怕的侵蚀力量。但喜马拉雅山形成以后,这两条河流就不大可能穿山而过,所以我们只能得出这样的结论:这两条河在喜马拉雅山形成以前就已经有了。地壳起伏着、呻吟着,慢慢形成一个个巨大的褶皱,这些褶皱最后成了当今世界最高的山脉。然而这个过程太漫长了(时间毕竟是人的发明,而

---

① 这是西方人对尼泊尔人的通称。
② 1947年是英属印度土邦。印巴分治时,归属问题始终悬而未决。现在由印度和巴基斯坦各控制一部分地区。
③ 指锡克教徒。锡克教是由印度教派生出来的,融合了印度教、佛教与伊斯兰教而成的一种宗教。

宇宙却无始无终），所以这两条河流凭借着自身的侵蚀力，依然还停留在地表之上。我们只能做这样的解释。

有地质学家声称，喜马拉雅山至今还在升高。既然我们所居住的地壳像我们人类薄薄的皮肤一样有伸缩性，那么，这些地质学家所说的也可能是正确的。据我们所知，事实上，瑞士的阿尔卑斯山正在自东向西缓慢地移动，那么，喜马拉雅山也可能像南美的安第斯山脉一样缓缓上升哩！大自然实验室中放之四海而皆准的唯一法则，就是变化将持续发生，违背这一法则的，必然会受到毁灭性的惩罚。

第十九章　西亚高原

有一条辽阔的山脉从帕米尔高原中部向西延伸,一直延伸到黑海和爱琴海。其实,那并不是什么山脉,而是一系列高原。

人们对于这些高原的名字早已耳熟能详,因为它们曾经在人类的发展史上起过举足轻重的作用。让我来进一步解释说明一下,我会拣最重要的说。除非我们西方所有人种学家的判断有误,否则,现代西方人所归属的人种是从印度河与东地中海之间的这些高原、河谷间孕育出来的,不仅如此,那里还颇有点像文法学校,我们就是从那里习得最基本的科学知识和道德准则,从而得以与其他动物区别开来。

按照顺序来说,第一个高原是伊朗高原。这是一片广袤的盐碱荒原,海拔约3000英尺,四周被高山所环绕。甚至在与里海和图兰平原的沙漠相连的北部,以及濒临波斯湾和阿拉伯海的南部,降水量都很少,所以整个伊朗高原竟没有一条河流值得一提。俾路支地区① 倒是有那么几条小溪,最后汇入了印度河,却实在是无足轻重。

---

① 位于巴基斯坦西南部,靠阿富汗,西邻伊朗,南濒阿拉伯海,地理位置十分重要。

俾路支与印度相连，中间隔着吉尔特尔山，自1887年起由英国人统治。当年亚历山大大帝的军队从印度返回欧洲的途中，在这里因为缺水险些全军覆没，从此，这些沙漠一直令人望而生畏。

说起阿富汗，在几年前几乎是无人不知，无人不晓。那时的统治权落到了一个人手里，这个人在欧洲招摇过市，大出风头，企图通过旅行来宣传他本人以及国家的形象。阿富汗有条河，名字叫作赫尔曼德河，发源于巍巍的兴都库什山脉，最后消失在波斯与阿富汗交界处的锡斯坦盐湖里。与俾路支相比，阿富汗的气候要好得多，在其他诸多方面，阿富汗也显得更为重要。印度、北亚和欧洲之间的古老商道就从阿富汗的中部穿过。这条古商道从白沙瓦开始，经过著名的开伯尔山口，到达首都喀布尔之后，越过阿富汗高原，最后抵达西部的赫拉特。

大约是在50年前，为了争夺这个缓冲国家的最终控制权，俄国人与英国人开了战。而偏巧阿富汗人个个都是骁勇善战的战士，1838年至1842年第一次阿富汗战争期间，英国人企图把一个不受人民欢迎的统治者强加给阿富汗，阿富汗人民不愿意接受，于是把英国人几乎杀光，死里逃生的那一小撮人回国后讲述屠杀的过程，这场灾难成了一段无法磨灭的记忆。从此以后，英国人再进入开伯尔山口时就总是战战兢兢，如履薄冰了。可是，当1873年俄国人占领了希瓦，进而向塔什干和撒马尔罕推进时，英国人获知后不得不采取行动了，否则他们哪天早晨一觉醒来，传进他们耳朵里的将会是苏莱曼山那边沙皇军队军事演习的枪声。于是，在同一时间，俄国沙皇派代表前往伦敦，而英国女王也派代表前往圣彼得堡，双方都作出保证，声称本国对阿富汗的行动的性质是不掺杂私利的、值得尊重和颂扬的善举。两国的工程师正在制订一个周密的修建铁路的计划，旨在帮助可怜的、"被残忍的造物主剥夺了直接入海口的"阿富汗人摆脱蒙昧，直接享受西方文明的成果。

不幸的是，这些计划因世界大战而中断。俄国人的铁路只修到了赫拉特。现在，你可以从赫拉特出发，坐火车途经土库曼苏维埃社会主义加盟共和国的马雷，到达里海的克拉斯诺沃茨克港口，再改乘小船去巴库和西欧。另一条路线是从马雷经乌兹别克斯坦共和国的布哈拉和浩罕，最后抵达阿富汗的巴尔赫。现在的巴尔赫是一个三流小村，坐落在巴克特里亚古国①巨大的废墟中间，而3000年前的巴尔赫跟今天的巴黎一样至关重要。琐罗亚斯德②进行宗教改革运动之后，就是在这里创立了具有完善道德体系的拜火教（也叫祆教），该教不仅征服了波斯，还渗透到地中海，改头换面以后，甚至还在罗马人中间广为流传，在相当长的一段时间里，还成为基督教最强有力的劲敌。

与此同时，英国人把铁路从海德拉巴修到俾路支的巴昆达，又从巴昆达修到阿富汗的坎大哈。1880年，英国人在坎大哈对在第一

---

① 中亚的一个古国的名字，位于今天的阿富汗的北部，中国史书称其为"大夏"。公元前3世纪末至公元前2世纪初时国势强盛。
② 琐罗亚斯德（前628？—前551？），古代波斯琐罗亚斯德教的创始人，据传20岁出家隐修。

次阿富汗战争中打败他们的阿富汗人实施了报复。

伊朗高原还有一个地方值得注意,那就是波斯。现在的波斯空余昔日辉煌的影子,但当年却是一块最令人神往的土地,波斯的名字曾经是美术、文学以及所有深奥生活艺术顶峰的标志。公元前6世纪是波斯的第一个辉煌时期,那时的波斯是一个泱泱帝国的中心,这个大帝国幅员辽阔,西起马其顿,东至印度,后被亚历山大所灭。而又过了500年,萨珊王朝东山再起,收复了薛西斯和冈比西斯时代的疆域。他们完全恢复了纯正的拜火教信仰,把拜火教的圣典搜集整理成了全一卷,赫赫有名的《阿维斯陀》古经就这样诞生了,这是伊斯法罕玫瑰在沙漠的怒放。

公元7世纪初,伊斯兰教打败了拜火教,阿拉伯人征服了波斯。如果人们确实要借助文学来了解某个国家的话,那么,欧玛尔·海亚姆[①]的作品就可以为曾经在库尔德斯坦和呼罗珊之间这片沙漠土地上繁荣兴旺的高雅品位做证。欧玛尔是内沙布尔一位帐篷匠的儿子,这个数学家把他的时间分成两份,一份用在代数上,另一份则用来写四行诗,歌颂爱情的欢愉和陈年红酒的甘甜。只有睿智、成熟的文明社会,才会有可能让这样的人存在于教育殿堂之中。

现代人对波斯的兴趣的性质更趋于务实。波斯有石油。而对于一个无法保护自身利益的弱国来说,那就是再糟糕不过的了。从理论角度而言,埋在自己祖坟下面的财宝应该归当地人所有。然而,

---

① 欧玛尔(约1048？—1122？),波斯诗人、天文学家、数学家。

实际情况并非如此。波斯国王几个远在德黑兰的密友得到了采油特许权，并因此大发横财，而油井附近的成千上万男女居民却只能找些收入微薄的临时工作。绝大部分利润则流进了外国投资者的口袋，在这些外国投资者的眼里，波斯不过是一种地毯的名字罢了。

不幸的是，波斯似乎属于那种永远都管理不善的穷国。波斯的地理位置非但没有给它带来多少利益，却让它反受其累。波斯是一个沙漠国，而它偏巧就坐落在连接欧亚这两个最重要大洲的大陆桥上，这让它不幸沦为了永恒的战场，成为了两个敌对势力争夺的目标。正如我适才所言，波斯如此，整个西亚地区也是如此。

在从帕米尔向地中海延伸的一系列高原中，亚美尼亚和小亚细亚是最后的那两个。亚美尼亚就是伊朗大高原向西延伸的那部分。那是一个古老的高原，火山岩地表在很久以前就已经形成，那里的人民也在很久以前就承受着苦难。这也是一个大陆桥国家。不论什么人从欧洲到印度去，都要经过库尔德斯坦高山中的峡谷。在那些旅行者中间，一定有声名狼藉、杀人不眨眼的杀手。据说，亚美尼亚的历史可以追溯到《圣经》所记载的大洪水时代。当地球上的洪水退去之后，诺亚方舟就停靠在亚拉拉特山上。亚拉拉特山海拔17000英尺，比埃里温平原高出近10000英尺，是亚美尼亚地区的最高峰。之所以这么说，是因为比利时物理学家约翰·德·曼德维尔爵士曾经于14世纪初到过这个地方，他声称，方舟的残骸依然还在山顶上。不过，亚美尼亚人属于地中海人种，所以是欧洲人的近亲，但尚不能确定他们是什么时候迁移到这些小山里的。不过，按照最新的死亡率推断，亚美尼亚人很快就会绝种。仅1895年至1896年一年时间，当时亚美尼亚高原的统治者土耳其人就屠杀了数十万的亚美尼亚人。但与库尔德人相比，土耳其人绝对不是亚美尼亚人最残忍的敌人，他们的野蛮程度还不及库尔德人的一半。

亚美尼亚人一直都是虔诚的基督教徒。尽管他们皈依基督教的时间比罗马人还要早得多，因而保留了神职世袭制等若干古老的体制，而在西方所有正统的天主教徒眼里，这简直是最大的离经叛道。也正是因为这个原因，当库尔德穆斯林对亚美尼亚人大肆屠杀，对亚美尼亚的领土大肆抢掠时，欧洲人只是隔岸观火，袖手旁观。

接着爆发了世界大战，英军被围困在美索不达米亚，协约国为了解英军之围，取道亚美尼亚，从后面包抄土耳其军队。于是，军队踏遍了亚美尼亚全境，鲜为人知的世界上最大的高山湖泊，譬如凡湖、乌鲁米耶湖等湖泊突然出现在我们的每日新闻里。自十字军东征以来，古拜占庭王朝的亚洲前沿重镇埃尔祖鲁姆还没有这样引人注目过。

战争即将结束时，死里逃生的亚美尼亚人怀着对所有折磨过他们的人的诅咒，加入了苏联的阵营，这也就不足为怪了。于是，在高加索山脚下的黑海和里海之间，苏联批准他们建立了阿塞拜疆和亚美尼亚加盟共和国，这两个国家早在19世纪上半叶就已成为俄国领土的一部分。

接下来我们再往西走，就进入小亚细亚高原了。介绍完了土耳其的世仇和受害者，我们该介绍土耳其人了。

小亚细亚曾经是奥斯曼帝国的一个行省，现在却是土耳其称霸世界的一个残梦。小亚细亚北依黑海，西隔马尔马拉海、博斯普鲁斯海峡和达达尼尔海峡与欧洲相望，南临地中海，托罗斯山脉把地中海与内地分开。小亚细亚的地势比起伊朗、波斯和亚美尼亚低得多。亚美尼亚有一条赫赫有名的铁路叫"巴格达铁路"，它横跨小亚细亚，在刚刚过去的30年里，一直发挥着十分重要的作用。巴格达铁路把君士坦丁堡与底格里斯河畔的巴格达、亚洲西海岸上的大港口伊兹密尔、叙利亚的大马士革，以及阿拉伯世界的圣城麦地那连接起来。因此，英国和德国一直在争夺修建这条铁路的特许权。

英国和德国刚刚达成协议，法国的资本家就跳出来，说什么也要在未来的铁路收益中分一杯羹。就这样，法国取得了小亚细亚北部的铁路修建特许权，那里的特拉布宗是亚美尼亚和波斯的出口港，通往西方的交通还不便捷。于是，外国工程师开始在这里勘测路线。正是在亚美尼亚这块古老的土地上，雅典殖民地的希腊哲学家首次对于人类的真正本质和宇宙的真实本质进行了探讨；正是在亚美尼亚，庄严的教会为全世界贡献了雷打不动的信仰，而欧洲人正是依靠着这个信仰支撑生活了千余年；正是在小亚细亚的塔尔苏斯，圣徒保罗呱呱坠地，传教于民；正是在亚美尼亚，土耳其人与基督教徒为争夺地中海的控制权而兵戎相见；正是在亚美尼亚的一个衰败的沙漠小村里，一个骑骆驼的阿拉伯人[①]梦见自己是安拉的唯一使者和先知。

[①] 指伊斯兰教的创始人穆罕默德。

按照事先所制订的计划，这条铁路线将远离海岸线，绕开古代和中世纪历史中那些富有神话色彩的海港城市——阿达纳、亚历山大勒塔、安提阿、的黎波里、贝鲁特、提尔、西顿，以及巴勒斯坦遍布山岩的土地上的唯一港口雅法，深入大山深处。

战争爆发之后，这条铁路果然像德国人预计的那样，发挥了很大的作用。由于这条铁路是德国人用最先进的设备建成的，加上德国人在君士坦丁堡停泊的两艘大军舰，因此，土耳其人在"再三考虑"了这两大因素之后，还是选择加入了同盟国，而非协约国。在接下来的4年时间里，事实证明了，从战略角度看，这条铁路具有不可替代的战略地位。因为这场战争的胜负主要取决于海上和西线，当西线全线崩溃以后，东线在很长一段时间里依然固若金汤。让全世界啧啧称奇的是，1918年的土耳其人竟像1288年的祖先一样英勇善战，当时的塞尔柱土耳其人[①]在征服了整个亚洲之后，把热切的目光投向了博斯普鲁斯海峡对岸君士坦丁堡那坚不可摧的城墙上。

虽然小亚细亚也是欧亚大陆桥的一部分，却从未遭遇过亚美尼亚和波斯的伊朗高原那样的厄运，所以，一直到那个时候，小亚细亚这块多山的高原还是富庶的。原因就是，小亚细亚不仅是这条商业通道的重要组成部分，还是印度和中国通往希腊和罗马所有道路的终点站。当我们的世界还年轻的时候，地中海地区的学术活动和商业活动最活跃的地方并不在希腊本土，而在已经成为希腊城邦殖

---

① 古土耳其人的一支。12世纪在小亚细亚建立了鲁姆苏丹国，13世纪进入鼎盛时代。

民地的西亚。在那里，古老的亚洲种族与新兴的欧洲种族融为一体，这个混血民族的睿智与机敏基本上是天下无双。尽管现代黎凡特人①素有不讲商业诚信、为人也不正直诚实的坏名声，但我们还是可以看出这个古老的民族500年来能在敌众我寡的环境中保持自我，立于不败之地的原因。

在塞尔柱人的统治下，最后的分崩离析是不可避免的。作为堕落之师，土耳其的军队一直无人能比。昔日的奥斯曼帝国是何等辉煌，如今这么一个小小的半岛不过是帝国余晖。苏丹们已经随风而逝。苏丹的祖先在阿德里安堡居住了近一个世纪之后，还是于1453年把首都迁到了君士坦丁堡。在那里，苏丹们的统辖之地包括整个巴尔干半岛、匈牙利全境和俄罗斯南部的大部分地区。而土耳其在欧洲仅存的领地也只有阿德里安堡和君士坦丁堡这两个城市。

400年来土耳其政府管理不善，难以形容，帝国就这样被毁灭，成了现在这个样子。那个几千年以来担任俄国南部谷物集散地的君士坦丁堡，那个世界上最古老、最重要的商业垄断城市，那个受到大自然青睐，号称"金角湾"和"丰饶角"的海港，曾经海产丰足，从无饥馑之虞的君士坦丁堡，如今已经沦为一个三流的省级城市。在战后的和平年代开始之后，鉴于君士坦丁堡一穷二白，一片废墟，成了希腊人、亚美尼亚人、黎凡特人、斯拉夫人和十字军的残余烩成的一锅大杂烩，已经不适合担当重振土耳其民族雄风，把土耳其建设成一个现代化国家的重任，于是，土耳其的新领导人明智地选择

---

① 黎凡特指地中海东部诸国和岛屿。

了君士坦丁堡以东200英里、安纳托利亚山中的安卡拉作为新都。

安卡拉的历史非常非常悠久。早在公元前400年，就有一支高卢人部落在这里居住，就是这支高卢人，后来成了法兰西大平原的主人。与这条商道上的所有的城市一样，安卡拉也是几经起伏。安卡拉曾经被十字军占领过，曾经被鞑靼人蹂躏过，在1832年，甚至整个周边地区还被一支埃及军队摧毁。尽管如此，凯末尔还是决定把安卡拉建设成故国的新都。他把一切不能同化的元素都排除在外。他用居住在土耳其的希腊人和亚美尼亚人换回了住在希腊和亚美尼亚的土耳其人。他出色地重建了自己的军队，也同样出色地重塑了自己的威望。尽管经过1500年的战乱和湮没无闻，在华尔街的金融家的眼中，安纳托利亚高原已经没有多少有借贷前景和可能投资价值的项目，天知道，凯末尔是怎么把土耳其建成一个能够吸引投资的国家的。

小亚细亚对于未来亚欧贸易的重要性也普遍得到了承认。士麦那正在逐渐恢复它昔日在亚马孙统治时期的地位。亚马孙人就是古代的女战士，曾经是士麦那的统治者，还建立过自己的国家。在这个奇特的国家里，男孩一出生即被处死。每年只准许国外的男人踏入国门一次，目的非常纯粹，就是延续女儿国的香火。

以弗所，就是圣徒保罗发现当地人仍在供奉亚马孙族处女守护神狄安娜赚钱的地方，如今已经不复存在了，但它的周边地区却极有可能成为世界上最赚钱的无花果种植园。

再往北，经过帕加马废墟（古代世界伟大的文学中心，"羊皮纸"一词，也是来自于这座城市的名字），铁路线沿特洛伊平原边缘与马尔马拉海岸上的班德尔马相连。乘船从班德尔马到斯库塔里只需要一天的时间。著名的"东方快车"（伦敦—加莱—巴黎—维也纳—贝尔格莱德—索非亚—君士坦丁堡）便在斯库塔里与开往安卡拉和麦地那的列车交会，这些列车行经阿勒颇—大马士革—拿撒勒—卢德（在这里可以换乘汽车去耶路撒冷和雅法）—加沙—伊斯梅利亚—坎塔拉一线，在苏伊士，沿尼罗河逆流而上，远达苏丹。

假如没有爆发世界大战，西欧的乘客和货物能通过这条路用火车运送到苏伊士，再改用船运到达印度、中国和日本，从中获得高额利润。但等到把四年的战争造成的破坏恢复起来的时候，大概民用飞机已经很普遍了。

小亚细亚东部居住着亚美尼亚人的宿敌库尔德人。与苏格兰人和大多数山民一样，库尔德人也分成许多氏族，各个氏族唯我独尊，仇视商业贸易和工业文明。库尔德人是一个古老极了的民族。据巴比伦的楔形文字文献和色诺芬①的《远征记》（多么枯燥乏味的书呵！）中记载，库尔德人和欧洲人同宗同源，可他们却皈依了伊斯兰教。正因为这个原因，对于信仰基督教的邻居，他们从来就没有信任过，对那些世界大战孕育出来的伊斯兰国家也持同样的态度。话又说回来，他们这么做也自有他们的理由。在我们所生活的这个时代，欧洲大国把"官方谎言"当成了国家的策略，人们有充分的理由心存芥蒂。

---

① 色诺芬（约前430—约前354），苏格拉底的弟子，古希腊雅典城邦的贵族、军人、奴隶主、历史学家。

当和平终于来临，人人都不满意。旧恨未解，更添新仇。几个欧洲强国把旧土耳其帝国的地盘"托管"起来，在那里发号施令，他们对待当地民族的态度比原来的土耳其人好不了多少。

法国人原本就在叙利亚斥重金投资，战后就势控制了叙利亚。他们组建了一个"法国高级委员会"，凭借大批军队和巨额投资开始托管约300万百般不情愿的叙利亚人。叙利亚名为"被托管"，实为殖民地，只不过是听起来没有那么难听罢了。没过多久，前叙利亚的不同民族就捐弃了前嫌，对共同的敌人 —— 法国人同仇敌忾起来。库尔德人与他们的宿敌 —— 黎巴嫩（腓尼基人的老家）人握手言和，基督徒不再虐待犹太人，犹太人也不再鄙视基督徒和穆斯林了。法国人为了维持在叙利亚的统治，不得不大批大批地竖起绞架。但叙利亚的社会秩序很快恢复，很明显，叙利亚正在变成第二个阿尔及利亚。这并不意味着叙利亚人民对统治他们的托管者的仇恨减弱了，只不过因为他们的领导人在绞架上尸骨未寒，活着的人心有余悸，所以缺乏继续抗争的勇气罢了。

而底格里斯河和幼发拉底河的河谷已经升格成了一个君主国，古巴比伦的废墟和尼尼微废墟①已经成了伊拉克王国的一部分。但新君却几乎无法享有汉谟拉比②抑或亚述纳西拔③那样自由行事的权

---

① 位于伊拉克摩苏尔附近，为古亚述王国的首都。
② 汉谟拉比（约前1810—前1750），古巴比伦王朝第六任国王，他组织编撰了人类历史上第一部较完备的法典《汉谟拉比法典》。
③ 古代亚述王国的国王。

力，伊拉克被迫成为英国的附庸。国王费舍只能决定开挖几条古巴比伦下水管道这种小事，其他的大事都必须交由伦敦决定。

巴勒斯坦（腓力斯丁人的土地）也是两河流域的一部分。巴勒斯坦是一个奇特的国度，这个国家与石勒苏益格－荷尔斯泰因这样末等公国的大小差不多，但在人类历史上所起的作用却莫名其妙地比众多一流帝国还要大。在此，我只能简明扼要地介绍，否则这本书从这里开始就只能谈这个小国了。

犹太人的祖先原本居住在东美索不达米亚的荒村里，他们后来背井离乡，穿越阿拉伯沙漠北部，跨过西奈山与地中海之间的平原，在埃及生活了几百年，最后返回，在朱迪亚山与地中海之间的那一块狭长的沃土上停了下来，不再四处漂泊。经过与当地人的艰苦鏖战，他们攻城略地，终于夺取了大量的村庄与城镇，建立起了一个独立的犹太国家。

犹太人的生活一定不太舒适。西部海岸被腓力斯丁人（从克里特岛来的非闪米特人）所据，所以把犹太人与大海彻底隔绝了。东部有一条南北走向的笔直的大裂谷，最深处为海平面以下1300英尺，是我们有记载的最为奇特的自然现象。这条大裂谷把他们的国家与其他亚洲国家隔开了。与当初施洗约翰在这里定居时相比，这条大裂谷几乎没有什么变化。它北起黎巴嫩与前黎巴嫩之间，沿约旦河河谷、太巴列湖（又名加利利海，在海平面以下526英尺处）、死海（低于海平面1292英尺，而美洲大陆的最低点——加利福尼亚的死谷也不过是在海平面以下276英尺处。由于湖水不断地蒸发，死海的含盐量高达25％，约旦河汇入死海）向南延伸，再穿过伊多姆古国（莫阿布人曾经居住过的地方）遗址，最后到达红海的亚喀巴湾。

这条大裂谷的南部是世界上最炎热、最荒凉的地区，蕴含着丰富的沥青、硫黄、磷酸盐以及其他令人望而生畏的矿物资源。这些矿物资源都可以做现代化学工业的原料，价值很高（德国在战前就曾经在这里建立了一个可怕的死海沥青公司）。但古人对这些矿物资源心怀恐惧，他们把古城索多玛和蛾摩拉毁于一场普普通通的地震说成是神的报应。①

当年来自东方的最早的入侵者翻越了与大裂谷平行的朱迪亚山，气候与景观的突然变化一定让他们大吃一惊，可能还会雀跃

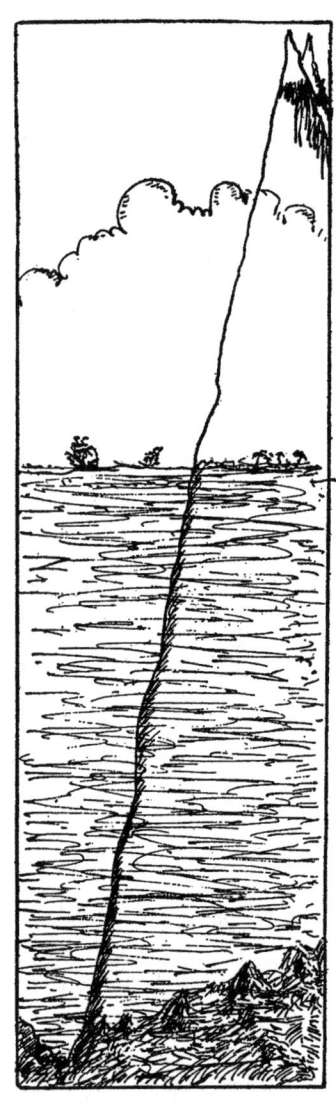

陆地的最高峰与海底的最深处相差11.5英里，相当于地球直径的1/700

① 《圣经》中说，由于这两座城市罪孽深重，主耶和华用火和硫黄把它们夷为平地。

地欢叫"流淌着牛奶和蜂蜜的土地"到了。现在去巴勒斯坦的游客会发现牛奶很少很少,显而易见,由于鲜花不够,蜜蜂也早就死光了。而这并非像人们常说的那样,是由于气候变化所导致的,今天的气候与当年耶稣信徒信步传道时似乎相差无几。当时,耶稣的信徒从北部的达恩走到南部的贝尔谢巴,用不着为每天吃的黄油和面包操心,沿途的椰枣和当地的美酒多的是,完全可以满足所有过客的简单需要。改变巴勒斯坦的不是气候,而是土耳其人和十字军骑士。先是十字军骑士摧毁了犹太独立王国时代和后来罗马统治时期残存下来的古老水利灌溉系统,后是土耳其人把其余的设施悉数摧毁了。这片稍加灌溉就会有大丰收的沃土就这样被蓄意遗弃了,9/10的居民死的死,逃的逃。耶路撒冷沦为贝都因①式的村庄,十几个基督教派与穆斯林邻居争来斗去,没完没了。因为在穆斯林看来,耶路撒冷也是他们非常重要的一座圣城。当年亚伯拉罕在正妻悍妇萨拉的淫威之下,把以实玛利和他的生母夏甲一起驱逐进荒野,而阿拉伯人认为自己是不幸的以实玛利的子孙。

但萨拉的阴谋却没有得逞,以实玛利和夏甲并没有在沙漠中因为饥渴而死,相反,以实玛利娶了一位埃及姑娘,成了阿拉伯民族的始祖。所以,他和他的母亲直到今天还安葬在天房②的外边,天房是麦加圣地中最神圣的建筑,不管路途多么遥远,不论路途多么

---

① 沙漠地区的一个阿拉伯游牧民族名。
② 即麦加大清真寺内的一座方形石殿,内有黑色圣石,是全世界的穆斯林朝觐的中心,不论身在何处朝拜,穆斯林都要朝向石殿所在的方位。

艰辛，每个穆斯林都要在有生之年去那里朝觐一次。

阿拉伯人刚刚占领耶路撒冷，就在那块黑色圣石上建起了一座清真寺。传说在几千年以前，亚伯拉罕的另一支后裔，阿拉伯人的远亲所罗门①也曾经在这块石头上建起过一座著名的寺庙。可是为了争夺这块石头及其周围正统派犹太教徒的"哭墙"所有权，居住在托管地巴勒斯坦的这两个民族之间争吵不断。

我们对巴勒斯坦的未来还能有什么指望呢？英国人占领耶路撒冷时，发现这个城市的居民80%是穆斯林（叙利亚人和阿拉伯人）、20%是犹太人和非犹太基督徒。作为阿拉伯世界最大帝国的统治者，英国人不敢伤害那么多忠实臣民的感情，不敢把巴勒斯坦的50万穆斯林交到10万犹太人手中，任由犹太人摆布，因为磨刀霍霍的犹太人正在等待，他们有一千个言之凿凿的理由。

结果就是凡尔赛和会式的妥协——谁也不得罪，谁也不满意的和约。今天的巴勒斯坦是英国的托管地，英军在不同的民族间维持秩序，总督从英国最知名的犹太人中选举产生，巴勒斯坦成了不折不扣的殖民地，根本享受不到阿瑟·贝尔福②所说的那种"完全的政治独立"。他在巴勒斯坦战役刚刚开战的时候还曾经说过要把巴勒斯坦变成犹太民族未来的家园，他当时说得那么振振有词，也那么含

---

① 所罗门，以色列国王，在位时间约公元前996—公元前931年。
② 阿瑟·贝尔福（1848—1930），于1902年至1905年任英国首相。1917年，为了维持英国在近东地区的殖民统治，他发表了《贝尔福宣言》，宣言支持犹太人在巴勒斯坦建立一个同阿拉伯人对抗的犹太人居留地。

糊其词。

倘若犹太人知道他们要在自己古老的家园里做什么，那问题就简单多了。东欧的正统派犹太人，特别是俄国的犹太人，希望巴勒斯坦这块土地维持原样，即还是一个里面有着一个小型希伯来古迹博物馆的大型神学院。年轻一代则牢记着先知"让死去的人去埋葬死去的人吧"的箴言，认为为昔日的欢乐与荣光而惆怅伤感，只会严重妨碍创造明日的欢乐与荣光。他们希望把巴勒斯坦建设成一个像瑞士或者丹麦那样正常的现代化国家，让居民们不论男女，都不再沉浸于犹太人居住区的痛苦回忆，不再为几块老掉牙的破石头跟阿拉伯邻居争吵不休，而是把注意力放在修筑高质量的公路和水渠上。

耶路撒冷

况且，那几块石头到底是不是利百加① 汲水用的井石还不确定，但它们现在倒确实是成为了前进的绊脚石。

巴勒斯坦的地形连绵起伏，明显地自东向西倾斜，完全可以把荒置的土地开垦成农田。海风每天都吹拂着巴勒斯坦的大部分地区，把大量的甘露洒向巴勒斯坦全境，使得巴勒斯坦成为椰枣的理想种植区，而死海地区唯一一座还算重要的城市杰里科也许会再次成为椰枣交易的中心。

因为巴勒斯坦的地下既没有煤炭，也没有石油，所以不会吸引外国开发商的眼球，只要耶和华和占国家人口大多数的穆斯林愿意，他们完全可以自己解决自己的问题。

---

① 《圣经》中的一个人物，为以色列人的祖先雅各的母亲。

第二十章 阿拉伯：无所适从

什么时候是亚洲的一部分，什么时候不是？

根据普通的地图册或地理手册，阿拉伯是亚洲的一部分。然而，换作一个对我们地球的历史一无所知的火星人来客的话，他就很可能得出截然不同的结论。他会断定著名的阿拉伯沙漠——内夫德沙漠，仅仅是撒哈拉沙漠的延伸而已，只是被印度洋一片微不足道的浅海，即大家所熟知的红海隔开罢了。

红海的水中暗礁密布，其长度是宽度的6倍，平均深度约为300英寻①，可是实际上，亚丁湾与印度洋的相接处却只有2~16英寻深。处处可见小火山岛的红海很有可能原来只是一个内陆湖泊，直到波斯地区的海峡形成之后才升格为海，正如北海是在英吉利海峡形成之后才真正配称海一样。

至于阿拉伯人自己，对于归属亚洲还是非洲都没有兴趣，他们

---

① 1英寻约合1.8米。

把自己的国家称为"阿拉伯岛国"。阿拉伯的面积不小,是德国的6倍,但它的人口却与它的面积根本不成正比,它的总人口只有700万,还没有英国大伦敦的人多呢!可这700万阿拉伯人的祖先却肯定拥有出类拔萃的体力和智力,所以才能够根本不靠造物主恩赐的助力,轻而易举地给世人留下了不可磨灭的深刻印象。

阿拉伯人所居住的地方的气候条件根本就不适合人类生存。作为撒哈拉沙漠的延伸,这里不仅连一条河都没有,还是地球上最热的地方之一。最南端和最东端的海岸没有那么热,可是却太潮湿了,欧洲人其实无法适应。阿拉伯半岛的中部和西南部的一条条山脉海拔都在6000英尺以上,温差变化大,天一黑,温度立刻就降了下来,过不了半小时,气温就会从华氏80度降到华氏20度①,人和动物都无法生存。

倘若没有地下水,阿拉伯半岛内陆地区就会变成无人区。沿海地区也好不到哪去,只有英国人的聚居区亚丁湾以北还凑合。

从商业角度来看,整个该死的半岛还敌不过曼哈顿岛上的低洼地,然而,若论对世界文化发展的影响,曼哈顿可是小巫见大巫了。

奇特的是,阿拉伯半岛从来就没有像法国或者瑞典那样形成一个独立的国度。在世界大战期间,协约国急需补充军力,便在阿拉伯半岛上到处乱许愿,结果战后从波斯湾到亚喀巴湾,一下子冒出一串所谓的独立国家,甚至北部还出现了外约旦。外约旦位于巴勒

---

① 80华氏度约合27摄氏度,20华氏度约合-7摄氏度。

斯坦和叙利亚沙漠之间,由一个耶路撒冷的傀儡埃米尔①统治着。不过,这些国家大多徒有虚名,譬如下列国家就是如此:波斯湾沿岸的哈萨②和阿曼、南部的哈德拉毛③、红海岸边的也门、阿西尔④和汉志⑤,其中汉志还算比较重要,因为那里不仅拥有一条铁路(巴格达铁路的终点已经到达了麦地那,将来还会延伸到麦加),而且还控制着伊斯兰世界的两座圣城——穆罕默德的诞生地、"穆斯林的伯利恒"麦加,以及穆罕默德的安息地麦地那。

在7世纪初,倘若没有发生上述激动人心的大事件,麦地那和麦加这两座绿洲城市还会籍籍无名。使得这两座城市名满天下的穆罕默德大约是在公元567年或者569年出生的。穆罕默德是个遗腹子,他的父亲在他出生前几个月就去世了。不久,他的母亲也去世了,把他抚养成人的是他那一贫如洗的爷爷。穆罕默德很小的时候就给人赶骆驼,跟随受雇的商队走遍了整个阿拉伯半岛。他甚至有可能越过了红海,到过阿比西尼亚⑥,当时的阿比西尼亚正企图把阿拉伯半岛变成它的殖民地(当时正是一个千载难逢的机遇,因为一向不睦的沙漠部落之间正闹得不可开交,所以不可能齐心协力一致对外)。及长,穆罕默德娶了个寡妇,因此得到了一定的财产,于是不再四处奔波,而是开了一家自己的小店,出售谷物和骆驼饲料。

---

① 对伊斯兰国家的酋长以及高级官员的尊称。
② 今沙特阿拉伯东部的一个省份。
③ 今也门共和国东南部地区。
④⑤ 今沙特阿拉伯西部的一个省份。
⑥ 即今天非洲的埃塞俄比亚。

我在这里不可能详述他的教义,你要是有兴趣的话,买本《古兰经》看吧。不过,你会发现那可是桩苦差。我只想在这里指出,正是由于穆罕默德的艰苦努力,阿拉伯大沙漠上不同的闪米特部落突然意识到要去完成一个使命。在不到100年的时间里,他们便征服了整个小亚细亚,占领了叙利亚和巴勒斯坦,以及非洲北海岸和西班牙。直到18世纪末期,他们都不断地威胁着欧洲的安全。

一个民族,在短短几年的时间里,就创造出如此佳绩,定然具有异乎寻常的体魄和智慧。所有与阿拉伯人打过交道的人(其中包括拿破仑,他虽然对女人的品位不高,但对优秀军人却独具慧眼)都说阿拉伯人是令人望而生畏的敌人。而他们出类拔萃的聪明才智以及对科学的浓厚兴趣,则可以在他们在中世纪时期创建的大学中得到证明。可是他们最后还是失去了往日的辉煌,为什么呢?我不清楚。对于地理环境影响民族性格的论题夸夸其谈,用若干理论论证沙漠民族永远是伟大的世界征服者,这易如反掌。但又怎么解释还有那么多的沙漠民族一事无成的现象呢?同理,也有那么多的山地民族完成了各种各样轰轰烈烈的伟业,同样有那么多的山地民族一直甘愿当无所用心、游手好闲的醉鬼。真的抱歉,我真的无法从哪个民族的成败中总结出一条具有普遍意义的基本规律来。

然而,历史往往会重演。在18世纪中叶的宗教改革①中,伊斯兰教清除了各种繁文缛节和偶像崇拜,主张清教徒式俭朴生活的瓦

---

① 公元18世纪至19世纪阿拉伯半岛的伊斯兰教宗教和政治运动,领导人是瓦哈比。

哈比应运而生。这次改革也可能再次把阿拉伯人卷入战争之旅。倘若欧洲依旧在内战中自耗，那么，穆斯林就会像1200年前一样，再次对欧洲构成威胁。阿拉伯半岛是一个储藏"硬派民族"的大仓库，他们不苟言笑、玩心不大、自尊自贵、一丝不苟、需求简单，从来没觉得现实生活中有什么缺憾，不为金银财宝和吃喝玩乐所动。

这样的民族是一个永恒的威胁，特别是他们觉得自己受到了伤害，有了正当的理由的时候。白人对阿拉伯，对整个亚洲、非洲、美洲和大洋洲，并非问心无愧。

第二十一章　印度：天人合一

印度是亚历山大大帝"发现"的，那是基督诞生300年前的事了。亚历山大大帝虽然横穿了锡克族的家园——旁遮普平原，跨过了印度河，却没有深入印度腹地——恒河流域。而那里才是印度人真正的居住地。从那个时候一直到现在，印度人一直在喜马拉雅山与德干高原之间的那片宽阔的恒河流域上生活着。马可·波罗把印度描绘成仙境，而欧洲人得到的印度的第一份可靠资料却是在亚历山大大帝发现印度1800年之后，当年，葡萄牙航海家达·迦马到达了马拉巴尔海岸，在果阿登陆。

这条欧洲通往香料、大象和黄金寺庙之国的海上通道一经开通，地理学家所需要的信息便源源不断地蜂拥而至，阿姆斯特丹的地图绘制者不得不加班加点地工作。从那时起，欧洲人把这块富庶的半岛的每一个角落都仔仔细细地勘查了个遍。下面就对印度的地貌做一个简单的介绍。

在印度的西北部，从阿拉伯海一直延伸到兴都库什的吉尔特尔山脉和苏莱曼山脉，把印度与外部世界隔绝开来。在印度的北部，喜马拉雅山脉从兴都库什山延伸到孟加拉湾，形成一个半圆形的屏障，把印度包围起来。

不要忘了，与印度的一切相比，欧洲显得那么渺小，让人看起来觉得荒谬可笑。印度的面积跟不含俄罗斯的欧洲一样大。如果把喜马拉雅山挪到欧洲的话，它会从法国的加莱一直延伸到黑海。喜马拉雅山脉中比欧洲最高峰还要高的山峰有40座，而冰川的平均长度是阿尔卑斯山上的冰川的4倍。

印度是地球上最炎热的国家之一，其中有几个地方还是年降雨量世界纪录的保持者（年平均降水量达12700毫米）。印度有3.5亿多人口，使用着150种不同的语言和方言。9/10的人依然是靠天吃饭。倘若某一年的降水量不足的话，因饥饿而死的人可以达到200万（我给你提供的是1890年至1900年这10年的统计数字）。不过，今天，英国已经消除了鼠疫，结束了种族争斗，兴修了水利设施，还改善了卫生条件（当然这些都要印度人自己掏腰包），印度人口迅速增长起来。但是，按照这样的速度发展下去，用不了多久，印度又会回到过去的贫困生活中去，瘟疫和饥荒会再次发生，婴儿的死亡率会再次上升，一天24小时都会有人往贝拿勒斯运尸体。[①]

印度的大河都与山脉的走向平行。在西部，印度河率先流经旁遮普全境，然后从北部的山区冲出来，形成了一条便捷的通道，为来自于亚洲北部的征服者深入印度腹地提供了便利。而印度的圣河

---

① 贝拿勒斯被印度人视为世界上最神圣的地方，死在那里可以避免永无休止的转世。

恒河则基本上一路东流,与布拉马普特拉河汇合之后,一起流向孟加拉湾。布拉马普特拉河发源于喜马拉雅山群峰之间,也是基本一路东流的,在卡西丘陵受阻,被迫改道西去,很快就与恒河合流了。

恒河和布拉马普特拉河流域是印度人口密度最大的地区,大概只有中国的几个地方与这里一样,好几百万人挤在一起为最基本的生活必需品而争斗。这两条大河的汇合处是一片潮湿而泥泞的

印度人太多,无处不在

三角洲，印度最重要的加工工业中心加尔各答就坐落在这片三角洲的西岸。

恒河流域有另外一个更普及的名字叫"印度斯坦"，意即"真正印度人的土地"。那里物产丰富，倘若不是由于人口不可救药地严重过剩的话，应该是块物阜民丰的宝地。首先，就是恒河流域盛产大米。印度人、日本人和爪哇人不是因为爱吃大米才吃大米，而是因为大米种植的单位产量比其他农作物要高得多。

然而，种水稻却是一件又脏又累的活儿。"脏"这个词听起来不

稻田

那么好听，但只有这个词，才能确切地描述种植水稻的全过程：数千万的男男女女在泥水和粪汤里蹚来蹚去，就这样蹚过了他们大部分生命时光。这是因为得先在泥地里育秧。水稻秧苗长到约9英寸高时，再用手拔出来，移栽到水田里。到了收获季节，运用一种复杂的排水系统把稻田里恶臭的泥汤排到恒河里。而此时此刻，恒河正在为聚集在贝拿勒斯的虔诚教徒们提供饮用水和洗澡水。贝拿勒斯是印度人的罗马城，也许还是世界上最古老的城市，教徒们深信，那腐臭的恒河水极为神圣，它可以洗刷其他任何形式的洗礼所无法洗刷的罪恶。

恒河流域的另一物产是黄麻。黄麻是一种植物纤维，第一次运往欧洲是在100年以前，是棉花和亚麻的替代品。黄麻是一种植物的内茎的皮，这种植物与水稻一样，需要大量的水。收割回来的黄麻，要先放在水里浸泡几个星期，再把纤维抽出来，最后送到加尔各答的工厂，加工成绳子、口袋，编织成当地人穿的一种粗糙的衣服。

恒河流域还有一种物产是植物靛蓝，我们以前从这种植物中提取蓝色染料，最近我们发现，从煤焦油中提取染料要经济实惠得多。

最后要介绍的恒河流域物产是鸦片。最初种植鸦片的目的是减轻风湿病患者的痛苦。在印度，仅仅为了挣出养活自己的那一份口粮，大多数人大部分时间都要泡在齐膝深的泥水里，得风湿病是不可避免的。

恒河流域以外的山坡上，原本覆盖着古老的森林，现在都变成了茶园。茶树叶虽然小，价值却很高。产茶叶的灌木，需要湿热的气候条件。茶树的根茎柔软，怕受雨水冲刷，所以，山坡成了茶树生长最适宜的地方。

恒河流域以南是呈三角形的德干高原。高原上有三种物产。北部和西部山区是柚木交易的中心。柚木质地坚硬耐久，不易弯曲变形，还不会腐蚀铁。在铁制蒸汽船使用之前，柚木在造船业上的需求量很大。即便是在今天，柚木在其他行业依然有着广泛的用途。德干高原的内地主要出产棉花，也出产少量的小麦。那里的降雨量太小，也是个饥馑遍地的可怕地方。

而德干高原的沿海地区，西部是马拉巴尔海岸，东部是科罗曼德尔海岸，两地的雨水都很充沛，盛产大米和小米，足够供养当地的大量人口。所谓小米就是我们进口用来喂鸡的一种谷物，印度当地人却把这种东西当成面包似的主食。

在印度，唯一发现煤矿、铁矿和金矿的地方就是德干高原。然而这些矿藏却从未得到认真开发，因为德干高原上的河流到处都是急流险滩，不利于航行；修建铁路也没有什么价值，当地人没有任何有价值的产品可以交易，也从不迈出世代居住的小村庄半步。

科摩林角东面的锡兰岛①，其实也是印度半岛的一部分。将锡兰岛与德干高原隔开的保克海峡暗礁处处，靠不断地疏浚才能行船。暗礁和沙洲在锡兰岛和大陆之间竟形成了一座桥，唤作"亚当桥"，据说当年亚当和夏娃违逆上帝，惹得上帝冲冠一怒之后，就是通过这座桥逃离天堂的。根据当地人的说法，锡兰就是当年的伊甸园，

---

① 即今斯里兰卡。

而对于印度其他地方的人来说，现在的锡兰仍然是天堂。锡兰气候温润，土地肥沃，雨水充沛（却不过量），还没有印度最为邪恶的种姓等级制度。种姓等级制度是印度宗教不可分割的一部分，其他地方的印度人认为佛教的精神价值过于崇高，非常人所能掌握。而锡兰岛上的居民虔诚信佛，这种信仰淡化了森严的种姓等级制度，从而让他们免受其害。

地理与宗教之间的关系，远比我们所想象的要密切得多。在印度，一切都以超大规模进行，几千年来，宗教一直处于一种绝对的、彻底的支配地位。包括人们想什么，做什么，吃什么，喝什么，以及相反的，不该想什么，不该做什么，不该吃什么，不该喝什么，都由宗教支配。

在其他国家，也有宗教干涉人类正常生活发展的现象。譬如，中国人为了表示对逝去的先人的敬重，把祖父、祖母葬在南坡上，自己在寒冷、迎风的北坡上种地糊口。结果呢，他们对先人倒是尽了忠孝和仁爱，自己的子女却被饿死或者卖身为奴。的确，每个民族都会为一些奇奇怪怪的忌讳禁忌、神秘的祖传戒律清规所束缚，这些还时常阻碍整个民族的进步。

要理解宗教对印度的影响，我们有必要回到史前时期，至少要回到希腊人首次到达爱琴海的3000年前。

在那个时候，那个深色皮肤的种族——达罗毗荼人，住在印度半岛上，他们可能是德干高原上最早的居民。雅利安人（大部分欧洲人就属于这个种族）后来分成了两大支，为了寻找气候更为适宜的家园,离开了中亚老家。一支一路西行,在欧洲定居,后来又漂洋过海,去了北美大陆;另一支则一直南下,穿越兴都库什山脉与喜马拉雅山脉间的山口,在印度河、恒河和布拉马普特拉河流域定居,然后进一步深入德干高原,再顺着西高止山脉与阿拉伯海之间的海岸前行,最终抵达印度南部和锡兰。

与当地的土著人相比,这些新移民的武器装备不知要精良多少倍。强大的民族往往恃强凌弱,雅利安人也是这样对待当地土著的。他们嘲笑达罗毗荼人是"黑人",抢夺达罗毗荼人的农田,他们的女人不够用时(穿越开伯尔山口的路途太艰险了,他们无法从中亚带许多女人来),就霸占达罗毗荼人的女人。达罗毗荼人稍有反抗,就会被杀死,没有被杀死的幸存者则被赶到半岛上最荒凉的地方,让他们听天由命,自生自灭。然而,当地达罗毗荼人的数量要比雅利安人多得多,所以,低等文明影响高等文明的危险始终存在。避免这种危险的唯一途径就是把这些"黑人"限制在他们的居住地,严格禁止他们出来活动。

现在的雅利安人总有把社会分成若干阶层和等级的倾向,各个阶层和各个等级之间等级森严,界限分明。"等级"观念盛行于世,风气所及,甚至开明时代的美国也不能免俗。既有不成文的社会偏见,譬如对犹太人的歧视;也有正式的法律条文,譬如美国某些州所规定的黑人只能乘坐专用的汽车。人们普遍认为纽约是一个兼容并包的城市,却绝对找不到一个可以带有色人种朋友(黑人、印度人、爪哇人,概莫能外)共进晚餐的地方。火车向白人提供普尔曼式卧车和客车①，这也是种族等级制度的表现。我对于哈莱姆黑人的等级制度知之甚少，但我对这样类似的事例见得却不少，即倘若德国籍的犹太家庭的女儿嫁给了一个波兰籍犹太家庭的小伙子的话，女方家就会感觉不光彩不体面。我据此形成了一个认识，那就是"与众不同，高高在上"的思想在我们人类的人性中普遍存在着。

然而，在有的地方，"等级观念"还没有发展成为根深蒂固的社会行为以及经济行为准则。从一个阶级通往另一个阶级的门尽管被小心翼翼地关上了，然而我们大家都知道，那些用力敲门的人，那些有小小金钥匙的人，那些在外面把窗户敲得砰砰山响的人，他们或迟或早，终有一天会被接纳。相反，征服了印度的雅利安人，却把一个阶级通向另一个阶级的门都用大石头堵得死死的。从那个时候起，每个阶层的人都被锁在自己的房间里，无法逾越半步。

这种等级制度的形成绝非偶然。人们并非是一时心血来潮，创造出等级制度来哄自己开心或者招惹邻居生气。等级制度在印度之所以出现，是出于恐惧。最早的阶级、雅利安征服者——僧侣、武士、农夫、劳工绝望地发现，他们刚刚夺取的这个国家中达罗毗荼人的数量要比他们多，他们必须采取一些极端措施，把这些人限制在"他们该待的地方"。他们这么做了，而且还更进了一步，这一步是一个空前之举，以往没有哪个民族敢这样。他们凭空造出一种"等级"制度，把宗教糅合进去，规定三个上等阶级独享婆罗门教，把卑贱的兄弟排除在真正的精神世界之外，让他们自谋生路。为了不被

---

① 豪华型列车车厢，装有舒适的卧铺或座椅，常为特等客车。

下层阶级玷污，每个上等阶层都制定了一套复杂的宗教仪式和神秘的习俗，作为与下层阶级隔绝的屏障。最后的结果就是，只有那个等级的人才能在那个毫无意义的禁律迷宫中出入。

倘若你想知道这种制度在日常现实生活中发挥什么作用的话，你不妨设想一下：倘若在过去的3000年中，任何人的职业选择都不能超出他的父亲、祖父和曾祖父的职业范围，我们的文明会有什么发展？人的创造力又会有几多？

种种迹象表明，印度正处在社会与精神复苏的前夜。然而，直至不久以前，印度等级制度中统治其他阶层的最高统治者——婆罗门的世袭僧侣们，还在有意阻止这场变革的发生。婆罗门教徒是各个种姓中地位最高的、不容置疑的统治者。他们所信奉的宗教有着一个含混不清的名字——婆罗门教，他们所遵奉的神叫梵天，是众生之母，万物之始，万物之终，我们可以视其为印度奥林匹斯山上的宙斯或者朱庇特。然而梵天不过是一个无所不包的概念，对于普通人来说实在是太模糊、太抽象了，所以，这个尽职尽力创造了我们这个世界的老先生虽然依旧受到印度人民的普遍崇拜，但大家也认为，管理我们这个星球的任务已经移交给了某些代表梵天的鬼神。尽管这些鬼神的地位没有梵天高，却是最高统治神的亲戚，这样一来，也得到了最高的礼遇。

这个门一开，各种各样稀奇古怪的超自然创造物便都登堂入室了，其中就包括湿婆、毗湿奴和一大群妖魔鬼怪。是他们把恐惧元素引入了婆罗门教。人们力求做一个善良的人，原因不是因为这是人自身的追求，而是因为只有通过这一途径，才能有望逃避所有妖魔鬼怪和罪恶之神的惩戒。

比耶稣早600年诞生的释迦牟尼是一个伟大的宗教改革家，他明白，原本纯正的婆罗门教是崇高的宗教，所以试图把当时盛行的宗教信仰恢复为当年那样的精神支柱。尽管他的努力在初期取得了若干成效，但对于他的大多数同胞来说，他的思想太高尚、太不实际、太可望不可即了。因此最初的热情冷却之后，旧的婆罗门教再次卷土重来。印度领导人是在刚刚过去的50年间才认识到，一个几乎完全建立在空洞的繁文缛节上的宗教膜拜，最终势必走向灭亡。这就像一棵空心的树，不能再从生生不息的土地中汲取营养的话，肯定是必死无疑。现在的婆罗门教不再像几十年前那样是一个死而不僵的可怕的精神折磨了，古老庙宇已经门扉洞开，印度的青年男女已经意识到，只有内部团结一心，才能形成一个抵御外来统治者的统一战线，从而避免自毁，避免灾难。恒河两岸正在发生奇迹，当奇迹发生在3.5亿人中间的话，他们就有可能在人类的历史上谱写出一个崭新的篇章。

虽然印度也有几个大城市，但71%的人依然生活在农村，所以从本质上来说，它还是一个农业国。其余的人生活在城市里，这些城市的名字连你也能说出来。加尔各答坐落在恒河和布拉马普特拉河的河口，原来是一个无足轻重的小渔村，而到了18世纪，加尔各答成了克莱武反法运动的中心，发展成了印度最重要的港口。苏伊士运河通航之后,往印度河和旁遮普运货的汽船,可以直达孟买和卡拉奇,比绕道加尔各答方便,这样,加尔各答的地位大不如前了。孟买位于一个小小的岛上,也是东印度公司的杰作。最初只是想把孟买建成一个东印度公司的海上基地和德干高原的棉花出口港,可是孟买把这个功能发挥得淋漓尽致,还吸引了亚洲各地的人来此定居,波斯先知的最后一批拜火教徒也把孟买当成了自己的家。这些波斯人成了当地最富有、最智慧的一个团体。他们崇拜火,视火为不可玷污的圣物,不实行火葬。

马德拉斯是科罗曼德尔海岸上的重要城市,它坐落于德干高原的东部。由此再稍稍向南一点,是法国式的城市本地治里。本地治里让人想起英法为争夺印度全境的控制权激烈争战的那个年代,耸人听闻的"加尔各答黑洞事件"就是那场战争的产物。

当然,印度最重要的城市都在恒河流域。第一个就是莫卧儿王朝的旧都,西部的德里。莫卧儿帝国的皇帝们之所以选中了这座城市,就是因为它彻底扼住了从中亚进入恒河流域的咽喉,是这个要冲的大门。换句话说,得德里者,得印度。顺流而下,就是阿拉哈巴德,正如该城市的名字所显示的那样,这是一座穆斯林的圣城。阿拉哈巴德附近还有勒克瑙和坎普尔,两座城市皆因1857年的起义而闻名。再往南是阿格拉,莫卧儿王朝曾经有四名成员在此居住,那个为纪念挚爱的女人修建了泰姬陵的国王就是其中的一个。

继续顺流而下,我们就来到了贝拿勒斯。贝拿勒斯是印度教徒的罗马和麦加。印度教徒不仅到贝拿勒斯恒河的圣水中沐浴,还希望死后葬在贝拿勒斯，在恒河两岸的石阶上焚烧成灰，把骨灰撒入他们所向往的河流。

我还是就此停笔的好。不论你是什么人，历史学家、化学家、地理学家、工程师也好，普普通通的旅行者也罢，不论何时，只要一涉及印度问题，你就会发现自己置身于深奥的道德问题和精神问题的旋涡。作为外人，也是初来乍到的人，西方人在踏入印度这个神秘莫测的迷宫时，要格外谨慎才是。

2000年前，尼西亚和君士坦丁堡博学的圣人研究会力图把宗教教义公式化，随后他们便以此征服了整个西方世界；而我娓娓道来，介绍的这些人民，他们的祖先早已解决了他们的教义和信仰中的疑难问题。而时至今日，这些问题还在困扰着我邻居的心灵，有可能还要困扰个1000多年。去指责我们陌生的事物自然容易得很。我所知道的印度的一切，都很陌生，给我一种不舒服的感觉，让我惊诧，让我尴尬，让我愤怒。

而我转念一想，我对祖父祖母也曾有过同样的感觉。

现在，我终于开始意识到，他们是对的。即便不总是全对，但也不像我以前以为的那样，大错特错。这是一个深刻的教训，这个教训教我要谦逊点，而上天知道的，我以前也需要谦逊呀！

第二十二章　中国：东亚的大半岛

中国幅员辽阔，边境线也极为曲折漫长，领土面积比整个欧洲大陆还要大。

中国人口众多，约占世界人口的1/5。当欧洲人的祖先还在脸上涂上淡蓝色的涂料，手持石斧追猎野猪时，中国人已经懂得使用火药，会写字了。用几页的篇幅把这样一个国家恰当地描绘出来，那是绝对不可能的。我只能给你一个框架，一个轮廓。至于详细情况（如果你有兴趣的话），你将来可以自己补充，因为关于中国的书很多，能把两三个图书馆装满。

与印度一样，中国也是一个半岛，只不过印度是三角形的，而中国是半圆形的罢了。一个与印度有很大差异的地方是，中国边境没有高山，没有因此而与世隔绝。相反，中国的大山就像张开的手指，向西延伸，这样一来，直抵黄海之滨的富庶大平原，一直对中亚凶猛的先遣队门户洞开。

为了克服这个地理上的先天不足，在公元前3世纪（就是罗马人与迦太基人争夺地中海的控制权的时候），一个中国皇帝修建了一个长1500英里、宽20英尺、高30多英尺的巨大城墙，东起辽东，西至甘肃以西戈壁沙漠边缘上的嘉峪关。

这道屏障曾经光荣地恪尽了职守，直到17世纪面对满族人的猛烈攻击时，才土崩瓦解。一座傲然挺立了近2000年的防御工事，毕竟不可小视。我们现在修建的那些城墙，十年后就没什么用了，可我们还要耗费巨资去翻修呢！

中国的内地正好形成了一个大大的圆形，南方的长江和北方的黄河把它分成了三个大致均等的部分。北京所在的华北地区，冬天非常冷，夏天不太热，在这种气候环境里，当地居民能吃得惯小米，却吃不惯大米。中部地区，因为有祁连山挡住了来自北方的寒风，所以气候温和，人口也更稠密。当地的居民都吃大米，却不知其他粮食为何物。第三个地区，也就是华南地区，冬季暖和，夏季湿热，各种各样的热带植物应有尽有。

华北地区也可以再分为两个部分，一个是东部平原，一个是西部山区。西部山区就是有名的黄土高原。黄土土色灰黄，土质肥沃，天上的雨水一落到地上，就立刻渗透得无影无踪。小溪和河流把西部地区冲蚀得沟壑纵横，交通像西班牙一样极其不便。

华东平原位于直隶湾①上，是由黄河携带的泥沙迅速冲积而成的，黄河也没有什么良港，船只在河上也几乎无法航行。黄河的北面还有一条河流，比黄河要小得多，可是与黄河一样不能通航。这就是有"北京的芝加哥河"之称的白河，即中国首都北京的污水排泄

---

① 即渤海湾。

大系统。中国现在的局势可以说是瞬息万变，所以，我只能说，北京是900年来的天朝帝都，或者说，自威廉征服英国以来，北京就是中国的首都。

不过，北京的历史太悠久了，它见证了无数兴衰荣辱。公元986年，鞑靼人占据了北京，将它易名为南京，意即"南方的都城"。12世纪时，汉族人光复了北京，却没有定都于此，而是把它定为一个二流的省会城市，叫作"燕山府"。半个世纪以后，北京被另一支鞑靼部落再次占领，改名为中都，意为"中部的都城"。100年以后，成吉思汗的大军占领了北京，但成吉思汗却拒绝入城过安逸日子，还是情愿住在蒙古沙漠的帐篷里。而他的继承者——大名鼎鼎的忽必烈却与他不一样。他对北京的废墟进行全面的整修，再次把北京更名为燕京，不过，北京当时的蒙古名字叫"汗巴星"，意为"大汗之都"，"大汗之都"的名气更大。①

最后，这些鞑靼人又被汉族赶走了，明太祖登上了王位，改燕京抑或"大都"为北京，意为"北方的都城"。此后，北京就一直是中国政治的中心，但与世界各地都很疏离，直到1860年，才准允一个欧洲使节②以官方身份造访北京政府，当时为他举办了盛大、隆重的欢迎仪式，与他的出身相符。他父亲就是把古希腊的大理石雕刻

---

① 此处时间细节稍有出入，应为作者笔误。
② 指的是额尔金伯爵（1811—1863）。在第二次鸦片战争期间，曾代表侵华的英军，与侵华的法军一道，迫使清政府签订了丧权辱国的《中英天津条约》和《中英北京条约》。其父亲老额尔金伯爵曾劫掠帕特农神庙。

献给大英博物馆的额尔金。

北京城在鼎盛时期一定固若金汤。北京城墙的厚度达60英尺，高达50英尺，城上有方形的城楼和城门，这些城楼和城门的内部本身就是可作防御之用的堡垒。北京城内则像中国的迷魂阵，有大量的小城，一个比一个小，城城相套，有皇城、满人城、汉人城，到了19世纪中叶，又出现了一个洋人城。

义和团运动爆发之前，各国外交使团代表都住在满人城和汉人城之间的一个不大的区域里。义和团运动爆发后，这个外交特别区加固了防御工事，由各国联军重兵把守。当然，北京也有许多宫殿和庙宇，但我提醒各位注意，中国人与印度人的性情有一个十分有趣的差异，这种差异在某种程度上就是两国除了人口不可救药地过剩以外，再也没有其他的共同之处的原因。

印度人非常重视他们所信仰的神，要修建神庙时，一定要建成最大、最富丽堂皇、最奢华的，要把农民辛辛苦苦赚来的钱花个一干二净。婆罗门提出的口号就是："宁掷百万造神庙，不花一文搞公益。"从清朝的达官贵人，到街头洗衣的黎民百姓，中国人名义上都信佛，却个个受到那个精明的圣人——孔老夫子的影响。孔夫子在公元前6世纪的下半叶，提出了一条指导日常生活的、具有普遍意义的处世之道：不要在空谈来世中虚掷光阴[1]。中国人对此唯命是从，中国的统治者完全遵循着孔夫子的教诲，去做"看得见、摸得着"的事情，把大部分的财政收入都用于开凿运河、修筑水坝、修建城墙、

---

[1] 指的是"未能事人，焉能事鬼"。

疏浚河道等公益事业上。至于神殿庙宇,只要修到神灵不怪罪的程度就行了。

古代中国人是一个具有杰出艺术才华的民族,与恒河流域的民族相比,中国人付出与收获之间的性价比要高得多。去过中国的人都会发现,其实他们在中国的任何地方都不会看到印度那样庞大的建筑群。只有在北京以北60英里的地方有一座明皇陵,几个巨大的石兽守护着明皇,还有散见于四处的几尊大佛。就那么几尊,剩下的虽然大小比例适中,但都精美。然而,非常奇怪的是,中国的艺术比印度的艺术更合西方人的胃口。中国人的绘画、雕塑、陶器和漆器更适合进入欧美的家庭,而印度的同类艺术品则破坏了和谐感,即便放在博物馆里也会有点不协调。

中国对于现代商业世界来说至关重要。中国煤炭储量居世界第一,铁矿储量位居世界第二,有朝一日英国、德国、美国的煤全用光了,我们还可以到中国的山西省去取暖。

直隶省①的东南方就是山东省,山东半岛把直隶湾与黄海分开。除了黄河平原以外,这一区域大部分都是山区。黄河以前是向南流入黄海的,但在1852年却突然改道,就是这么一件小事告诉我们:中国的洪灾才是真正的洪灾。要给黄河改道打一个类似的比方,我们可以想象这样的情景:莱茵河突发奇想,决定改道流入波罗的海;或者塞纳河有一天头脑一热,决定不流入英吉利海峡,而流入北海。自17世纪以来,黄河已经改道10余次,所以,我们绝对无法保证,

---

① 相当于今河北省。

现在的河道在将来会一成不变。在世界其他地区，用堤坝治水并不困难，可是，对于长江和黄河这样的河来说，堤坝就无济于事了。1852年黄河堤坝的高度已经达到了50英尺，但堤坝就像一张卫生纸似的，轻易就被河水撕开了。

使得这些河流成为祸患的原因并不仅限于此。你一定听说过中国人被称为"黄种人"的说法，你也一定在报纸上看过关于"黄祸"的文章，诸如此类的东西还有不少。通常情况下，我们把黄色的概念与中国人脸庞的颜色联系起来，可是，当中国的皇帝们自称"皇帝"的时候，他们的意思并非是黄色百姓的帝王，而是他们子民所居住的黄色土地的帝王。黄河所挟带的黄泥，把华北的一切都染成了黄色——河水、海水、道路、房屋、土地、男男女女的衣服。就是因为这黄土，这个民族才叫黄种人，其实他们的肤色并不比西方城市居民的肤色黄多少。

13世纪时，为了让臣民平安地从华北到达华中和华南，不用冒着长途航行的风险，一个中国皇帝下令开凿一条连接黄河与长江的大运河。这条运河有1000多英里长，一直尽职尽责，直到1852年黄河改道，运河连同黄河旧河道一起毁于一旦。不过，这条世界上最长的运河，也说明中国古代的统治者思想很开明。

让我们再回到山东半岛上来。山东半岛海岸线上的花岗岩非常坚硬，从而形成了几个非常重要的港口。烟台以东的威海卫就是其中之一，它一度落入英国人的手里。当俄国人占领了直隶湾对面的旅顺港，把旅顺当作俄国人的军港和西伯利亚铁路的起点，英国人便顺势从中国"租借"了威海卫。根据"租约"上的规定,只要俄国人从辽东半岛上撤出,英国人就把威海卫归还给中国。可是,1805年日本人占领了旅顺港以后,英国人还赖在威海卫不走。而德国人也不甘落后,随即占领了山东半岛南部的胶州湾和青岛港。这意味着世界大战在远东产生了一系列的连锁反应,德国人和英国人为了原本不属于他们的东西而争斗,而事情的结果也不稀奇:第三者日本坐收渔翁之利。

为了重新博得中国人的些许好感,在世界大战以后,威海卫和胶州湾被归还给了中国人。但是,如果日本成功抢占满洲的话,那么,曾经玩过的那场游戏恐怕又要重新玩一遍。欲知详情,且听下章分解。

华中地区东部有一片广阔肥沃的平原,实际上是华北平原的延伸,但内部多山。长江在这些大山中蜿蜒曲折而行,最后流入东海。长江起源于青藏高原,这一地区临近四川省,四川的面积与法国相若,但土质特别肥沃,养活的人也比法国多得多。几条南北走向的高山,几乎切断了四川与外界的一切联系,所以,很少有白种人造访。四川的人口密度明显比中国的其他地区要大。

长江流出四川省之后,就进入了湖北省,继续向大海奔去。著名的汉口城就在这里,汉口曾经是1911年辛亥革命的中心,这次革命推翻了清朝末代皇帝的统治,把世界上最古老的帝国变成了共和国。长江的汉口以上河段,吨位不超过1000吨的海轮可以通航。长江的汉口以下河段是中国中部商业的大动脉,航道直通中国的外贸中心——上海。上海是1840—1842年鸦片战争之后，中国第一批开放的对外贸易口岸之一。

长江三角洲的南面是杭州，马可·波罗把它称为"金山"。长江三角洲的东面是苏州，让人联想到茶叶。这种联想是正确的，因为长江下游流域地势低平，土质十分肥沃，所以位于长江三角洲起点的南京，长期以来不仅是华中地区最重要的城市，还是帝王的都城。

至少在我写这本书的时候（1932年1月2日0时7分），南京似乎还是中国"官方政府"的所在地，而南京之所以被选为统治中心，其中部分原因是历史原因，部分原因是南京处在广州与北京中间这样一个战略位置，还有部分原因是海上外国军舰的炮火不会直接威胁到南京的安全。

而华南地区则是山区，虽然出产茶叶、丝绸和棉花，但相对而言一直是一块贫瘠之地。华南地区以前曾有一度被森林覆盖，但树木被砍伐殆尽，水土流失严重，只剩下光秃秃的石头。所以，华南地区出现大规模的移民潮，华南的移民涌进了尚未来得及制定法律限制中国移民的各个国家。

广州是华南地区最重要的城市，正如上海是中国产品向欧洲出口的中心一样，广州是中国从欧洲进口产品的中心。在珠江的入海口（广州距此还有几英里）有两个被外国人占据的城市，一个是右岸上的澳门，属葡萄牙的势力范围，现在不过是东方的"蒙特卡罗"①罢了；另一个是左岸上的香港，早在鸦片战争中就被英国夺去了，至

---

① 世界著名赌城之一，在摩纳哥。

今尚未归还。

华南沿海的两个岛屿中，海南岛一直归属中国人，而台湾岛，曾经被荷兰殖民统治，自1894—1895年中日战争之后，就被日本人侵占了。

90%的中国人是农民，不论过去，还是现在，恐怕将来也会一直靠农产品生存，年景不好的时候，就有可能被饿死。不过，中国现在已经有48个港口与外国通商，主要出口产品是茶叶、棉花和丝绸。奇怪的是，中国人从不出口鸦片。中国的皇帝一直在保护臣民，努力不让中国人沾染这种会带来恶习的不幸药品，所以，原来的那些罂粟田渐渐地都变成了棉田。

出于对父母和列祖列宗的尊崇，中国人接受铁路的过程要比其他民族都要慢，他们害怕火车机车顺着铁轨轰隆隆呼啸而过，会打扰了祖先在地下平静的梦境。1875年，在上海至上海的港口吴淞口之间修建几英里长的铁路一事，当时竟引起轩然大波，遭到居民强烈的反对，最后不得不随即停工。时至今日，中国的铁路遇见坟地都要绕个大圈。不过，目前中国建成的铁路线已有一万英里，济南附近横跨黄河的那座桥是世界上最大的铁路桥。

至于中国的对外贸易，仍有60%掌握在英国及其殖民地手里。英国人为什么要被迫调整过去对天朝的臣民所实行的残酷政策呢？原因就是倘若勤劳的天朝人抵制英国的产品，那么，英国人每天就会有上百万美元的损失。与占全人类总人口的1/5的顾客保持友好关系才是上策。

在混沌初开的远古时期，中国人的始祖就出现了。他们生活在黄河沿岸的黄土地上，在当今中国中心的西北。在从事农业生产的人的眼里，最称心如意的莫过于肥沃的土地了，更何况，这土地还解决了他们的住房难题呢！在附近的一个山坡上给自己凿一个舒适小房子，根本不用担心墙壁透风和屋顶漏雨的问题。

据对黄土地情况非常熟悉的游客的可靠说法，黄土地上的人口稠密，可是在夜晚，却连一丝一毫人类居住的迹象都没有，而当次日清晨第一缕阳光出现的时候，数不清的男女老少就像从洞里钻出

中国的大运河

来晒太阳的兔子一样，一下子都从窑洞里冒了出来，为了果腹，又开始了无尽无休的劳作，待到暮色四合，他们又再度消失在地穴中。

中国人占据了山区之后，开始向东扩展。汹涌的黄河水把数百万吨的黄泥从山区挟裹到平原上，平原的土地因而更加肥沃，足够养活新增加的数百万人口。中国人逐黄河而居，随黄河的变化而迁移，在公元前2000年前（罗马建立的1500年前），中国人已经移民到了长江流域，帝国的中心也从黄河流域移到了中部的大平原上。

在公元前5—前4世纪，中国人中间诞生了三个伟大的道德导师：孔子、孟子以及老子。这些名字都不是按照拉丁字母拼写的。在这三位伟大的先知出现之前，中国具有什么样的宗教观念，我们不得而知。然而，他们对于自然的崇拜还是显而易见的，靠天吃饭的人，总是对自然力量顶礼膜拜的。而孔子、孟子和老子并非宗教创始人，与耶稣基督、释迦牟尼或者穆罕默德不同。

中国这三个伟大道德导师所教导的道德教义的前提是：人非但不是圣贤，还是天生低劣、愚钝的造物，但只要能够有好人教导，并且愿意聆听长辈和贤人的教诲，就会有大作为。从基督教的角度来看，这三个人所宣扬的学说都太世俗化，显而易见是物质主义学说。这三个人对于温顺、谦卑以及我们一定要以德报怨的思想宣扬得都很有限。他们知道凡夫俗子不会有这样高尚的节操和行为，不仅如此，他们进而怀疑这种行为准则能否真正成为整个社会最高的善。因此，他们提倡：善有善报，恶有恶报，欠债还钱，诚信守约，尊崇先人。

这三位中国哲学家对于道德问题都谈得很宽泛，但人人都从中学到了一些东西。我不是说这个体系比西方的体系更好或是更差，但这个体系的优点的确非常突出。中国人说着几十种方言（中国的一个北方人会发现，要听懂一个南方同胞的话，就像一个瑞士人与一个意大利人交谈一样困难），生活在各种各样的环境里，他们至少还有一个共同点——对人生的荣辱沉浮豁达相对的中国式态度，实用主义的人生哲学。这种人生哲学能让地位最卑微的中国苦力走过重重磨难，而在同样的磨难面前，一般欧洲人或者美国人会精神崩溃，一死了之。

这些思想非常朴素，差不多人人都能理解。你若是不相信，我能从中国人4000年的历史中找出种种同化的奇迹作为例证。这些例证反常得令人难以置信。在公元10世纪的时候，中国成为世界上曾经出现过的最大的帝国的一部分，这个帝国的疆域东起太平洋，西抵波罗的海。可是这些蒙古人无一例外，都步了忽必烈的后尘，最后都被汉族同化了。将蒙古帝国取而代之的是中国最后一个纯粹的汉家王朝。明朝又被女真人建立的清朝取而代之。虽然汉人被迫留起了长长的辫子，把前额上的头发剃了个精光，但满族人很快就被同化得比汉人还汉人了。

自满族人入主中原以来，中国人只要把西部的港口守住，把外国人挡在国门之外，就完全可以自成一统了，中华文明有了一个短暂的休养生息的机会。然而，在休养生息的同时，中国也僵化起来，而且僵化得比我们所听说的任何国家都要厉害。清朝的专制制度比十月革命以前的俄国政治体制还要刻板，文学停滞不前，连原来无与伦比的艺术也走向了程式化，像古老的拜占庭的镶嵌画一样。科学也停滞不前了，倘若有人偏巧有什么发明，马上就会被认为是愚蠢且不可取的，就像美国军队的医疗部门认为氯仿麻醉剂这种新发明很愚蠢，所以反对使用它一样。其中的原因就是中国彻彻底底地与世隔绝了，他们对于外面的世界发生的变化一无所知。这样一来，中国人很容易自认为自己的方法是最好的，自己的军队是天下无敌的，自己的艺术是人类艺术中最精彩的，自己的风俗习惯、风土人情也远比其他民族优越，甚至认为外国的一切都不配与本国的相提并论。有不少国家也曾有过轻度的排外倾向，最终的结局往往是灾难。

直至16世纪的上半叶，中国才批准几个从葡萄牙、英国和荷兰来的"洋鬼子"在太平洋沿岸的两三个港口城市住下来，目的是从与欧洲的贸易中获利。但这些外国人的命运特别不幸，他们的地位很低，堪比那位被派去与弗吉尼亚州第一批殖民者的子孙同船的黑人医生，无人正眼相看。

1816年，英国派遣阿姆赫斯特勋爵（杰弗里的侄子，曾于1817年去圣赫勒拿岛拜访过拿破仑）到中国来晋见天子，请求改善英国商人在广州的待遇。他被告知，能否得到天子的接见，取决于他能否在圣上御座前磕头。所谓"磕头"，字面的意思就是"在圣上面前跪下，以头碰地三次"。以前一个荷兰船长这么做过，因为他明白，只要磕了头，就能把大量茶叶和香料带回去，一辈子都会衣食无忧，安逸舒适。但作为英国皇帝的代表，阿姆赫斯特勋爵觉得自己地位与那个荷兰商人不同，所以断然回绝了这个要求，结果呢，连北京城门都没让他进。

与此同时，欧洲借助詹姆斯·瓦特发明的蒸汽机，对我们小小的地球进行了广泛开发，因而变得国富民强，所以急吼吼地要走出欧洲，去征服新的世界，而中国顺理成章地名列榜首。对于高傲的白种人来说，那场以突发事件为借口挑起的战争是不光彩的，特别是在1807年马礼逊博士作为从欧洲到广州的第一个传教士抵达以后，他们不断地向中国人宣传基督教其实有多么多么美好，劝说中国人抓住这个机会。就连中国当时的统治者——那些思想最僵化、视野最狭隘的清朝大员（不过是管理者的一个官衔），都完全潜心于孔夫子的教诲之中，拒绝让臣民受鸦片的毒害。可是，英国东印度公司却通过向长江流域和黄河流域的中国人出售罂粟种子，获得了数千万英镑的利润。英国东印度公司坚持要把鸦片输入中国，而中国当局严禁鸦片上岸。于是，由于鸦片问题以及由此引起的感情伤害，引发了1840年的鸦片战争。这场战争的结局让中国人瞠目结舌，大吃一惊，他们吃惊地发现，自己根本不是那些自己所不屑一顾的外国人的对手，由于几百年自觉的闭关锁国，中国人已经被远远地落到了其他民族的后面，能否迎头赶上还是个令人生疑的问题呢！

这个疑虑竟成了事实。自鸦片战争那个悲惨的时期开始，中国人已经完全成了西方人摆布的对象。中国人向来只埋头耕耘和收获于自家的田地，全不理会邻家田地里发生了什么争斗，现在不断有事实表明，中国人开始认识到，自己的祖国出了问题。中国人的第一次不满是在约80年前爆发的，中国人把在这块土地上所发生的一切灾难都归咎于"外族"统治者清王朝，于是揭竿而起，用起义争取自由。

当清政府与英国和法国交战时，在华南地区爆发了太平天国运动。他们不但不把前额上的头发剃掉，还剪掉了辫子。开始时，镇压起义的队伍由一个名叫里克·华尔的美国工程师率领，后来由查尔斯·乔治·戈登接任。戈登是一个虔诚的基督教徒，也是彻头彻尾的神秘主义者。他们这支军队显然比起义者的队伍要强大得多。起义者选出的取代满族人的"皇帝"① 在南京城的宫殿里把自己以及所有的后妃都活活烧死了。戈登回到英国以后，一心一意从事慈善和宗教事业，过着优哉游哉的退伍生活，为他悲惨的结局做准备。有关戈登的事，你还将在非洲那一章看到。

1875年，清政府与德国之间出现了分歧，德国便派出了一个舰队来清除沿海的海盗。在1884年至1885年间，中国与法国打了一仗，结果失去了原属地安南和东京②。1894年，中国与已经彻底欧化了的日本又打了一仗，结果损失了台湾。

接着，欧洲人就开始了对中国战略要地的大争夺。俄国人占领了旅顺，英国人夺取了威海卫，德国人抢走了胶州湾，法国人强取了湄公河左岸上的金兰湾。而一直在外交政策上掺杂复杂感情（啊，其实常常是多愁善感）的美国人，只是含含糊糊地提出了一个"门

---

① 指洪秀全。作者所言与事实不符，事实是：洪秀全系病故。点火自焚的是誓与南京共存亡的太平军战士。

② 安南即今天的越南。东京原为印度支那的一个地区，今属越南。

户开放"的说法，于是，只要大洋对面的"大叔"①暂时没盯着这儿，欧洲人就在他们盗来的领土上修建高墙、加固堡垒，急急忙忙地把大门关上。

  天生就具有耐心和吃苦精神的中国人民，开始意识到他们正遭受双重压迫的事实。他们又一次把所遭受的屈辱和苦难归咎到外族统治者——清政府的身上。1901年，爆发了义和团运动，他们先是刺杀了德国大使（他们提出的理由是，这个德国大使先袭击了一名中国人），然后围攻在京的外国使团。于是，由英、法、奥、俄、日、意、美、德八国组织的联军开进了北京，出于报复的目的，还在北京城内大肆抢劫，北京这座富庶的城市遭到空前的洗劫。不论被中国人视为多么神圣的东西，八国联军都没有放过，甚至连皇城中心的紫禁城也被破门而入。德军司令又率领两万士兵抵达现场时（此时射击已经停止，但洗劫还方兴未艾），他们是奉了德国皇帝的谕旨来的——"可步匈奴的后尘"②，这是老威廉皇帝在他统治期间所发出的最糟糕不过的指令。12年以后，他在国内得到了恶报，他现在只能伐木度日③。

  中国人民面对巨额战争赔款，以及咄咄逼人的欧洲邻居的种种

---

① 即"山姆大叔"，指美国。
② 1900年7月27日，威廉二世再度发表了言论："你们如果遇到敌人，就把他杀死，不要留情，不要留活口。谁落到了你们手里，就由你们处置。就像数千年前埃策尔国王麾下的匈奴人在流传迄今的传说中依然声威赫赫一样，德国的声威也应当广布中国，以至于再不会有哪一个中国人敢于对德国人侧目而视。"
③ 他发动第一次世界大战，即败走麦城，继而被国内革命打落了皇冠，流落国外，客死异乡。

凌辱，于1911年再次起来革命，他们推翻了清政府，建立了共和国。这一次，中国人民成功了。

这一次，中国人吸取了教训，他们明白了西方人感兴趣的不仅是孔夫子的文章著述，西方人对中国的煤炭、石油和铁等珍贵的原材料更感兴趣。所以，拥有这些宝贵原材料的中国人，要么护宝有道，要么为了安全起见，把这些财宝沉入洋底。中国人很快就会开始认识到向日本人学习，在短时间内实现"西化"的必要性。他们从世界各地聘请外国老师，主要是从比邻而居、交流便捷的日本请。

与此同时，俄国正在按照马克思主义学说治国，雄心勃勃地计划把占世界1/6面积的国家变成一个工业化国家。因为俄国与中国是近邻，所以得以悄悄把一些话语传进长期饱受折磨的苦力耳中。不论他们的统治者是谁，也不论剥削他们的是英国人、法国人，还是日本人，这些苦力生来就一直没能摆脱当牛做马的命运。

世界大战结束以后，这些相互冲突的思想、情感和计划给中国带来了大混乱。在世界大战中，中国被迫加入了协约国。战争结束以后，在一场争吵中，中国又落得常有的下场：非但没有收获，反而失去了更多。

我不是预言家，无法预测在未来的10到15年里，中国会出现什么变数。不过，我觉得情况不会发生太大的变化，因为中国起步太晚了，很难赶上世界发展的步伐。然而，中国一旦赶上了时代的步伐，变成了一个富国，那么，西方人就只有恳求仁慈的上帝怜悯了！他们要还怎样一大笔债啊！

第二十三章　日本

日本是一个由500多个岛屿组成的半圆形的岛国。在以牺牲邻邦为代价，踏上征服世界之旅之前，它的疆域南北之间的距离相当于从欧洲的北角到非洲撒哈拉沙漠的中心。

这些岛屿大小不一，总面积与英格兰、苏格兰和曼哈顿的面积之和差不多，6000万人居住在518个岛上。最新统计数字显示，包括2000万朝鲜人和一些波利尼西亚岛上的居民在内，日本的总人口已经超过了9000万。自本次世界大战以来，这些波利尼西亚岛屿就一直是日本人的属地。

不过，为了实际应用方便起见，我们只要把本州、北海道、四国和九州这几个岛屿的名字记住就够了。本州是日本中部的主要岛屿，北海道是日本北部的第一大岛。在本州的南部，四国和九州两大岛屿紧紧地挨在一起。日本的首都是东京，人口超过200万，坐落于本州中心肥沃的平原上。横滨是东京的港口。

日本的第二大城市大阪，同时也是日本重要的纺织工业中心，位于本州的南部。大阪以北是日本古代帝国的国都京都（东京因在京都的东面，故有此称）。有时你也可以在报纸上看到日本其他城市的名字，譬如神户和长崎。神户是大阪的港口。九州岛上的长崎是欧洲所有船舶出入最便捷的港口。

至于你在历史书上常常看到的"江户"这个词，其实是当年幕府将军所居住的府邸东京府的旧称。1866年，幕府失势，明治天皇从京都迁至江户，改名为东京。从那个时候开始，东京进入了一个突飞猛进的发展时期，最终成为现代世界上最大的城市之一。

然而，这些城市都存在着随时被摧毁的危险。日本列岛位于亚洲大山脉的边缘（正如北海形成以后才使得英国成为一个岛屿一样，日本海、黄海浅滩以及东海形成的时间都不长），正好是萨哈林岛①至荷属东印度群岛的那条火山带的一部分，而且这条火山带一直在活动。据日本地震统计数据显示，从1885年至1903年间，日本一共发生了27485次地震，平均每年1447次，平均每天4次。当然，其中大部分地震的震感都不强，不过是茶杯轻轻晃了晃，椅子摇了摇，撞到墙上发出了声音而已。可是，倘若你知道日本的古都京都自建都以来的1000多年里，曾经发生过1318次地震，你就会对这个岛国所处的险境有一些认识了。在这1318次地震中，有34次属于"毁灭性地震"，有194次属于"强烈地震"。其中1923年9月的那次地震，几乎将东京夷为平地，死亡人数超过了15万，有一些小岛升高了两三英尺，另外一些小岛却沉到了海平面以下。由于事发年代并不久远，所以时至今日，人们依然记忆犹新。

---

① 我国称库页岛。

人们通常会把地震和火山爆发联系在一起。毫无疑问，一些地震是由火山爆发引起的，但大多数地震却是由于我们人类所居住的土层下面的岩石层突然移动造成的。倘若这些岩石只移动两三英尺的话，结果不过是倒了几棵树或者几丛灌木而已。但是，倘若岩石移动得正是地方（用"不是地方"这个词可能更恰当），就有可能造成大灾难，譬如1775年里斯本地震，有6万人遇难。再譬如1920年中国的那场地震，死亡人数可能高达20万。据一位最权威的地震专家最保守的估计，在过去的4000年里，即所谓"有史以来"，共有1300万人在地震中丧失了生命，说到底，这个数字相当惊人。

当然，任何地方都可能发生地震。就在一年以前，北海海底发生强烈震动，波及莱茵河和斯海尔德河河口岛屿上的泥滩，一时间，泥滩上的掘蛤人陷入了恐慌。然而，北海海面却水平如镜，波澜不兴。日本地震频发的另一个原因就是，日本地处高山之巅的山脊之上，该山脊的东部一直向下延伸，延伸到一条太平洋最深的海沟里，而我们的科学家迄今为止都无法测定这条海沟的深度。著名的塔斯卡罗拉海沟的深度超过了2.8万英尺，比菲律宾群岛和马里亚纳群岛（又名莱德隆群岛）之间的海沟至少浅6000英尺。日本50%以上的地震都发生在东部沿海地区，这绝非偶然，因为这些地区的海岸垂直落差约6英里。

像生活在地震带上的大多数人一样，日本人并没有因为安全始终遭受威胁就辗转难眠。他们跟我们一样，照常耕耘播种，与孩子们嬉戏玩耍，一日三餐，顿顿不落，看到查理·卓别林的表演照样哈哈大笑。多年的经验教训教会了他们盖一种纸板房，虽然冬天不免跑风漏气，但房子突然倒塌以后，给主人造成的危险却可以降到最小。当然，日本人也效仿西方，在东京盖起了摩天大楼，倘若遇到了大地震，损失就会增加几千万倍。不过，总的说来，在适应这一不可避免的地理缺陷方面，日本比其他国家做得都要好，正如他们似乎成功地把生活变成一种更协调、更愉快的冒险之旅，这是大多数西方国家所不及的。我之所以这么说，并不是因为想起了那些漂亮的明信片，那些明信片有的画着日本小艺伎在樱花树下喝茶，有的画着蝴蝶夫人在小花园里。我不过是把所有到过日本的游客都对我们说过的话重复一遍罢了。这些人到日本之前，日本尚未抛弃传统风俗习惯和生活方式（其生活方式似乎尤其雅致），还没有试图把日本列岛变成芝加哥和威尔克斯－巴里①的郊区。日本从旧向新的蜕变令人难以置信，这对于我们的安全和幸福都产生了重大影响，这种影响还会继续，而且会与时俱增。因此，我们起码应该对日本人有所认识，因为不论我们是否喜欢他们，只要太平洋还没有干枯，他们就是我们的邻居。

　　同中国相比，日本的历史可就短得多啦。中国的编年史可以追溯到公元前2637年（大约是在埃及法老胡夫修建自己的金字塔的那个时期），而日本最早的编年史则是从公元400年才开始的。大和民族当时就已经出现了。不过，严格说来，纯正的"大和民族"并不存在，与英国人一样，日本人也是一个融合起来的民族。日本诸岛上

---

① 美国宾夕法尼亚州东北部的一个城市名。

最早的居民是阿伊努人，他们被一批又一批（总共三批）来自中国南部和马来半岛、中国中部，以及满洲和朝鲜的入侵者陆陆续续赶到遥远的北方诸岛上去了。因此，日本最初的文明其实是中华文明的延续，日本人的所有知识都是从中国人那里习得的。

日本仿效中国皈依佛教以后，两国的关系就更加亲密了。新教义取代旧教义的时候，总要或多或少地受旧教义的影响。所有的传教士都应该记取这一教训，不论传播的是基督教、伊斯兰教还是佛教。

公元6世纪时，第一批中国佛教僧人抵达日本。他们发现日本人已经创建起一种土生土长的本土宗教体系，换句话说，是一种非常适合日本人需要的宗教体系。这就是所谓的"神道教"，来源于"神道"一词，似乎相当于"神圣之路"。与亚洲其他地区普遍盛行的鬼神崇拜相比，这种宗教高雅多了。这种宗教认为世界是一种坚不可摧的力量，教导我们要承担运用这种力量的后果，因为无论后果如何，都将是永恒的存在。现在日本的国教就是佛教和神道教的混合产物。神道教特别强调个人对整个社会所承担的责任和义务。与英国人一样，日本人本质上是岛国居民（未必一定是偏狭之人），具有一种非常真挚和根深蒂固的信念，即每个国民都对祖国负有非常明确的义务。神道教还特别强调对祖先的崇敬，但这种崇敬还没有发展到中国人那么荒唐的地步。中国的大部分土地被变成了一个偌大的坟场，在这个坟场上，死人统治着活人，坟墓占据了本应为了生计种植庄稼的土地。

中国文明与日本文明之间近期才出现大的分歧，那是在16世纪的晚期，在经过长期无尽无休的争吵和争战以后，日本的那些独立了的小诸侯对待天皇的态度还不如神圣罗马帝国皇帝的骑士对皇帝来得尊重，最后，政权落入了一个铁腕人物的手里。

800年前，在遥远的欧洲，古代法兰克国王的总管或者说国王的家奴，把自己的主子赶进了修道院，自己取而代之，统治国家。由于这些总管和家奴比他们的主子能力强得多，更适合统治国家，所以，人们都没有异议。当时的日本人民在长达400年的内战中承受了太多，所以，只要能够获得和平与安宁，他们并不在乎统治者是谁。所以，当朝廷的最高长官，有钱又有势、颇具影响力的德川家族成为日本的独裁者的时候，日本人民既不反对，也不奋起保卫世袭统治者天皇。这位日本大管家把天皇拔高到人间神明的地位，使之成为了日本人的精神之父，而他既然是那么遥远、那么神秘、那么完美，所以就该像西藏的喇嘛一样，永远也不能让他的臣民看见他的真面目。

这种制度持续了差不多整整两个世纪。幕府将军在东京执政，而天皇则在京都幽寂的深宫内院豪奢的屏风后面消磨时光。正是在幕府时期，日本才建立起严格的封建制度。封建制度对日本的民族性格影响深远，甚至时至今日，实现了工业化近80年了，日本人在本质上依然是封建主义者，在考虑人生问题的视角上，与他们的欧美竞争者迥然不同。为了完善这一新型制度，补充一些细节，日本花费了很长时间。可是在1600年以后，日本社会已经明显分成了三个截然不同的集团：最高等级是"大名"，即封建贵族成员、大地主；第二等级是武士，即世袭战士，相当于欧洲中世纪的骑士；其余的人都属于第三等级，即平民。

幕府制度并非十全十美，但历史反复证明，草根百姓对于政府的任何理论从来就不曾产生过浓厚的兴趣。平民百姓只关心这些问题："这个政府干实事吗？能保证我们的和平和安宁吗？我的辛勤劳动成果归我吗？不会被别人非法夺走吧？"

200多年的实践证明，幕府制度是行之有效的。幕府将军作为日本的政治首脑的地位得到了认可，天皇被视为国家的精神领袖，受到了崇拜。大名和武士必须严守"贵族守则"，一旦有违，则被礼貌地命令以最庄严的仪式剖腹自杀。至于平民百姓则从事各种各样的职业劳动，经营各种各样的商业买卖。

就是从幕府时期开始，日本的人口已经略显过剩。人们只能勉强维持生活。他们在饮食上一直很节制、很简朴，没有过多的奢求。大自然也像是一个忠实的朋友，发源于荷属印度赤道地区附近的黑潮（即日本暖流，是墨西哥湾暖流的"远房亲戚"），先是流经菲律宾群岛，然后横跨太平洋，为美国西海岸带来了温和的气候。另外，有一条狭窄的冷水带①从日本东海岸不远处流过，使得日本的气候虽不像加利福尼亚那样温暖，却怎么也比中国大陆强多了。

一切的一切似乎都对幸福的日本列岛正常和合理的发展有利，但就在这个时候，一个名叫门得斯·平托的葡萄牙航海家因迷失了

---

① 即千岛寒流。

航向，漂到日本，日本的历史进程随即发生了彻底的改变。因为葡萄牙人不仅游历过许多遥远的国度，同这些国家开展过贸易活动，还把基督教制度的启蒙福音带给了这些国家。

葡萄牙基督教传教士的总部设在印度的果阿和中国广东附近的澳门。倘若所有的编年史对此的记述都属实的话，葡萄牙的基督教传教士初到日本时，得到了特别的礼遇，可以利用一切机会宣传基督教教义比长期处于至尊地位的日本宗教优越的种种理由。就这样，他们布道，许多日本人皈依了。后来，从日本附近的西班牙属地菲律宾群岛又有其他教派的传教士来日，同样受到了日本人的欢迎。

昔日日本

幕府将军发现（官员们得不负责任到什么地步，才会发现不了啊），这些神圣的人的随从并不神圣，他们身披铠甲，手持奇形怪状的铁棍，铁棍能够射出铅弹，一枪就能穿透三个日本普通武士。于是，幕府将军开始感到不安了。

幕府将军决定禁止基督教传教士的进一步活动，不是因为他突然开始不喜欢西方人了，而是出于恐惧，他害怕宗教纷争把整个国家搞得四分五裂，害怕那些既是船长又是商人的人把国家的财富抢走，也担心这些人把和平与祝福的使者送到日本海岸上，又满载着分文未付的预订货物归航了。

基督教在日本影响最大的地方是九州，九州距葡萄牙在中国的殖民地最近。最初，神父们还谦卑地宣扬"和平王子"如何如何，而他们一旦得势，就开始捣毁日本人的寺庙，捣毁日本的偶像，用枪迫使成千上万的日本农民和贵族接受十字架。

当时的铁腕人物丰臣秀吉看到了这种情况以后，预见到了将会出现的不可避免的后果。于是，他宣布："基督教教士到日本来传道，但他们宣扬的美德不过是掩饰他们对日本帝国险恶用心的工具。"

1587年7月25日，即第一个日本使节拜会教皇以及西班牙和葡萄牙国王之后的第五个年头，日本把所有基督教传教士驱逐出境。商人们可以照旧在日本经商，但必须在日本政府的监督管理之下。葡萄牙的传教士前脚刚走，来自菲律宾的西班牙方济各会和多明我会教士后脚就到了。他们装扮成觐见丰臣秀吉的特使，但他们的诡计被揭穿了。不过日本人还是对他们以礼相待，只是告诫他们不得布道就完了。可是他们没有服从这个禁令，在江户盖起了一座教堂，给来自各地的人施洗。接着，他们在大阪又盖起了一座教堂。然后，他们在长崎强占了一座原本属于耶稣会的教堂。而后，他们开始公开反对自己的竞争对手耶稣会，指责耶稣会在给日本人民传播福音时所使用的方法太媚俗。简而言之，他们不论是在判断力还是在鉴赏力上，都犯下了一切宗教狂热分子犯过的错。依据丰臣秀吉的命令，他们最终被驱逐出境。但他们走得快，回来得也急。对于那些不受欢迎的西班牙人，日本人表现了最大的耐心和宽容，可是多少年的警告都无效，日本人终于得出了这样的结论：只有采取极端手段一条路，别无他法。

与其眼睁睁地看着400年前那样灾难性的大内战重演，还不如主动关闭国门，防止外国侵略者的进一步侵略，于是，日本宣布对那些无视禁令的基督教传教士处以死刑。

在接下来150年的时间里，日本心甘情愿地与世隔绝，但并不是彻底地与世隔绝。还留有一扇小小的窗口对外开放着，就是通过这个窗口，日本大量黄金流到了西方；就是通过这个窗口，一鳞半爪的西方先进技术悄悄流入了日本这个奇特的国家。荷兰东印度公司曾经是葡萄牙人在日本的商业竞争对手。但荷兰人只做生意，简单又纯粹，很少关心其他民族的灵魂。英国人也是如此。两个国家中哪个国家会胜出呢？在很长一段时间里，胜负难料，但这次由于英国人管理不善，最终失利。

葡萄牙派往日本的一连串外交使团中的最后一个团员被处死之

后（这其实是证据确凿的官方谋杀），荷兰人此前享受的种种特权也被取消了。但是，只要荷兰在日本的冒险生意每年有80%的红利，他们就是上绞架也心甘情愿。他们被赶到长崎港外一个名叫出岛的小岛上。这个石头岛长300码，宽80码，要把他们带来做伴的狗带出来遛一遛，空间都几乎不够。不仅如此，还不准他们带妻子来，绝不允许他们踏上日本本岛半步。

对于日本当局制定的数百条法规，只要荷兰人稍微触犯了其中的一条，就会立刻招致惩罚。荷兰人这次一定是修炼出了天使般的耐心（确实不是他们的民族性格）。有一天，荷兰东印度公司决定要盖一座仓库，根据当时的计时习惯，把建造日期写在仓库正面，按常规在日期前面加了"公元"一词。由于这个词与基督教的上帝有直接关系，幕府将军不仅下令把那个挑衅性的词语擦掉，把整个仓库夷为平地，还提醒荷兰人记住下令驱逐葡萄牙人的那条驱逐令的最后几句话：

"只要太阳还照射着大地，就绝不允许基督徒这么胆大包天地到日本来。要让天下人知晓：不论什么人违反了这条法令，哪怕是国王菲利普，甚至是基督徒的上帝，也要用他的头来抵罪。"

荷兰人还是在出岛上继续待了下去，时间长达217年，看来，荷兰东印度公司的官员们是把这个教训牢牢地记在心里了。但荷兰人只用现金交易，所以，不论日本人从国外订购了什么商品，都要货到付款。这样一来，在此期间，日本的黄金和白银源源不断地流向国外。

同样是通过这个渠道,欧洲人从这些太平洋的隐士口中,零零星星地了解了一些日本的讯息。所有的传说都得出了一个一致的结论,那就是日本帝国的情况远称不上差强人意。没有任何一个国家可以完全地自给自足,日本很快成为这个学说的反面教材。结果就是,日本青年越来越难控制。他们模模糊糊地听说过西欧科学的神奇传说,他们开始借助出岛这扇小小的窗口接触一些科学和医学方面的书籍。他们学习稀奇古怪的荷兰语,这才知道整个世界在以惊人的速度向前发展,唯独日本在原地踏步,停滞不前。

1847年,荷兰国王给江户的日本皇宫送去了满满一箱科学书籍作为礼物,还附了一张世界地图,警告日本不要采取愚蠢的闭关锁国政策。与此同时,中国与欧美的商贸联系正在迅速增加。从旧金山开往广东的货船有时会在日本海岸遇险失事,因为没有领事和外交保护,船员们的处境十分艰难。1849年,一位美国军舰舰长威胁日本,倘若不把他的18名美国水手交还给他,他就要炮轰长崎。而荷兰国王也再次警告日本,继续施行闭关锁国的政策,只能带来灾难。这些来自海牙的信函说的都是全世界早就了解的事,仅此而已。日本迟早会打开与西方进行贸易的大门,倘若日本拒绝和平进行,那就只好以武力强迫。

当时,俄国正在向阿拉斯加海岸步步推进,一点一点地策划加强对西太平洋的控制。唯一能采取行动,而没有领土野心嫌疑的国家是美国。1853年,海军准将佩里率领4艘军舰和560名士兵开进了浦贺港。外国军舰的首次造访给日本上下造成了前所未有的大恐慌。日本天皇郑重其事地祈求上天保佑。佩里一走（他在日本只停留了10天，把美国总统的信函递交给了日本天皇），日本人就请求荷兰人装备了一艘军舰，在各要塞布置了兵力，把以前从葡萄牙购买的旧式火枪也都架了起来，一切准备就绪，提防东面那些以蒸汽机为动力的怪物卷土重来。

日本人当即分成了两派，大多数人赞成不惜一切代价继续闭关锁国，但另有一部分人却主张对外开放。幕府将军因主张对外开放而失势，还被斥为"洋人的朋友"。而最终从海军准将佩里这次著名的造访中受益最多的却是天皇。

幕府将军，作为封建政府不容置疑的政府首脑，曾经发挥过作用，但此时早已无用了，正如大名和武士一样，他们依然佩刀，把镇压内乱视为光荣的使命，好像不是生活在1853年，而是生活在1653年似的。改革已经迫在眉睫。

机缘凑巧，当时日本名义上的国家首脑天皇，恰好是一个智慧超群、能力过人的青年才俊。他说服幕府将军主动辞职，从而把国家的统治权重新掌握到自己的手中。他接受了劝谏，承认继续闭关锁国、自我孤立就意味着慢性自杀。所以，他真诚地欢迎一切外国人的到来，就像当年真诚地驱逐他们一样。他就是明治天皇，这就是他所开创的明治维新时代，它把日本从一个16世纪的封建国家变成了一个现代工业国家。

这样一种彻底的情感转向是不是人民欢迎的好事呢？这个问题

新日本

没有意义。工厂、强大的陆军和海军、煤矿和钢铁厂是否可以造福于人？我不知道。有人说是，有人说不。这总是在很大程度上取决于不同的个人对这个问题的看法。十年前，俄国人培育他们的灵魂，爱护他们的圣徒。而今天，他们把圣徒扔进厨房的火炉里烧掉，灵魂也心满意足地待在发动机的排气管里。

我个人的看法是，这样的发展是绝对无法避免的。这些发展本身既不是绝对正确的，也不是绝对错误的，而是必要的，是发展的一个组成部分，而我们正是希望通过发展，使自己不再有饥馑之虞和经济不稳定之忧。在这一变革中，机器身兼二职——既当爹又当妈，但它同时也毁掉了许多美丽和令人愉悦的东西，这是谁都不敢否认的。在游客眼里，北斋①和歌麿②笔下的日本当然比日本标准汽油场和东京的煤气厂要有趣得多，这肯定是确凿无疑的。然而，北斋和歌麿早已作古仙逝，而东京的家庭主妇更愿意用煤气做饭，而不是用慢吞吞的木炭火，这就是答案。

白发苍苍、令人肃然起敬的火山富士山，自1707年以来，就没说过一句话。它俯瞰着以往孩子们给路边的神社献花的地方，那里如今到处都是香烟广告。庙园中的神鹿的脚，已经被漫不经心的野餐游客所扔的铁罐砸坏了。

然而，富士山知道——终有一天，这一切也会终结的。

---

① 葛饰北斋（1760—1849），日本画家、木刻家。
② 喜多川歌麿（1753—1806），日本浮世绘画家。

第二十四章　澳大利亚：天之养子

格陵兰岛几乎全部埋在几千英尺的冰雪之下。倘若把面积为47000平方英里的格陵兰岛移到大洋的中央，养活几百万人或许不成问题，然而，事实上该岛现在只养活了几千只北极熊和屈指可数、半饥半饱的因纽特人。不过，澳大利亚的自然环境却被大自然安排得比格陵兰岛还要糟。澳大利亚虽然有着大洲的正式名称，却没有万事万物有条不紊的大洲之实。

首先，澳大利亚的地理位置非常不利。100多年来，葡萄牙人、西班牙人和荷兰人一直对澳大利亚的存在持怀疑态度，尽管如此，他们还是尽了自己的最大努力去寻找。直到1642年，才出现了第一位亲眼看到这块近300万平方英里辽阔领土（你看，跟美利坚合众国一样大）的白人。这个人就是塔斯曼①，就是他把东印度公司的旗帜插到了澳大利亚的土地上。塔斯曼绕着澳大利亚大陆航行了一圈，宣布澳大利亚归尼德兰联邦所有。

---

① 塔斯曼（1603—1659），荷兰航海家。1644年勘察了澳大利亚北海岸。

然而，实际上，这次发现毫无意义可言，因为荷兰人对于这块荒凉的土地毫无兴趣，所以他们就听任所有权旁落了。1769年（也就是塔斯曼发现澳大利亚的125年以后），詹姆斯·库克被派往太平洋观察金星的运行轨迹，而此时阿姆斯特丹和伦敦的绘图员仍然不知道该把这块澳大利亚大陆定位在名为"太平洋"的浩瀚无边水域的什么位置。

第二，澳大利亚不仅地理位置不好，气候也十分恶劣。东部沿海地区和东南沿海地区相对好些，四个大城市阿德莱德、墨尔本、悉尼和布里斯班都在这个地区。北部沿海太潮湿，西部沿海太干燥，都让人感觉不适。换句话说，澳大利亚最适合人类居住的地方，也是与亚洲、欧洲和非洲大商路距离最远的地方。

第三，澳大利亚内陆全是沙漠，一滴雨也不下，地下水分布特别不利，系统灌溉总是困难重重。

第四，澳大利亚大陆边缘几乎都是高山，内陆就像一个大大的空碗，既然水都不会向高处流，所以澳大利亚没有真正意义上的河流。达令河就算是澳大利亚最大的河流了（1160英里长），它发源于昆士兰的崇山峻岭间，距太平洋的珊瑚海不远。达令河非但没有东流汇入太平洋，反而掉头西去流入因康特湾。不仅如此，它一年中的大部分时间（别忘了，当北半球为夏季的时候，南半球却是冬季，反之亦然）基本上就是一连串的小水塘，对于任何人都没有实际用处。

第五，澳大利亚的土著缺乏训练，无法承担白人农庄的杂务。

迄今为止，我们对这些不幸的澳大利亚土著来源依然知之甚少，就他们与其他人类的关系而言，他们就像住在其他星球上的外星人。澳大利亚土著独自发展，所以发展水平还停留在原始阶段。譬如，他们还不会盖房子，不会种植谷物，不会使用矛、箭和斧头。不过，像世界上其他民族曾有一度使用过回旋镖一样，澳大利亚土著也会使用回旋镖。可是，其他民族最终从回旋镖这一笨拙的原始武器，进化出剑、矛和弓，而澳大利亚的土著依然停留在人类的祖先刚刚学会不用双手支撑只用双脚走路的那个阶段。用最宽容的方式给他们归类，也只能把澳大利亚土著归入石器时代初期"狩猎者"一类。但是，与澳大利亚土著相比，石器时代的典型古人还是高明得多。

最后，显而易见，早在地球被那些植物和灌木（它们为我们人类的舒适和幸福作出了巨大的贡献）覆盖以前，这块可怜的大陆就已经自谋生路了。由于气候干燥，澳大利亚形成了特殊的植物群，这无疑令专业植物学家产生了浓厚兴趣。但是，这对于那些急吼吼地想从这方面或者那方面（哪方面都无所谓，只要没白辛苦就可以）获取丰厚回报的白人殖民者来说，意味着前途黯淡、微本薄利。虽然袋鼠草和滨藜是羊儿上好的美食，但常见的三齿稃多刺，连有硬腭的骆驼都无福消受。此外，尽管有些桉树能长到400英尺高，只有美国加利福尼亚的红杉才可以与之媲美，可是种桉树却发不了财。

1868年，澳大利亚确实不再是一个流放地了，农夫们急吼吼地踏上了这块希望之地，却发现所面对的是大量坚决拒绝驯服的活化石。这些奇特的史前动物在世界的其他地区早已绝迹，却凭借澳大利亚与世隔绝的地理位置，得以繁衍生息至今。澳大利亚根本没有亚洲、非洲和欧洲那样体形大、智力高的哺乳动物，但是澳大利亚这些四足动物并没有因此有所进化或者彻底灭绝，相反，由于根本就没有竞争对手，所以，澳大利亚的动物还保持着刚刚出现时的原始状态和水平。

我们对那种叫作"袋鼠"的奇特动物都非常熟悉。它属于有袋动物，腹部有袋，用来装幼崽，出生后尚未长大的幼崽就在这里发育成熟。第三纪时期，有袋目动物遍布整个地球，可是，现在美国只有一种有袋目动物——负鼠了，而澳大利亚却有许多。

澳大利亚还有另一种留存至今的史前动物，即所谓单孔目。这也是一种最低等的哺乳动物，这种生物的体内只有一个排泄口。澳大利亚最有名的单孔目动物就是奇形怪状的鸭嘴兽。这种动物约2英尺长，身上长着棕色的短毛，嘴巴像鸭子（幼兽还长牙齿呢），爪长还有蹼，雄兽的脚后跟还有一根毒刺。鸭嘴兽简直就是一个活生生的生物博物馆，把造物主在几百万年的进化和退化过程中创造和遗弃的一切都珍藏起来了。

而澳大利亚的其他动物，足以组成一个最惊人的珍奇动物博物馆：有羽毛像人的头发的鸟；有只能走却不会飞的鸟；有笑起来像豺狼的鸟；有雉鸡那么大的布谷鸟；有小鸡那么大的鸽子；有长着脚蹼的老鼠；有用尾巴爬树的老鼠；有用两条腿走路的蜥蜴；有既长着鳃又长着肺的鱼，它其实是鱼和两栖动物的混合体，早在鱼龙时代就已经出现了；有长得既像豺又像狼的野狗，它们可能或许是跟随从亚洲大陆过来的早期移民来到澳大利亚的杂种狗的后代。澳大利亚的所有动物都有怪异之处。

怪异的动物又岂止这些？澳大利亚还有各式各样独特的昆虫，它们比老虎和蛇更令人生畏。澳大利亚是跃行动物的天堂。所有的哺乳动物、鸟类和昆虫，比起飞翔和奔跑，都更喜欢跳跃。有一种蚂蚁，住在它们自己建造的摩天大楼里；还有一种蚂蚁，能吃掉铸铁门以外的任何东西。这种蚂蚁会分泌一种特别的酸性物质，把普通锡制盒子和铝制盒子氧化，然后打洞进去，优哉游哉地在盒子里面进行破坏活动。

澳大利亚还有一种苍蝇，把卵产在牛和羊的毛皮里。还有一种蚊子，使得人类根本无法在澳大利亚南部沼泽地区居住。还有一种蝗虫，能把人类数年来的劳动成果毁于一旦。还有一种扁虱，寄生在畜群身上，靠吸食牲畜的血生存。还有一种大冠鹦鹉，看起来那么美丽，那么无辜，可是一旦集群，就会造成可怕的破坏性后果，它们在澳大利亚一贯如此。

可是，在澳大利亚这些各种各样的灾害中，最大的灾害并不是澳大利亚的本土物种，而是欧洲的舶来品。我指的是"野兔先生"。这种动物在它原来经常出没的地方绝对不会产生什么危害，但在一块生物可以恣意繁殖的大陆的沙漠荒野上，就会泛滥成灾。1862年，英国殖民者从英国引进了第一批兔子，为的是狩猎。他们觉得丛林里的生活太枯燥乏味，打兔子可以打破乏味的生活，会是一项愉快的消遣活动。这些兔子中有少部分逃走了，并以众所周知的兔子的方式建起了自己的家园。惯于与大数字打交道的天文学家,曾经试图估算出澳大利亚野外游荡的兔子的数量。天文学家算出的结果是,澳大利亚约有40亿只兔子。按40只兔子所吃的草相当于一只羊所吃的草的比例来计算,那么40亿只兔子所吃的草相当于一亿只羊所吃的草。诸位读者,你自己得出结论了吧? 全澳大利亚都被这些啮齿动物毁坏了。为了防止兔子进一步吞噬西澳大利亚,所采取的措施就是修建起巨大的铁丝网,即中国式的防兔网。中国式的防兔网在地上,地下各有三英尺,防止这些害人的畜生从地下挖洞过去。然而,为了生存的需要,兔子不久就学会了跨越铁丝网,兔害猖獗依旧。人们又试着投毒,结果也是白费功夫。与世界其他地区不一样的是,澳大利亚本土没有兔子的天敌,而从外地引进的天敌又无法适应这块奇特的土地,很快就死掉了。尽管白人作出了各种各样的努力,兔子还是像麻雀一样快乐地繁衍。(麻雀正是欧洲的另一个舶来品,如今成了所有澳大利亚园艺爱好者的眼中钉肉中刺。)这些兔子的繁衍速度之快,就像霸王树①生长在贫瘠干旱的澳大利亚土地上如鱼得水一样,物种与环境一拍即合。

  尽管有这么多令人望而生畏的艰难险阻,澳大利亚移民还是成功地把澳大利亚发展成世界上最重要的羊毛出产国。如今的澳大利亚有近8000万只绵羊,贡献了我们所消费的羊毛总产量的1/4,羊毛出口占全国总出口额的2/5。

  澳大利亚大陆要比欧洲大陆古老得多,自然拥有各种各样丰富

---

① 一种多刺的仙人掌,果实为梨形。

的自然资源。19世纪50年代早期出现了一股淘金热，澳大利亚金矿吸引了世人的眼球。此后，人们还找到了铅矿、铜矿、锡矿、铁矿和煤矿，但没有发现石油。人们发现了钻石，但数量稀少。而另一方面，却发现了大量的半宝石，如蓝宝石和猫眼石。但是，资金匮乏和交

澳大利亚的发现

海底采珠人

通不便阻碍了对这些宝藏的全面开采,不过,只要澳大利亚最终从长期财政管理混乱中摆脱出来走入正轨,跻身于有偿付能力的国家行列,届时,这一问题就会迎刃而解。

同时,澳大利亚还享有最难开发的大陆的名声,排名仅次于非洲。到19世纪初,人们对澳大利亚的三个主要组成部分非常熟悉了。澳大利亚的西部是高地,平均海拔为2000英尺,有些高地高达3000英尺。这也是金矿的储藏区,可是没有海港,只有一个叫珀斯的城市多少还算重要。第二部分是东部高地,最高峰是古老的科修斯科山,历经长期的风吹雨打,海拔仅有7000英尺。东部有良港,所以第一批殖民者到达的就是这里。

在这两块高地中间，有一块广阔无垠的平原，这块平原的海拔不超过600英尺，而艾尔湖地区实际上在海平面以下。两条山脉把这块平原一分为二，西面是弗林德斯山脉，东面是北接昆士兰山区的格雷山脉。

说到澳大利亚的政治发展，虽然算不上特别成功，但还算得上平稳。根据18世纪后半叶英国的法律，来到此地的第一批英国移民被视为"罪犯"，其实他们所犯的罪行不大，譬如因为贫穷或者不幸，偷了一块面包或者几只苹果。澳大利亚第一个流放地叫作植物学湾，为什么叫植物学湾呢？是因为发现这个湾的库克船长到达时，各种各样的小花都在盛开。这块殖民地就叫新南威尔士，首府在悉尼。塔斯马尼亚岛是新南威尔士的一部分，1803年变成了流放地，犯人被集中在现在的霍巴特城附近。1825年，昆士兰州建立了首府布里斯班市。30年代，一个位于植物学湾前沿的移民点，即以墨尔本勋爵的名字命名的菲利普港，成了维多利亚州的首府。南澳大利亚的首府阿德莱德也是那个时期建立的，而西澳大利亚的首府珀斯，在19世纪50年代早期淘金大潮兴起之前，还只是一个不起眼的小村子。至于北部地区，则由联邦管理。北部地区的面积虽然有50万平方公里，但居民却只有5000人，其中有2000人都住在帝汶海边的达尔文市。达尔文市是世界上最好的天然良港之一，却一点商业气氛也没有。

1901年，这六个州组成了澳大利亚联邦，总人口600万，其中3/4住在东部。7年以后，他们决定在悉尼西南150英里处建一座新都,那里距离澳大利亚境内最高峰科修斯科山不远,定名为堪培拉。

1927年,政府迁往新都,可是,要使国家从目前的困境中解脱出来,新联邦议会还要深思熟虑。首先,自第一次世界大战以来,工党政府就一直大权在握,该政府曾铺张浪费,挥霍无度,致使新联邦政府再也无法从欧洲的放贷人那里获得贷款。最近取代了工党的新政府能否在不作出重大让步的情况下,克服财政上的困难,这一点令人怀疑。其次,澳大利亚人口十分稀少,问题严重。塔斯马尼亚和新威尔士的人口密度只有8人/每平方公里,维多利亚只有20人/每平方公里,昆士兰和南澳大利亚只有1人/每平方公里,西澳大利亚仅有0.5人/每平方公里。这些世界上最无能、最不认真的工人,他们满脑子都是工会的事,倘若把他们去运动、去赛马的公共假期取消了,他们就不能活了。

那么,谁来做必要的工作,来维持国家的运转呢?

意大利人倒是愿意来,可澳大利亚人不欢迎。在英联邦中占主导地位的中产阶级,提出了一个口号:"澳大利亚人治理澳大利亚",这意味着把所有非白人和非中产阶级严格排除在外。勤劳的意大利人也在排除之列,所以不鼓励他们跨越托雷斯海峡。日本人和中国人是黄皮肤,所以无疑也在被排除之列。波利尼西亚人、马来西亚人和爪哇人是巧克力色皮肤,所以不能容忍。我还是要补充说,我没有答案。然而,一面是澳大利亚300万平方公里的土地人迹罕至,一面是世界其他地区令人绝望的人口过剩,事实会给出恰当的答案。

第二十五章　非洲大陆：莫衷一是

与澳大利亚一样，非洲也是一块古老大陆的残余，而在很久很久以前，这块大陆的大部分已经消失在波涛汹涌的海底了。甚至在相对较近的地质时期，非洲与欧洲还是连接在一起的。从地理学意义上说，阿拉伯半岛不过是撒哈拉的延续，而非洲、亚洲和大洋洲的所有动物群和植物群，都可以在马达加斯加岛找到踪迹。这些似乎可以证明，早在地球刚刚出现的时候，亚洲、非洲和大洋洲这三块大陆是连接在一起的。

这个问题十分复杂，所以，我们要在找到足够的数据证据之后才能说"是这样，不是那样"。同时，提及这些理论也不是坏事。这些理论告诉我们：我们所生活的这个地球的表面是不断变化着的——从古到今，万事万物都在变化。假设在100万年以后，我们的子孙看到我们现在的地图（假设他们早已飞到更大的行星上去了，却还对我们这个好玩的小星球感兴趣的话），会露出一种难以掩饰的惊讶神情，正如我们面对第三纪或者志留纪时代的假想地图时自问的那样："以前是这个样子吗？"

在这块古老的大陆上，自所谓"有史以来"从未发生任何变化，并且最终保存下来的有两部分，一部分是赤道以北的一大块方形土地，一部分是赤道以南的一小块三角形土地。但不论是方形的还是三角形的，这两块土地都有地理上的缺陷：都是周围高，中间低，像个大碟子。这样的地理环境，就像澳大利亚一样，总体来说，对于任何一个国家都是不利的。碟子高高的边缘阻挡了海风，海风无法进入内陆，所以内陆很容易沙漠化。不仅如此，内陆也因此失去了通往大海的自然通道。因为非洲的河流要奔流入海，就必须在内陆左奔右突，穿过一系列的山脉。这意味着在最不缺乏水资源的地方，人们却不得不身受瀑布和险滩之害。这意味着船只无法经由这些河流通达内陆。这意味着要等到人工码头和绕过瀑布的铁路建成以后，非洲的贸易活动才能开展。一句话，这意味着与世隔绝。

在我们大多数人的心目中，非洲只不过是一块"黑色大陆"而已，通常会令人联想到热带森林和黑人。其实，非洲大陆的面积虽然有1130万平方英里之大（也就是欧洲的三倍），但其中的1/3都是沙漠，百无一用。非洲的人口总数为1.4亿，可以分为三个种族：黑色皮肤的黑人、闪米特人和含米特人，肤色由黑巧克力色到抛光了的象牙白不等。

不过，黑人自然比他们的浅肤色邻居更能吸引我们的眼球。这不仅仅是因为我们觉得黑人给我们留下的印象有些奇特，更因为西方人的祖先把他们当作一种廉价而驯服的劳动力，将他们贩卖到世

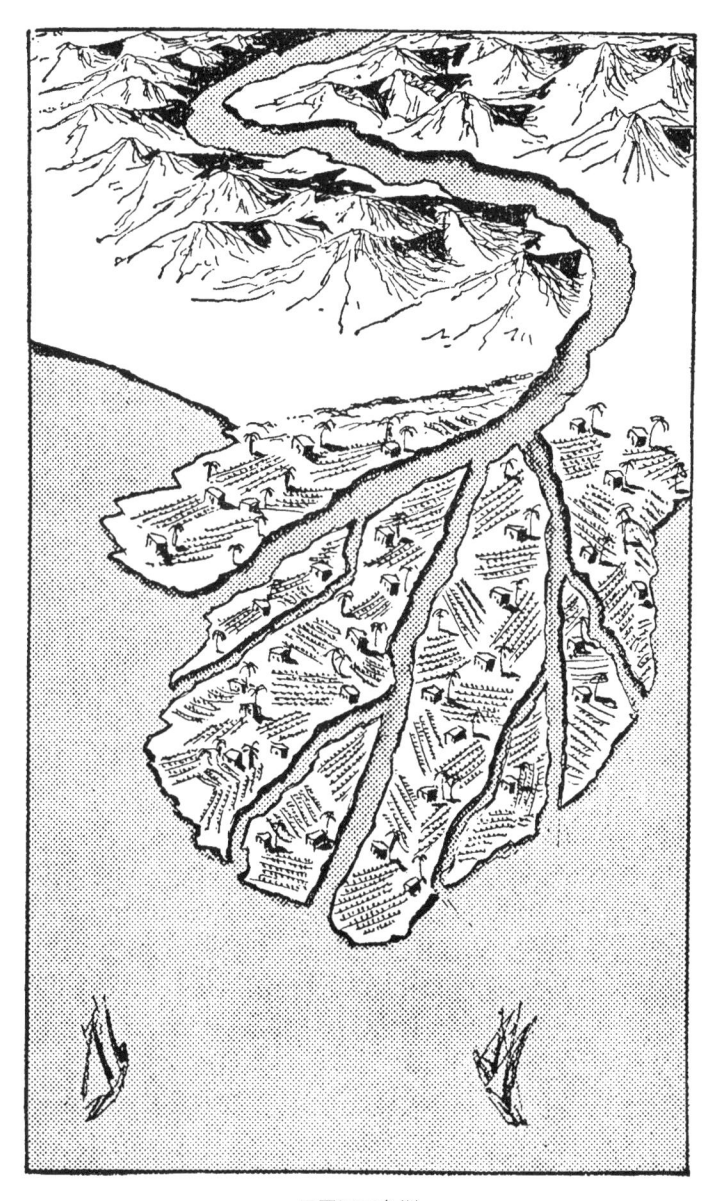

尼罗河三角洲

界各地，想到他们所犯的这个可耻的错误，总是令人羞愧难当。因为黑奴制度让黑人和白人都蒙受了深重的苦难。稍后，我们还会回到这个话题上来，现在先说说黑奴制度出现以前的非洲。

希腊人对居住在尼罗河流域的埃及人和含米特人都非常熟悉。含米特人很早就占据了北非，把北非原来的居民——那些肤色比他们黑的人赶到了南方，即苏丹所在的方向，同时把地中海北岸完全据为己有。"含米特人"是一个非常含糊的概念，是雅利安人、少数黑人血统的闪米特人以及那些早在这些入侵者入侵之前就存在的许多古老民族的混血人种，不像瑞典人和中国人那样具有典型的特征。

在进入非洲之前，含米特人可能还是游牧民族，后来，他们分散到尼罗河流域，西至大西洋海岸，南到埃塞俄比亚。阿特拉斯山脉的柏柏尔人是纯正的含米特人，或者说是含米特人中血统最纯正的，几支撒哈拉游牧民族都带有含米特人的血统。另一方面，现在埃塞俄比亚人已经完全与闪米特人融合，失去了许多含米特人的特征。与此同时，那些在尼罗河流域种地的矮小农民，尽管也有含米特人血统，但由于几千年来与其他种族通婚，已经看不出什么含米特民族的特征了。

我们通常会依据语言来区分不同的民族。可是在北非，语言在这方面的用处却是微乎其微。北非有只说含米特语的闪米特人部落，也有只说阿拉伯语的含米特人部落，而唯一把古代含米特语保留下来的民族却是古埃及的基督徒科普特人。显而易见，希腊人和罗马人与我们一样，也感到一头雾水。他们解决这个问题的办法，就是把生活在那片狭长的森林地带的人，统统称为"埃塞俄比亚人"或者"黑脸"。希腊人和罗马人对含米特人建造的金字塔和斯芬克斯像黑人似的厚厚的嘴唇（也可能是含米特人式的嘴唇呢，去问问教授吧！）惊叹不已，对含米特农民在长期苦难中所表现出来的耐受力赞叹不已，对含米特数学家所表现出的智慧以及物理学家所展现出的学识心仪不已，可希腊人和罗马人似乎却从未费心去追问含米特人的来历，他们索性把含米特人称为埃塞俄比亚人。

给你一个警告！要是你到了北非，不要因为当地人的肤色大多黝黑，便把他们一律称为"黑人"。他们可能会因此而迁怒于你，而他们中的一些人可是北非最骁勇善战的斗士。他们体内流淌着古埃及武士的血，而古埃及武士曾经征服了整个西亚。他们甚至可能是具有闪米特人血统的迦太基人的后裔，而迦太基人曾经差一点就夺取了地中海的统治权。他们可能是不久以前征服了整个南欧的阿拉伯人的子孙。他们或许是那些阿尔及利亚酋长的后代，当法国企图征服阿尔及利亚，当意大利企图在突尼斯寻找立足点的时候，这些酋长曾经率众与侵略者进行过殊死抗争。虽然他们的头发有些弯曲，但你还是要当心，不要忘却1896年正是这些长着毛茸茸头发的埃塞俄比亚人把白皮肤的意大利人扔进了红海。

欧洲人成功地跨过地中海之后，最先遇到的人就是含米特人，他们的情况我就先说到这里。至于闪米特人，我还要多说几句。当年，汉尼拔把驯化了的大象带进了波河平原，欧洲人与闪米特人开始有了痛苦的接触。而在消灭了迦太基人，通往非洲的路畅通无阻以后，

279

欧洲却反倒没有几个人想趁机去探究那片被罗马人称为努米底亚的大沙漠了，这不免让人感到奇怪。

在所有的帝王中，真正对非洲探险感兴趣的是尼禄①，很显然，他派出的探险队，最远到达过法绍达村，也就是这个村庄，在30年前差一点成了英法战争的导火索。而尼禄的尼罗河探险也不是白人探险历史中走得最远的。现在看来，可能在尼禄之前的数百年，迦太基人就穿过了撒哈拉沙漠，到达过几内亚湾。但由于迦太基已经灭亡，与中非有关的所有资料都遗失了。即便是最无畏的探险者，也会在撒哈拉沙漠这个天然屏障面前胆战心惊。他们自然可以沿着海岸线前进，可是，海岸线上连半个港口都没有，所以，淡水补给就成了一个几乎无法克服的困难。欧洲拥有两万英里的海岸线，而非洲的面积虽然是欧洲的三倍，海岸线却只有16000英里。这样一来，不论想在非洲沿海的哪个地方登陆，航海者都不得不在距陆地几英里的海上抛锚，然后改乘小艇上岸，这个过程既不舒适又不安全，所以愿意尝试的人寥寥无几。

所以，我们对于非洲地理的情况，是直到19世纪初，才真正有了初步的了解。但就是这些信息也是偶然获得的。作为非洲西海岸的首批探险者，葡萄牙人对于这块土地上赤身裸体的黑人一点兴趣也没有，他们是在前往印度的途中得到这些信息的。葡萄牙人要去印度和中国，就必须绕过南方的这个巨大障碍，于是，他们就像盲人摸索着要走出一个黑屋子似的，沿着非洲海岸线小心翼翼地前进。

---

① 尼禄（37—68），古罗马皇帝，公元54—68年在位，以昏庸暴戾而闻名。

就这样，葡萄牙人在没有任何思想准备的情况下，意外地撞上了亚速尔群岛、加那利群岛和佛得角群岛。他们终于于1471年到达了赤道。1488年，迪亚士①发现了风暴角，现在叫好望角，或者就简称为角。1498年，达·伽马绕过好望角，发现了从欧洲到印度的最短航线。

此后，非洲再一次淡出了人们的视野。它只是航海的一个障碍。非洲的气候不是酷热干燥，就是酷热潮湿。非洲的居民都是野蛮人。16、17世纪，那些开往东方的船，对非洲也唯恐避之不及，船员们认为非洲是一块糟糕的土地。每当坏血病流行，船员大批死亡时，他们才不得不停靠在亚速尔群岛、阿森松岛和圣赫勒拿岛，买点新鲜蔬菜。要不是因为那第一个来自新大陆②的慈悲牧师，可怜的非洲人还会在这片广阔无垠的土地上一如既往平静地生活下去。

拉斯卡萨斯③的父亲曾经跟随哥伦布首航美洲。作为对他的酬劳，他的儿子被任命为墨西哥恰帕斯州的主教，还得到了这块土地以及这块土地上的印第安居民。换句话说，他变成了一个与众人无异的奴隶主。当时，每个生活在新大陆的西班牙人都拥有一定数量的奴隶。奴隶制度是一个罪恶的制度，可是，与许许多多糟糕的制度一样，法不责众，所以得到了社会的认可。而有一天，拉斯卡萨斯忽然清醒了，顿悟出奴隶制度有多罪恶，对于这块土地原来的主

---

① 迪亚士（约1450—1500），葡萄牙航海家。
② 指美洲。
③ 巴托洛梅·德·拉斯卡萨斯（1474—1566），西班牙传教士、历史学家。

人有多么不公平，他们被迫在矿上干各种各样的活，而他们原来是自由身的时候，是绝对不会干这些活的。

他为此回到了西班牙，想采取一些措施改变现状。当时伊莎贝拉女王的忏悔牧师希门尼斯主教大权在握，对他的想法表示认可，还任命他为"印第安人的保护人"，派遣他返回美洲写一份调查报告。待到拉斯卡萨斯回到墨西哥，却发现他的上司对待这一问题十分冷漠。为基督徒所役使的印第安人俯首帖耳，就像地里的牲口、空中的鸟和大海里的鱼一样①。倘若要做的这件事会动摇新大陆的经济基础，同时严重损害自己的经济利益的话，又何苦节外生枝呢？

印第安人宁死不屈，不愿做奴隶，这一点在海地得到了证实。在不到15年的时间里，海地的印第安人就从100万锐减到6万。而非洲的黑人对于做奴隶似乎并不在意。不过，鉴于上述种种，严肃认真地完成上帝所赋予使命的拉斯卡萨斯有了一个奇思妙想。1516年（新大陆历史上悲惨的一年），拉斯卡萨斯公布了一个旨在彻底解放印第安人的著名人道主义方案，即允许每个在新西班牙居住的西班牙人从非洲进口12个黑人为奴，允许原来为奴的印第安人回到白人移民挑剩下的农场。

可怜的拉斯卡萨斯因为享年之日甚长，所以得以认识到自己造成的恶果。作为一个正直的人，他羞愧难当，所以到海地的一个修

---

① 指《圣经·旧约·创世记》第1章第28节的相关内容："上帝就赐福给他们。又对他们说，要生养众多，遍满地面。也要管海里的鱼、空中的鸟和地上各种活动的活物。"

道院中隐居起来。后来，他又回到了政治生活之中，要为不幸的黑人而战斗，但没有人理睬他。1556年他去世时，正在实施的各色新计划把印第安人牢牢地束缚在土地上，与此同时，非洲的贩奴贸易正在如火如荼地进行。

长达300年的贩奴贸易，对于非洲来说意味着什么，我们只能从流传下来的屈指可数的几个可靠数据中推测一二。其实，抓捕黑人的人并不是白人，而是阿拉伯人。由于整个北非地区都皈依了伊斯兰教，所以阿拉伯人可以在北非地区来去自由，渐渐独揽了这桩生意。1434年，他们还只是偶尔把抓获的黑奴整船卖给葡萄牙人，但直到1517年，贩奴的数量和利润才大了起来，成为巨额暴利买卖。查理五世（他是著名的哈布斯堡家族的成员）赐予一个佛兰芒朋友一项特权，准允他每年向海地、古巴和波多黎各输送4000个非洲黑奴。这个佛兰芒人立刻就把这项特权以2.5万金币的价格转卖给了一个热那亚投机商，那个热那亚投机商又把这项特权卖给了一个葡萄牙团伙，这个团伙跑到非洲，与阿拉伯人挂上了钩。这些阿拉伯人偷袭了许多苏丹部落，凑足了一万个黑奴（因为要预先把在航行途中死去的大量黑奴算进去），把他们塞进了空气污浊的船舱，运到了大洋彼岸。

这个一夜暴富的消息立刻不胫而走，广为流传。罗马教皇的敕令把全世界分为两个部分，一部分归西班牙，一部分归葡萄牙。这样一来，西班牙人就不能直接前往"奴隶海岸"做贩奴生意了，而实际上葡萄牙人就把贩奴贸易垄断了。后来，葡萄牙被英国和荷兰打败，英国和荷兰这两个基督教国家旋即独吞了这桩贸易，他们源源不断地向世界各地运送"黑色象牙"（这是布里斯托尔和伦敦的商人对黑奴的谑称），直到1807年为止。当年议会通过了一项法案，规定贩奴是严重犯罪，要处以罚款和流放。然而，从1517年到1807年这段漫长的岁月里，奴隶走私就一直没有停止过，甚至在1807年以后，尽管有英国军舰的盘查，奴隶走私仍然持续了30年。19世纪60年代早期，当所有的欧美国家完全彻底地废除了奴隶制度（各国废除奴隶制的时间不尽相同，阿根廷是在1813年，墨西哥是在1829年，美国是在1863年，巴西是在1888年）以后，奴隶走私才真正终止。

在欧洲的统治者和政客眼里，贩奴贸易是何等重要啊！他们为了本国的利益，作出了诸多努力，争夺贩奴的垄断权。仅仅因为西班牙拒绝跟几个英国商人续签贩奴合同，英国人就与西班牙大动干戈，不惜引发一场战争；著名的《乌得勒支和平条约》中就有一条，明确规定荷兰将西印度贩奴的垄断权转让给英国。荷兰也不甘示弱，虽然他们早在1620年就把第一批黑奴运到了弗吉尼亚，他们在威廉和玛丽当政期间还急吼吼地通过了一项法案，向全世界开放本国殖民地的贩奴贸易。其实，尽管荷兰西印度公司由于自身可耻的疏忽失去了新阿姆斯特丹，却凭借在贩奴贸易中所牟取的暴利，摆脱了破产的结局。

由于贩奴商人通常不是从科学研究的角度来看待黑奴的，所以，我们所掌握的数据真是少得不能再少，而就是这么一点点数据，也足以让我们目瞪口呆。法国红衣主教、迦太基地区的大主教、有名的白衣传教会（这是一个传教士组织，该组织的成员曾经在北非做过不少善事）的创始人拉维热里，他对非洲事务非常熟悉，根据他的统计，非洲每年因贩奴贸易而损失的人口最少也有200万，这其中包括在上船之前的艰难行程中就已经丧生的人，以及那些由于年幼体弱、没有任何价值而被扔掉喂野兽的人，还有那些实际上被运到了其他国家的人。

通往奴隶海岸的路上

另外一位同样非常称职的法官利文斯顿则认为，每年被贩运的黑奴（除却那些中途被遗弃致死的人）的实际数量是35万，其中仅有7万能够到达大洋彼岸。

从1700年到1786年期间，往牙买加输送的黑奴至少有60万之多；而与此同时，仅英国两家小型贩奴公司就把200万黑奴从非洲运到了西印度群岛。在18世纪末期，利物浦、伦敦和布里斯托尔的200

多艘船只，定期往返于几内亚湾和新大陆之间，可运载47000个黑奴。1791年，由贵格会教徒和反蓄奴主义者发起了一场反对贩奴暴行的运动，当时沿贝宁湾对贩奴据点进行的调查显示：英国因装备精良，所以占据了贩奴贸易的一半市场，拥有贩奴据点14个，另外4个国家瓜分了另一半市场，其中荷兰拥有贩奴据点15个，丹麦4个，葡萄牙4个，法国3个。

此前，我们对非洲大陆发生的这些骇人听闻的罪行知之甚少，直到很久以后，英国政府要对此斩草除根，派人到非洲大陆搜查还在继续犯罪的人时，才发现主犯还包括当地土著部落的酋长。这些酋长随心所欲地出卖自己的族人，就像18世纪时德国当政的统治者一样。当时的德国统治者把本国招募的新兵卖给英国人，去镇压弗吉尼亚和马萨诸塞的小型叛乱活动。不过，贩奴贸易的组织工作一直掌握在阿拉伯人手里，这一点很奇怪，因为《古兰经》是坚决反对这种行径的，而在对待奴隶的态度上，穆斯林的教义也比基督教的法令宽容得多。根据白人的法律规定，一个女奴与她的男主人所生的孩子还是奴隶，但是根据《古兰经》的教义，这样的孩子可以随父亲，所以可以被当作自由人对待。

后来，万恶的比利时国王利奥波德要对他老人家的租界刚果进行矿藏开发，需要廉价的劳动力，使得贩奴贸易在葡萄牙的殖民地安哥拉与刚果之间暂时复苏了。值得庆幸的是，这个可恶的老头（一个中世纪的无赖，竟端坐在一个现代民主国家立宪君主的王位上，这样自相矛盾的现象竟然存在了那么长时间，真是不可思议）死掉的时候，刚果自由邦已经由比利时接管，这也意味着，靠买卖奴隶牟取暴利的贸易终于结束了。

白人与黑人的关系一开始就糟得不能再糟了，而后来的关系也没有好到哪里去。个中缘由，让我尽量用最简明的几句话来说明。

在亚洲，白人所面对的民族，有些文明程度与白人一样，有些文明程度比白人还要高。这意味着他们具有反击能力，白人必须小心翼翼，否则会自食其果。19世纪50年代印度的大兵变①，20年前差点把荷兰在爪哇的统治推翻的可怕的蒂博·尼哥罗起义②，日本人的排外运动，不久前中国爆发的义和团运动，印度目前的不稳定状态③，日本公开蔑视欧美各国反对筹建"满洲国"的企图，等等，这些都是白人应该吸取的教训。

在澳大利亚，白人所面对的是可怜、愚昧的石器时代的早期的遗民，白人昧着良心随心所欲地残杀他们，就像残杀偷吃他羊群的野狗一样。

白人到达美洲的时候，美洲大部分地区实际上还都荒无人烟，人口主要集中在中美洲高原地区和安第斯山脉的西北部（墨西哥和秘鲁），在那里生活更有益于健康，而其他地区差不多就是人迹罕至。

---

① 1857年，驻扎在印度的英军中的印度籍士兵为了反对英国的统治，发动兵变，占领了德里。在英兵的镇压下，兵变于第二年被平息。

② 1825年至1830年，爪哇人民反对荷兰殖民者的大起义。义军解放了中爪哇的大部分地区以及东爪哇的部分地区，宣布成立了爪哇伊斯兰王国，后义军被分化，领导人被骗捕，起义失败。

③ 指20世纪二三十年代印度圣雄甘地领导的反对英国殖民统治的不合作运动。

游牧民族本来就寥寥无几，白人不费吹灰之力就把他们赶走了，疾病和退化又消灭了剩下的人。

而非洲的情况却截然相反，奴隶制、疾病、陷阱、非人的待遇，都没有使非洲人灭绝。白人在清晨所毁灭的一切，到了夜晚就会复原。而白人还是继续搜刮黑人的财富，于是酿成了世间罕见的血腥大屠杀。这场较量今天还在继续，这是一场白人的枪支弹药与黑人旺盛的繁殖力之间的较量。

让我们看着地图，给你讲讲非洲目前的概况。

非洲大体可以分为七个部分，我会对这七个部分逐一进行介绍。我们从左上角（即西北部）开始谈起吧。这就是臭名昭著的巴巴利海岸，我们的祖先从北欧到意大利和地中海东部地区的港口，都要途经这个令他们闻风丧胆的地方——可怕的巴巴利海盗的地盘。一旦落入海盗之手，就要做好多年的奴隶，等家里人凑足了赎金，才能把可怜的亲人接回去。

非洲西北地区到处都是山，而且还是高山。这些崇山峻岭沟壑纵横，处处可以设埋伏，匪帮来无影去无踪，谁也没奈何。这就是该地区发展停滞不前，至今尚未被白人征服的原因。

飞机和射程较远的大炮在非洲西北地区没有多少用武之地，就在几年以前，西班牙人就多次吃了里夫人①的败仗。美国人的祖先对此心知肚明，所以宁可年年向统治非洲西北地区的苏丹们进贡，也

---

① 指居住在北非里夫山区的柏柏尔人。

不拿本国的海军和名誉冒险，到不准白人涉足的港口去远征。美国在阿尔及尔和突尼斯都设立了特别领事，负责被俘同胞的救赎工作。美国还对宗教组织给予资助，就是为了照管那些不幸落入摩尔人手里的水手。

从政治角度而言，非洲大陆西北角虽然被分为四个独立部分，但这四个部分却统统听命于巴黎。法国对这个地区渗透和占领的过程，从1830年就开始了。战争爆发的直接导火索是一个普普通通的苍蝇拍，但真正起因却是地中海西北地区众所周知、由来已久的海盗丑闻。

在维也纳会议上，欧洲列强曾经达成共识——"必须采取措施"消灭地中海的海盗。但是由哪个国家来完成这项任务，大家就各执一词了。哪个国家出面，哪个国家就会占据一些领土，而这样一来，对于其余国家来说就不公正。这是所有外交会议上的老生常谈。

恰恰就在这个时候，有两个阿尔及利亚的犹太人（几百年来，北非一切事物都掌握在犹太人手中）向当时的法国政府索赔粮食，那是他们早在拿破仑时代以前为法国政府所提供的，而欧洲与美洲的大臣早已见惯了这类陈芝麻烂谷子，这是在过去的两个世纪中常常引起误会的原因。假如国家也能像个人那样及时付清账单的话，我们可以肯定老百姓会幸福得多、安全得多。

在为这一小笔粮食欠款谈判的过程中，有一天，阿尔及尔代[①]勃然大怒，用苍蝇拍打了法国领事。而法国随即封锁了阿尔及尔并向

[①] "代"是1671年至1830年间的阿尔及尔和过去的突尼斯、的黎波里的统治者的头衔。

阿尔及尔开火（这类事故也许纯属偶然，但如果附近有军舰的话，这类事故就在所难免）。一支法国远征军跨过地中海，并于1830年7月5日攻入阿尔及尔，阿尔及尔代成了阶下囚，随即被流放，而战火却愈演愈烈。

阿尔及尔山民得到了一个自己的领袖，一个名叫阿卜杜·卡迪尔的人。阿卜杜·卡迪尔是个虔诚的穆斯林，智慧过人，勇气出众。他率领阿尔及尔人民抗击法国侵略者达15年之久，直到1847年才被迫投降。此前，法国人曾允诺，如果他肯放下武器，便准许他留在祖国，但他投降以后，法国人却背信弃义，把他押到了法国。不过，拿破仑三世还是释放了他，条件是他永远也不再破坏祖国的和平。就这样，阿卜杜·卡迪尔隐居在大马士革，他的余生是在哲学的苦思冥想和虔诚的善举中度过的。1883年，他在大马士革去世。

阿尔及利亚人的最后一次起义，早在阿卜杜·卡迪尔辞世很久以前，就被镇压下去了。现在的阿尔及利亚只是法国的一个省。阿尔及利亚人有权推选自己的代表，有权在巴黎议会上维护自身的权益。阿尔及利亚青年可以荣幸地成为法国军队的士兵，但并不是本人想参军就能参军。不过，从经济角度而言，法国确实为改善阿尔及利亚新臣民的生活条件，做了大量出色的工作。

阿特拉斯山脉与大海之间有一个名叫特尔的平原，盛产粮食。闪特高原本是一个牧业区，因大量的小盐湖而得名，越来越多的山坡被人们用来种植葡萄，酿制葡萄酒。与此同时，人们还兴修了大型水利灌溉工程，以满足欧洲市场对热带水果日益增长的需求。人们还发现了铁矿和铜矿资源，修建了铁路，把矿区与地中海的三个主要港口阿尔及尔、奥兰和比塞大连接起来。

阿尔及利亚省的东面紧挨着突尼斯。突尼斯虽然名义上是一个独立的国家，有自己的国王，但实际上从1881年起，就是法国的保护国了。可是因为法国没有过剩人口，所以意大利人在突尼斯移民中占的比例很大。意大利移民与犹太移民竞争得很激烈，也很艰难。几百年以前，当突尼斯还是土耳其的领地时，犹太人就已经来定居了，因为与在基督教统治的国家相比，犹太人在突尼斯有更多的生存空间。

除了首都突尼斯以外，突尼斯最重要的城市就是斯法克斯市了。在2000多年以前，突尼斯是卡尔特－哈德谢特，即罗马人所说的迦太基的一部分，所以当年突尼斯这块地方比现在重要得多。当年那个曾经可以容纳220艘船只的港口，今天依然依稀可辨。不过，罗马人一旦下决心做什么，就会把事情做绝，所以突尼斯留下的遗迹也就寥寥无几了。罗马人对迦太基人有切齿之恨（自然是由于恐惧和妒忌），所以他们于公元前146年终于攻占了迦太基城以后，便纵火焚城，把整个城市夷为平地，一幢房子也没有留下。现在迦太基地下16英尺处的废墟，就是一个一度拥有近百万人口的大城市啊！

位于非洲西北角的那个国家的正式名称是独立的摩洛哥苏丹国。今天的摩洛哥依旧由一位苏丹来统治，不过，自1912年以来，他也成了法国的傀儡，苏丹的地位一直是无足轻重。为了安全起见，苏丹总是在南边的首都摩洛哥和北部的圣城菲斯之间穿梭。居住在小阿特拉斯山的卡拜尔人固守田园，才懒得去管他们远方的陛下呢。近在咫尺的山脉却凶险处处，山谷里的居民从来都不肯耕耘播种，反正收成最终会被偷得一干二净。

若是谈到反对法国对这些非洲地区的统治，你可以列举出不少理由，但若是谈到公路的安全问题，法国人确实是创造了奇迹的。法国人把政府中心迁到了大西洋沿岸的港口城市拉巴特，这样一来，在需要的时候，法国海军就可以助一臂之力了。大西洋的另一个港口城市是位于拉巴特以南几百英里处的阿加迪尔，在第一次世界大战爆发的前四年，阿加迪尔出人意料地吸引了人们的眼球。当时，德国人向阿加迪尔派遣了一艘炮舰，提醒法国人不要把摩洛哥变成第二个阿尔及尔。就是这一意外的事件，在很大程度上引发了1914年的那场灾难性的战争。

直布罗陀正对面的摩洛哥的一个小小的角落，是西班牙人的殖民地，是法国人占领摩洛哥以后，作为和解的礼物送给西班牙的。最近，休达和梅利利亚这两个城市被报纸报道屡屡提及，才为人所知。据报道，士气不振的西班牙军队在与当地的所谓里夫－卡拜尔人的交战中败北，吃尽了苦头。

丹吉尔市位于里夫山脉的西面，是一座国际性城市。18、19世纪时，苏丹不愿意让欧洲各国的大使住在自己的皇宫附近，于是选择丹吉尔作为他们的新驻地。

这块崇山峻岭的三角区的前景不再扑朔迷离了。再过50年，整个地区都将归法国人所有，包括我们将要讨论的非洲第二个自然区划——那片广阔的褐色沙漠，阿拉伯人所说的"阿撒哈拉"，现代地图上的撒哈拉大沙漠。

撒哈拉沙漠的面积与欧洲相当，占据了从大西洋到红海的整个地区，还延展到了阿拉伯半岛。在撒哈拉的北部，除了与阿特拉斯三角地区的摩洛哥、阿尔及尔和突尼斯相接外，还以地中海为边界，南面以苏丹为界。撒哈拉是个高原，却不是一个特别高的高原，大部分地区海拔都仅有1200英尺，到处都是被风沙侵蚀的古老山脉的残迹。撒哈拉还有相当数量的沙漠绿洲，依靠这些绿洲的地下水，少数节俭的阿拉伯人的日子还勉强过得去。撒哈拉沙漠的人口密度

沙漠绿洲

是每平方英里0.04人，这意味着撒哈拉沙漠几乎荒无人烟。撒哈拉沙漠的游牧部落中最著名的部落之一是柏柏尔人，他们都是英勇善战的战士。此外，撒哈拉沙漠上的其他居民是闪米特人（或者叫阿拉伯人）、含米特人（或者叫埃及人）和苏丹黑人的混血民族。

法国的外籍军团负责到撒哈拉沙漠旅游的游客的安全，他们的工作完成得很出色。这些法国外籍军团的士兵（顺便说一句，他们从未获准踏上过法国本土）有时或许有些粗鲁，但他们手头处理的问题也很棘手。这么少的人手，要维护跟欧洲一样大的地区的治安秩序，神仙都难以办到。所以嘛，如果我们听信那些传闻的话，就没有几个神仙敢应征入伍啦！马达驱动的带牵引机的货车已经取代了臭烘烘的骆驼，古老的商道正在逐渐失去其重要性。对于长途运输来说，用汽车运输不仅成本降低了，而且更加安全可靠。昔日成千上万峰骆驼给撒哈拉西部居民运送食盐，齐聚廷巴克图的盛况，已经一去不复返了。

在1911年以前，撒哈拉沙漠与地中海相接的那一带一直由当地的帕夏统治着，帕夏又奉土耳其苏丹为自己的君主。同年，法国人企图占领摩洛哥，同时又不想与德国有战事纷争。意大利人闻听此讯，忽然灵机一动，想到了利比亚（的黎波里的拉丁名称）这个一度曾经繁荣无比的罗马帝国的殖民地。于是，意大利人跨过地中海，占据了这块40万平方公里的非洲土地，升起了意大利国旗，末了，还彬彬有礼地问全世界有什么意见。因为没有哪个国家对的黎波里（这里只有沙漠，却没有铁和石油）特别感兴趣，所以就任由恺撒的后裔占有了这块新殖民地。目前，他们正在忙着修建公路，想种些棉花，为伦巴第的工厂提供生产原料。

利比亚的东面是埃及，意大利艰难的殖民实验到此为止。埃及的繁荣在很大程度上得益于它所处的地理位置。其实，埃及像一座岛屿，东部以地中海为边界，西部被利比亚沙漠隔断，南部有努比亚护卫，北部以红海为屏障。其实，真正的埃及，历史中的埃及，法老的古老领地，古代艺术、知识和科学的巨大宝库，就坐落在一条沿河的狭长地带上，这条河与密西西比河的长度相仿。其实，如果不把沙漠算进去的话，埃及都没有荷兰王国大。尽管如此，荷兰只能养活700万人，而肥沃的尼罗河流域却能让两倍于荷兰的人丰衣足食。待到英国人兴建的大型水利工程一完工，埃及还能养活更多的人。但是，因为埃及缺乏煤炭和水电资源，发展工业绝非易事，所以，这块土地上的费拉人①（几乎是清一色的穆斯林）只能固守田园，靠种地为生。

自公元8世纪伟大的穆罕默德西征以来，埃及就一直是土耳其的附属，由土耳其派遣的总督和埃及人自己的国王共同管辖。1882年，英国人以埃及的财政情况糟糕得不可救药，作为一个欧洲强国责无旁贷，应该实施武力干涉为借口，占领了埃及。然而，在世界大战以后，"埃及是埃及人的"的呼声越来越高，英国人被迫放弃了他们在埃及的权力，埃及重新获得了独立，成为一个独立的王国，有与

---

① 也作"法拉欣"，指在古埃及文明没落之后仍继续在尼罗河谷及中东其他地区耕种的佃农。

其他强国签订各种各样条约的权利，只有在缔结商业条约前，须预先得到英国的许可。除塞得港外，英国军队从埃及的所有城市撤离。埃及允许英国在亚历山大港的海军基地保留下来。自从尼罗河三角洲的达米埃塔和罗塞塔丧失了举足轻重的地位之后，亚历山大港就成了地中海地区最重要的商业港口。

这个协定对于埃及人来说是慷慨大度的，对于英国人来说也是万无一失的。因为与此同时，英国人已经牢牢地占据了尼罗河所流经的苏丹的东部地区，而尼罗河正是1200万身材矮小、皮肤褐色的埃及人赖以生存的河流，至此，英国人已是胸有成竹：遥远的开罗从此或多或少都会顾及英国人的要求了。

任何一个熟悉近东政治形势的人，对于英国企图牢牢控制该地区的做法，都会理解。苏伊士运河是通往印度的捷径，该运河从头到尾都在埃及境内，这条海上商贸大动脉若是被别国控制，对于英国来说无异于自绝生路。

而苏伊士运河自然并不是英国人开凿的，恰恰相反，当年的英国政府还极力阻止过雷赛布① 开凿苏伊士运河。英国人反对开凿苏伊士运河计划的理由有两条：第一，拿破仑三世信誓旦旦地反复强调，这条运河由法国人出钱、法国工程师修建，它不过是个商业项目，但英国人完全不相信这种说法。维多利亚女王也许喜爱这个住在杜伊勒里宫的宝贝兄弟，因为当她热爱的子民为了能有一口饭吃，

---

① 雷赛布（1805—1894），法国外交官、工程师，曾组成了苏伊士运河公司，监督苏伊士运河工程（1859—1869）。

即将揭竿而起之时，此公曾经在那个时候出任伦敦特警，但普通的英国老百姓却不愿意听人提起这个名字，因为这个名字让他们想起50年前的那场噩梦①。第二，英国担心这条通往印度、中国和日本的捷径一旦开通，就会严重影响英国好望角的繁荣兴旺。

尽管如此，运河还是建成了，为了庆祝这一盛典，朱塞佩·威尔第还谱写了著名的歌剧《阿依达》。赫迪夫②为所有的外国观光客提供免费食宿，赠送《阿依达》门票，差点把自己搞得倾家荡产。这些游客从塞得港出发，前往运河位于红海的终点苏伊士野餐，这群来宾至少动用了69艘船。

于是，英国改变了策略，作为一个从不缺乏商业头脑的民族的一分子，首相本杰明·迪斯雷利想方设法从赫迪夫手中把苏伊士运河的大部分股票买了过来。而且，由于拿破仑三世已经失势，苏伊士运河成了亚欧贸易天赐的黄金水道，仅税收一项，年收入就近4000万美元（仅1930年，苏伊士运河的吞吐量就达到了2800万吨，相当于苏圣玛丽运河历年吞吐量总和的1/3），英国政府也就再也没有怨言了。

顺便说一下，埃及的名胜古迹遍及全境。你可以在开罗附近看到金字塔，而开罗城原本还是埃及一个古都孟斐斯的旧址。上埃及还有一个古都底比斯，坐落于尼罗河上游几百英里的地方。只可惜阿斯旺大型水利灌溉工程把菲莱神殿变成了众多小岛，现在，这些

---

① 指1871年巴黎公社的短期统治。
② 1867—1914年间土耳其驻埃及总督的尊称。

小岛都被尼罗河混浊的河水所环绕,最终注定会荡然无存。图坦卡蒙的陵墓也是在这个地区发现的。图坦卡蒙死于公元前14世纪,他以及其他许多法老陵墓里他们生前使用过的家居用品、金银财宝和木乃伊,都被搜集和保存在开罗博物馆里,所以,开罗博物馆很快就成了一个地上公墓,它也是世界上最有趣的文物收藏地之一。

非洲的第三部分是苏丹,苏丹的地理环境与其他非洲国家都不一样。苏丹与撒哈拉几乎是平行的,却由于埃塞俄比亚高原而猛地停止了脚步,没有继续向东延伸,是埃塞俄比亚高原把苏丹与红海分隔开来。

现在,在国际桥牌大赛中,非洲已经成了一个赌注,一个国家亮出了"三张黑桃",另一个国家就会用"四张方块"回击。19世纪初,英国人从荷兰人手中夺走了好望角。于是,好望角原来的居民,以固执著称的荷兰人,收拾好自己的家当,装进带篷的马车,踏上北上的艰难路程。这次英国人所耍的手段与16世纪俄国人征服西伯利亚时所耍的手段如出一辙,你肯定还记得他们是怎么玩的吧?一等到流浪者把某个未开发的西伯利亚地区住满的时候,沙皇的军队就会接踵而至,告知他们:既然你们本来就是沙皇的臣民,那么,你们刚刚占据的土地,自然就是俄国的领土,至于莫斯科的收税官什么时候来,到时候会通知你们的。

于是,英国人就一直跟着布尔人北进,企图侵吞布尔人的土地,结果发生了好几次严重冲突。布尔人是农民,生命中的大部分时光是在户外度过的,他们的射击技术比散漫的伦敦士兵强。1881年的

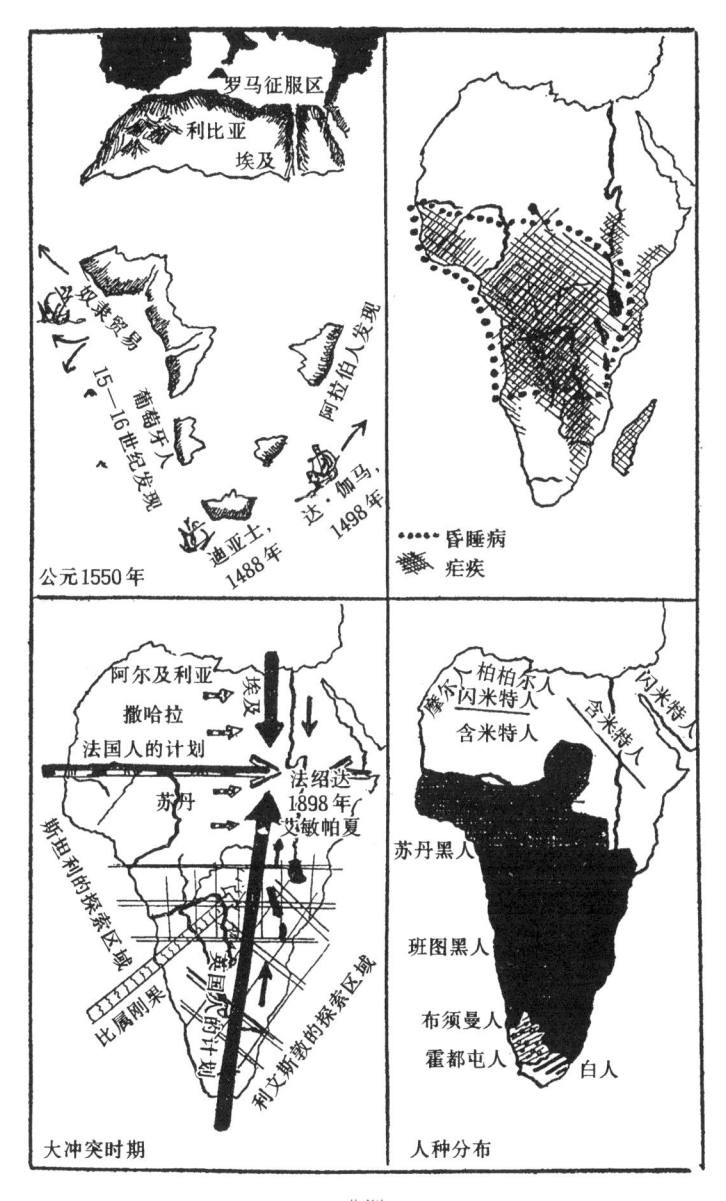

非洲

马朱巴战役（当时的首相格莱斯顿对此的态度异常地公正，他对于忍耐的表态值得所有的政治家认真记录下来："正是因为我们昨夜吃了败仗，伤害了我们的自尊，所以我们不能一味坚持流更多的血！"）以后，布尔人得到了暂时的喘息，获得了独立。

然而，对于这场发生在大英帝国与一小撮农民之间的战争，全世界都知道会是一个什么样的结局。一方面，英国各家地产公司从土著首领手里收购了大片大片的土地，正一步步向北方迫近。与此同时，为了控制整个埃及的局面，英国军队正顺着尼罗河河岸缓慢而稳步地向南推进。此外，一支英国闻名遐迩的探险队正在开发中部非洲，还取得了赫赫战果。很显然，英国人想为自己开凿一条穿过"黑非洲"心脏地区的通道。他们已经同时在开罗和好望角建立了工程指挥部（修建铁路隧道通常也是这样的），通道的两头或迟或早终有一天会在大湖地区相会，而尼罗河和刚果河都发源于大湖地区。这样，英国的火车就可以从亚历山大一鼓作气开到桌湾（因奇形怪状的桌山而得名，这座平顶山构成了开普敦的一道亮丽美景），而中途无须换车。

很显然，英国人企图沿着南北线大展宏图，而法国人现在则计划着沿着东西线有所作为。东西线就是从大西洋东岸到红海，即从塞内加尔的达喀尔到法属索马里的吉布提。作为埃塞俄比亚的出海口，吉布提有铁路线与埃塞俄比亚首都亚的斯亚贝巴相通。

完成这样巨大的工程确实是要假以时日，但却没有我们想象的那么长。我们面对地图的时候，所想象出的艰难险阻要比实际所碰到的多。譬如，铁路线修到乍得湖这类难以企及的地方的时候就是如此。乍得湖在尼日利亚的北部，从乍得湖向东的工程，就是这条铁路最棘手的部分，因为东苏丹（今英埃共管苏丹）与撒哈拉一样荒凉。

然而，一个生机勃勃的现代强国手中掌握了资本，还找到了能让资本翻倍的机会的时候，它会轻而易举地跨越时空的障碍，冷酷无情地冲开一条血路，就像坦克碾过一群鹅似的。精力充沛的法兰西第三共和国一直力图恢复第一帝国时的威望，而长筒袜和法国农民家里私藏了很久的雪茄盒为它提供了必需的资本。东西线通行权与南北线通行权的激烈争斗开始了，17世纪初以来，为了独霸塞内加尔和冈比亚河之间的土地，法国与英国、荷兰的争斗就没有停止过，如今，法国把这一地区当成一把政治上的罐头刀，用来开启整个苏丹那一望无际的宝藏。

为了将苏丹西部的大部分地区划入自己的非洲殖民帝国，法国采取了各种各样的军事行动，玩弄了形形色色的外交手段、商业手段，耍起了种种软硬兼施、欺哄瞒骗的伎俩，我在这里就不一一详述了。时至今日，法国人还在假惺惺地说自己不过是暂时管理几个保护国和托管地，但全世界都渐渐明白了这究竟意味着什么。纽约的黑社会垄断了牛奶生意，也会把他们的杀人团伙称为"牛奶商保护协会"，与"托管地"有异曲同工之妙。欧洲各国很快学会了那些卑鄙的拦路抢劫者的伎俩。对此，他们真是臭味相投。

从地理角度而言，法国人的选择是明智的。苏丹的大部分地区都很富庶，这也证明了在非洲居住的所有黑人部落中，苏丹的土著是最最聪明和最最勤奋的一支。苏丹的土地与中国北方的土质一样，都是黄土。苏丹与塞内加尔一样，内地与海洋之间没有山脉阻隔，所以内地降雨充足，可供人们饲养家畜，种植玉米。顺便说一句，非洲的黑人不爱吃大米，却爱吃玉米。非洲玉米做出来的食物有点像美式玉米糊，只不过是做得没那么精致罢了。苏丹人还是非常杰出的艺术家，他们创造的小雕塑和小陶器在博物馆展出时，从来都是万众瞩目的焦点，因为在所有人的眼里，它们都与未来主义画派的杰作一模一样。

从白人的观点出发，苏丹人有一个绝大的缺点，那就是：他们都是先知穆罕默德狂热的追随者，而穆罕默德的传教士侵入北非，使得整个北非都皈依了伊斯兰教。尤其是苏丹的富拉尼人——西非黑人和柏柏尔人的混血民族，分布在塞内加尔南部和东部各地，是当地的统治阶级，长期以来，也是法国当局的心腹大患。但是，公路、铁路、飞机、大炮和履带拖拉机总比《古兰经》的经文强大，富拉尼人正在学开二手廉价小汽车，浪漫传奇也正在迅速被汽车加油站所取代。

在法国人、英国人和德国人进驻之前，苏丹的大部分领土由当地那些酋长统治着。这些酋长偷抢其他酋长的属民，然后把他们当奴隶出卖，由此发家致富。其中的一些酋长声名狼藉，被归入历史上最典型、最残暴的恶霸行列。不论新白人主子有多贪婪，总比那些刚刚被废黜的黑人暴君强得多。所以，当欧洲军舰进驻时，非洲的土著没有做太多的抵抗，这可能是其中的一个原因吧。

几内亚海岸上高高的山脉把苏丹南部的大部分地区与海洋分隔开来，这样一来，尼日尔河这样的河流，就无法真正发挥促进内陆发展的重要作用。原因如下：尼日尔河与刚果河一样，为了避开这一大片山峦，只能蜿蜒曲折绕一个大圈，而且在入海之前，还必须在岩石间冲出一条河道。结果呢，在人们最不需要的地方（即大海附近），形成了许多瀑布。这条河的上游虽然适合航运，但没有人搞航运。

但尼日尔河的情况却不是这样。其实，与其说尼日尔河是一条正常的河流，还不如说它是一串连在一起的狭长湖泊和小水塘。这条河与芒戈·帕克1805年发现时一模一样。这个苏格兰人在小时候就梦想着找到这条河，他最终为此献出了生命。所以，尽管苏丹一条像样的水路都没有，但苏丹人却成功地在陆路上开辟了一条商路，还把位于尼日尔河上游左岸上的廷巴克图建设成了一个十分重要的贸易中心。东西南北四面八方的商人云集此地，廷巴克图俨然非洲的诺夫哥罗德。

廷巴克图的名声鹊起，在很大程度上与它奇异的名字有关，这个名字听起来像某个神秘的非洲巫师开出的神奇药方。被誉为"阿拉伯世界的马可·波罗"的伊本·白图泰，就曾于1353年造访过这里。20年以后，廷巴克图作为黄金和食盐的大型交易市场，首次出现在西班牙的地图上。在中世纪时期，黄金与食盐几乎是等值的。1826年，英国少校戈登·莱恩从的黎波里出发，穿越撒哈拉沙漠，到达廷巴克图。当时的廷巴克图由于受到柏柏尔人和富拉尼人的反复洗劫和破坏，已经是一片废墟。莱恩少校在奔赴海岸的途中被塞内加尔的富拉尼人所杀，可是也就是从那个时候开始，廷巴克图不再像麦加、希瓦或西藏那么神秘莫测，而只是法国军队在苏丹西部的军事行动中的一个一般性"目标"了。

1893年，一支法国"军队"占领了廷巴克图。这支"军队"包括1名法国海军少尉，6个白人，外加12个塞内加尔的随从。当时，沙漠中的各个部落的势力还没有被瓦解，所以没过多久，他们就把大部分白人侵略者干掉了，还几乎全歼了一支200人的救援军。这支救援军是闻讯从海边赶来给那支吃了败仗的海军小分队报仇雪恨的。

当然，苏丹西部会落入法国人的手中，这只不过是一个时间问题。苏丹中部乍得湖地区也是如此，不仅如此，因为尼日尔河支流贝努埃河的流向是自东向西，比尼日尔河更适合航运，这样一来，进入乍得湖也就更容易。

乍得湖的海拔约700英尺，但湖水很浅，深度几乎都不到20英尺。与大多数内陆湖不同的是，乍得湖的湖水是淡水而不是咸水。但是，整体说来，它正在逐渐变小，长此以往，再过100年，它就可能只是一个沼泽了。若想对非洲中部面积有一个清晰的认识，不妨以沙里河为例。沙里河是一条内陆河，最终注入乍得湖。虽然沙里河的发源地与大海有千里之遥，河口与大海也有千里之距，但沙里河的长度却跟莱茵河是一样的。

乍得湖的东面是瓦代地区，这里的崇山峻岭是尼罗河、刚果河和乍得湖区的大分水岭。瓦代地区在政治上隶属于法国，被视为法属刚果的一个辖区。因为这条大分水岭的东面是东苏丹，古称白尼罗国，即今天的英埃苏丹，所以，瓦代地区也是法国势力范围在东部的终点。

英国人考虑一定要占领这块极具战略意义的地区，否则它就有被别国据为己有的危险，于是着手勘探从好望角至开罗的道路，而当时的苏丹东部还是一片沙漠，平坦、单纯、引人遐思。尼罗河绝对不适合航运，沿岸也没有公路。当地的人们听任周围沙漠地区的歹徒摆布，贫困和不幸的程度令人难以置信。从地理角度来看，苏丹东部毫无价值可言，但从政治角度而言，却有着巨大的潜力。所以，在1876年，英国诱使埃及的赫迪夫把这一大片"名义上的埃及领土"交给戈登来管理。我们在中国那一章里已经提到过这个戈登，就是他曾经协助清朝政府镇压中国的太平天国运动。戈登在苏丹待了两年，在一个千伶百俐的意大利助手——盖西①的帮助下，解决了最迫在眉睫的事：打碎了奴隶制最后的枷锁，枪毙了奴隶主，使得一万多男女奴隶获得了自由，重返家园。

可是，当这个严肃的清教徒戈登刚一转身离开，旧苏丹可怕的残暴统治和压迫又卷土重来了，结果导致了一场要求彻底独立的运动，他们提出的口号是"我们要苏丹人自己的苏丹，我们要垄断贩奴贸易"。这次运动的领导人是一个名叫穆罕默德·艾哈迈德的人，他自称是"马赫迪"，意思是救世主，可以指引一条真正可靠的穆斯林

---

① 罗莫洛·盖西（1831—1881），意大利军人、探险家。

信仰之路。马赫迪成功了。1883年，穆罕默德·艾哈迈德占领了科尔多凡的欧拜伊德，而欧拜伊德今天有火车与开罗相连。同年晚些时候，他又消灭了一支由希克斯帕夏率领的拥有1万士兵的埃及军队，此人是为埃及总督服役的英国上校。而早在1882年，埃及就已经沦为英国的保护国，所以，马赫迪现在不得不与一个更加危险的敌人较量了。

然而，英国对于殖民地的事务有着丰富的经验，并且对目前的困难也了如指掌，所以不会贸然去冒险。当时，英国劝说埃及从苏丹暂时撤军，还再次派遣戈登将军赴喀土穆，部署滞留埃及的军队的撤退事宜。可是戈登刚刚到达喀土穆，马赫迪便挥师北上，把戈登及其部下围困起来。戈登发出了紧急求援信。时任英国首相是格莱斯顿。格莱斯顿是英国国教圣公会的教徒，而戈登是清教徒；一个住在泰晤士河河畔的伦敦，一个住在尼罗河河边的喀土穆。两个人谁也不喜欢谁，合作不可能很愉快。

格莱斯顿派出了援军，但姗姗来迟。当援军距喀土穆还有好几天的行程时，喀土穆已经被马赫迪的军队攻陷，戈登也被杀死了。该事件发生在1885年1月。同年6月，马赫迪死了，他的继任继续统治苏丹，直到1898年，他的继任及其部下被基钦纳率领的英属埃及军队赶出了沙漠。英国再次控制了苏丹全境，最南端至赤道地区的乌干达。

为了改善苏丹土著的生活条件，英国人做了大量的努力。他们修建公路和铁路，消灭了各种各样可怕的、不该染上的疾病，提供了安全保障。他们做了白人通常会为黑人做的种种事情。倘若这个白人是个十足的傻瓜，他就会指望黑人说感谢的话，而事实恰好相反，只要这个黑人一有机会，就会让白人吃黑枪。对此，有一二百年殖民经验的白人都心知肚明。

从亚历山大和开罗向南延伸的那条铁路，现在又向西延伸到了欧拜伊德，向东延伸到了红海的苏丹港。倘若某一天苏伊士运河突然被敌军摧毁，英国军队就可以用铁路来运送自己的部队，这条铁路自东向西穿过埃及的河谷，然后再横跨努比亚沙漠。

不过，我们现在再回过头来看几年前由马赫迪发动的那场独立运动，就会发现这场运动给非洲的发展带来了极其深远的影响，但这与马赫迪本人以及他要成为祖国大地上独立自主的统治者的雄心壮志一点关系都没有。

马赫迪刚刚开始起事的时候，深入到南方的埃及军队被迫在当时鲜为人知的中非寻找一个避难所。1858年，斯皮克①在穿越这一地区的时候，发现了尼罗河的母亲湖——维多利亚湖，然而，阿尔伯特湖与维多利亚湖之间的大部分地区，依然是世人所未知的土地。这支埃及军队由德国医生爱德华·施尼策尔率领，他更以其土耳其头衔"艾敏帕夏"著称。而喀土穆一沦陷，他就人间蒸发了，全世界都奇怪，他到哪里去了呢？

寻找他的任务交给了一个名叫斯坦利的美国记者。斯坦利原名

---

① 斯皮克（1827—1864），英国探险家，发现东非的维多利亚湖的第一个欧洲人。

罗兰茨，他早年从一个英国的感化院逃了出来，刚到美国时一贫如洗。一个新奥尔良商人待他很好，他便随了他的姓。早在1871年，他就承担了寻找利文斯顿的任务，此次旅行使得他成为著名的非洲探险家，立身扬名。英国就是从那个时候开始意识到在非洲这块蛋糕分一杯羹的重要性的，所以，伦敦的《每日电讯》和纽约的《先驱报》共同出资赞助了这次旅行。此次自东向西的探险，历时三年，证实了利文斯顿原来以为卢阿拉巴河是刚果河的一部分的猜测，其实卢阿拉巴河是刚果河的源头。这次探险还向英国人展现了九曲回肠的刚果河所流经的广阔区域，给英国人带回了稀奇古怪、闻所未闻的土著部落的故事。

斯坦利赴刚果的第二次旅行让世人注意到刚果商业潜力，为比利时的利奥波德建立刚果自由邦提供了可能。

这样一来，当艾敏帕夏的命运最终成为世界普遍关注的话题时，斯坦利就理所当然地成为寻找他的最佳人选。他从1887年开始查找，第二年就在阿尔伯特湖的北面找到了艾敏帕夏。斯坦利试图说服这个德国人效忠于比利时国王，这或许就意味着非洲大湖地区被划入刚果殖民地的版图。但对当地土著有着巨大影响力的艾敏似乎自有主张，他一到桑给巴尔（其实他根本不急于"获救"），就与德国当局联系上了。德国当局最终决定给他提供充足的人力和财力，要他在维多利亚湖、阿尔伯特湖和坦噶尼喀湖这三个大湖之间的高原上建立德属保护地。早在1885年，德属东非公司就在桑给巴尔海岸地区获得巨额赢利。倘若再加上大湖地区，德国就有了足够的实力来粉碎英国的计划。英国人的计划就是，在埃及和开普敦之间建立一个带状的宽阔领地，把非洲一分为二。可是，艾敏1892年在斯坦利瀑布附近被阿拉伯奴隶贩子暗杀了。原因是艾敏这个严厉的德国人吊死过他们罪有应得的同伙，所以来寻仇。艾敏原本想要在坦噶尼喀高原上建立新德国，他的梦想就这样破灭了。然而，为了寻找失踪了的他，人们却得以探明中非的大部分地区，今天的地图上才能把这些地区明确地标明，这也把我们带入非洲的第五个自然区划——东部的高山地区。

非洲东部的高山地区南起赞比西河北至埃塞俄比亚，赞比西河以南就是众所周知的南非了。北部住着含米特人，譬如埃塞俄比亚人和索马里人，他们的头发虽然是卷发，却不是黑人。南部则住着黑人和大量欧洲人。

埃塞俄比亚人是老资格的基督教徒，早在公元4世纪的时候，他们就皈依了基督教，信教的历史很长，比中欧的基督教组织早了近400年。然而，基督教的情感，并没有妨碍他们不断对邻邦发动战争。公元525年，埃塞俄比亚人甚至跨过了红海，征服了阿拉伯半岛的南部，即古罗马帝国下辖的阿拉伯菲利克斯地区（与内陆的阿拉伯沙漠地区截然不同）。正是这次远征，使得当时正青春年少的穆罕默德认识到必须把祖国建成一个强大、统一的阿拉伯国家，他创建一种宗教、一个世界性帝国的生涯也是就此开始的。

穆罕默德的信徒所采取的第一个行动，就是把红海沿岸的埃塞俄比亚人赶走，并切断他们与锡兰、印度和君士坦丁堡的商贸往来。

自那次战败开始，埃塞俄比亚像日本一样，不再关心外部事务。19世纪中叶，索马里半岛方向成为欧洲列强觊觎的远方目标，这倒不是因为索马里半岛有什么潜在的价值，而是因为它位于红海，而红海很快就会成为苏伊士运河的延伸部分。法国人是最早的捷足先登者，他们占据了吉布提港。接踵而至的是英国人，他们千里迢迢地讨伐埃塞俄比亚国王西奥多，这位铁骨铮铮的国王宁可自尽，也不愿落入敌手。就这样，英国人占领了英属索马里，英属索马里与亚丁隔海相望，便于控制亚丁湾。意大利人在英法属地以北的海滨地区占据了一小块土地，企图把这块土地变成光荣远征埃塞俄比亚的补给基地。

1896年，意大利终于开始了对埃塞俄比亚的光荣的远征，结果，他们不仅牺牲了4500名白人士兵和2000名土著士兵的性命，被俘的人数也几乎与死亡人数相当。从此以后，意大利人虽然在英属殖民地南部的索马里当家做了主人，却再也没有去招惹他们的埃塞俄比亚邻居。

当然，未来埃塞俄比亚还是无法避免地要走乌干达和桑给巴尔的老路。只是碍于以下种种因素，埃塞俄比亚这个古老的王国才没有像其他非洲国家一样，被欧洲邻邦所吞并，保全了独立。第一个因素是埃塞俄比亚的交通条件太差，一条从吉布提到亚的斯亚贝巴的铁路也于事无补，困难还是无法克服；第二个因素是埃塞俄比亚高原地势崎岖，构成了一个天然堡垒；第三个因素是白人也知道黑人会发起激烈的反抗行动。

非洲有三个大湖位于埃塞俄比亚南部与刚果东部之间,其中马拉维湖经支流与赞比西河相连,维多利亚湖是尼罗河的发源地,而刚果河与坦噶尼喀湖相连,说明该地区一定是非洲地势最高的地方。过去50年的勘测也充分证明了这一点。维多利亚湖东南部的乞力马扎罗山的海拔高达19000英尺;肯尼亚山海拔17000英尺;鲁文佐里山海拔16700英尺(这座山首次发现后被命名为托勒密之月山,斯坦利在20世纪以后重新发现了它,故有此名);埃尔贡山海拔14000英尺。

过去,该地区是火山区,不过,非洲的火山已经好几百年不恪

乞力马扎罗山

尽职守啦。该地区在政治上分为许多个小部分，却都在英国的统治之下。

产棉国乌干达，于1899年沦为英国的保护国。

英属东非公司原来的领地，也就是今天的肯尼亚殖民地，1920年被大英帝国吞并。而原德属东非殖民地，1918年被英国托管，今天是坦噶尼喀地区的一个组成部分。

最重要的沿海城市桑给巴尔是一个古老贩奴贸易国的首都，也是来自印度洋各国的阿拉伯商人的重要贸易中心，1890年沦为英国的保护国。非洲东海岸有一种桑给巴尔方言——斯瓦希里语，这种方言广为流传，或许应该归功于这些阿拉伯商人。非洲东海岸都说这种语言，就像马来语已经成为荷兰东印度公司诸岛的通用语一样。今天，在印度洋3000英里的海岸沿线和几百万平方英里的内地，不论什么人想在这里做生意，哪怕懂一点点斯瓦希里语，都是特别好的资本。要是不怕麻烦，再学一点南非黑人都说的班图语，再加上几个葡萄牙单词和几句含含糊糊的阿拉伯语以及一两句阿非利堪语①的话，那他走遍非洲也绝对饿不着了。

那么，除了位于大西洋、苏丹山区、喀麦隆山区之间那块狭窄的沿海地区，关于非洲北部，就都介绍完了。在最近的这400年里，这块狭长的地区一直被称作上几内亚和下几内亚。在说到贩奴贸易的时候，我已经提及过几内亚，"黑色象牙"就是在几内亚汇集起来，然后再运往世界各地的。今天，这片海岸已经被好几个国家瓜分了，

---

① 南非的公用语，又称布尔语，即南非荷兰语。

除了少数集邮爱好者之外,没有什么人对这里感兴趣了。

人们想把英国昔日殖民地塞拉利昂建成与西边利比里亚一样的解放了的奴隶的家园。许许多多真正的好心人为了美好的未来,曾经慷慨解囊,帮助黑人回到祖祖辈辈生活的家园,可是不论是塞拉利昂、利比里亚,还是都城蒙罗维亚(据说是以美国总统门罗的名字命名的),只给他们的心中留下了深深的失望。

象牙海岸隶属于法国,阿克拉最终也会成为法国的一个港口。尼日利亚隶属于英国,拉各斯是它的首都。拉荷美①原来是一个独立的土著国家,1893年被法国人占领。

在第一次世界大战之前,喀麦隆隶属于德国,今天,喀麦隆是法国的保护国。多哥的情况也是这样。此外还有法属刚果。法国想在该地区建立一个庞大的法属赤道大帝国,该地区还有少数几块土地隶属于其他国家,不过,法国迟早会把这些土地据为己有,或者是现金交易,或者用这些国家在其他地区想得到的东西进行交换。

为了缩短从巴达维亚到阿姆斯特丹的航程,荷兰东印度公司曾经取道波斯、叙利亚和亚历山大,自行开辟了一条陆上通道。可是,一旦美索不达米亚的两位君王有了口舌之争,商队和邮件就被无奈地延误下来,只好依旧绕道好望角运送货物。

为了确保印度货物源源不断地运送过来,荷兰人占据了几内亚沿岸的几个港口,强占圣赫勒拿岛,加强了好望角的防御力量。荷

---

① 贝宁的旧称。

兰人还把那几个几内亚的港口用作贩奴的港口。

像所有精明的商人一样，荷兰人喜欢用立字据的方式买东西（想想那出荒诞的滑稽戏：用价值24个金币的东西就买下了曼哈顿！），1671年，他们又用这种方式买下了开普敦周围的土地。这就意味着霍屯督人踏上了不归路，因为一旦失去了土地，他们就不得不北迁，进入他们的世仇布须曼人的领地——奥兰治河和瓦尔河地区。荷兰农民曾经残酷地对待过霍屯督人和布须曼人，而似乎是因此遭了天谴，他们的命运也遭受了同样的报应。1795年，开普敦被英国人占领，这次轮到布尔人北迁了。他们此后还故技重演了几次，直到1902年，英国人才最终把布尔人最后两个独立共和国——德兰士瓦和奥兰治吞并了。

尽管如此，开普敦仍然是非洲南部这块三角地带最重要的港口。但是，与资源丰富的内地相比，沿海地区确实不算什么。内地是一片高原，高原上点缀着低矮的小山，其实是一种平顶山，当地人称之为"孤丘"。这座高原没能直接延伸到大西洋，中间被科马斯高地挡住了；东部也没有直接延伸到印度洋，被马托博山挡住了；南部通往开普敦地区的路，被德拉肯斯堡山脉分隔开来。

这些山脉都没有冰川，所以该地区河流的水，全靠天上的降水补给。这样一来，这些河流在冬季水流湍急，夏季则干涸见底。不仅如此，这些河流在入海之前还要翻山越岭（纳塔尔的河流例外，纳塔尔也因此成为南非联邦各国中最富庶的地区），所以不可能成为通往内地的商业航道。

为了让内地拥有一个出海口，人们修建了不少铁路。在第一次世界大战之前，最重要的那条铁路就是从比勒陀利亚到葡属东非境内的德拉瓜湾的马普托港之间的那条铁路。第一次世界大战以后，通往原德属西南非洲（现由国联托管）斯瓦科普蒙德和吕德里茨的火车就完工了。现在，人们坐火车向北走，最远可以到达坦噶尼喀湖，然后搭小船渡湖，换乘火车前往桑给巴尔。

要到上述那么远的北方去，先得花费一天的工夫穿越卡拉哈里沙漠，这段旅程可不舒适。出了卡拉哈里沙漠以后，就到了罗得西亚境内。罗得西亚是以塞西尔·罗兹①的名字命名的，此人是原英属南非特许公司的创始人，也是最早提出建立英国统治下的南非联邦政府的人之一。他的梦想有一部分已经变成了现实。1901年，南非联邦宣布成立，由各种各样不同的公司、前布尔人的共和国、卡菲尔和祖鲁人的国家组成。然而，自从在约翰内斯堡附近发现了黄金，在金伯利附近发现了钻石以后，住在乡下的布尔人的势力渐强，大有盖过住在城里的英国人之势。一场对于统治权的激烈争夺在双方之间展开了。经过调解，最终决定：联邦议会就设在开普敦，政府所在地则设在前德兰士瓦共和国的首都比勒陀利亚。

昔日的葡萄牙大帝国在南非残留着两块超大的殖民地，这就是南非西部的安哥拉和东部的莫桑比克。安哥拉把南非与大西洋分隔开来，莫桑比克把南非同印度洋隔开。这两块管理不善的地区迟早会被强大的邻居所吞并。目前，南非的农产品价格创历史新低，畜

---

① 塞西尔·罗兹（1853—1902），英国殖民者。

牧业处在完全停滞的状态，南非人也不打算寻找新的牧场和农田了，将来的局势一旦转入正常，别人不费一枪一弹，就能把这两个殖民地吞并。一个新的民族正在南非形成，这个民族既不是荷兰人，也不是英国人，而是纯粹的南非人。南非的矿产这么丰富，铜、煤、铁一应俱全，土地又这么肥沃，所以，非常可能发展成美国式的国家，只不过规模略小些罢了。

马达加斯加岛位于莫桑比克海峡的对岸，面积为23万平方英里，比它的宗主国法兰西共和国略大些，人口约400万，首都是塔那那利佛。马达加斯加岛上多山，东部地区有信风吹送，盛产优质木材，从塔马塔夫港出口。塔马塔夫港有铁路与首都相连。

马达加斯加人长得不像黑人，倒更像马来人。非洲常见的动物，马达加斯加岛上都没有，由此可见，大概在地质史的早期，马达加斯加就与非洲大陆分开了。

马达加斯加岛的东面有两个小岛，即毛里求斯岛和留尼汪岛。当印度贸易商道必须绕道好望角时，这两个小岛的地位非常重要。以前毛里求斯曾经是荷兰东印度公司的蔬菜和淡水的给养站，现在隶属于英国。留尼汪岛现在隶属于法国。

还有一些其他岛屿，例如我在上文中已经提到过的大西洋上的圣赫勒拿岛及其北部的阿森松岛，从地理角度看，是隶属于非洲的。其中的阿森松岛既是加煤站，也是海底电缆站。位于毛里塔尼亚以西几英里以外的佛得角群岛隶属于葡萄牙，现在被微不足道的西班牙殖民团奥德奥罗占据着。此外，加那利群岛属于西班牙，马德拉群岛、亚速尔群岛属于葡萄牙，而闻名遐迩的特内里费火山的所在地特内里费岛隶属于西班牙。至于圣布兰登岛，17和18世纪所有诚实的船长都坚信它的存在，那斩钉截铁的态度就像人们对九九乘法运算表一样深信不疑。他们坚信圣布兰登岛就在那里，可是他们谁也说不出它的确切方位，因为只要船一靠近，圣布兰登岛就沉入海底，等来人一离开，圣布兰登岛才会再度浮出水面。在我看来，对于一个非洲岛屿来说，这似乎是一种合情合理的行为，因为这是它避免被外国列强占领的唯一方法。

大多数大陆都可以被浓缩成几个简单的形象。譬如我们提到欧洲的时候，我们似乎已经看到了圣彼得大教堂的穹顶、莱茵河畔废弃的城堡、幽静的挪威峡湾，我们似乎已经听到了铃儿响叮当的俄国三驾马车。说到亚洲，我们就会想起宝塔，身材矮小的黄种人成群结队地在波浪宽宽的大河里沐浴，奇形怪状、高耸入云的庙宇，富士山的古老、宁静与祥和。提到美洲，就会想起摩天大楼、工厂的烟囱和骑着小马漫无目的游荡的印第安老人。就连遥远的大洋洲也有自己的象征物——南十字星座①、转动着一双好奇和聪明眼睛的可爱的大袋鼠。

可是，我们面对非洲这样一个充满了差异和极端的大陆，该怎么把它浓缩成一个简单的符号呢？

若是说非洲酷热难当、没有河流，可是尼罗河的长度跟密西西

---

① 介于半人马星座和苍蝇星座之间的星座。

比河差不多,刚果河比亚马孙河只是稍短一点点,尼日尔河跟黄河一样长。说非洲降水丰沛、潮湿难耐,可是撒哈拉大沙漠却是世界上最干燥的沙漠,它的面积比澳大利亚还要大,卡拉哈里沙漠跟不列颠诸岛的面积相等。

若是说非洲人弱小无力,黑人不懂得自卫,可是祖鲁人却拥有迄今为止组织最严密的军队,沙漠中的贝都因人和其他北方部落战胜了用机关枪装备的欧洲军队,威震八方。

若是说非洲没有像波罗的海或者美国五大湖区那样出入便利的内陆水域,那倒是没错,可是维多利亚湖和苏必利尔湖一样大,坦噶尼喀湖和贝加尔湖一样大,而马拉维湖比安大略湖还大两倍呢。

若是说非洲没有大山,可是乞力马扎罗山却比美国的最高峰惠特尼山高500英尺呢! 赤道北部的鲁文佐里峰也比勃朗峰要高。

那么,非洲这块大陆到底出了什么问题,我不知道。非洲应有尽有,可是哪样对任何人似乎都没有任何用处。整体布局就错了。除尼罗河以外,所有的河流、高山、湖泊和沙漠都毫无用处。虽然尼罗河终于流进了一个具有重要商业意义的海洋,但众多的瀑布还是给航运造成了阻碍。而刚果河和尼日尔河这两条河的入海通道都不通畅。倘若奥兰治河的终点能与赞比西河的源头位置互换一下,航运情况就会好很多。

借助现代科学,沙漠可能最终会长出果树,沼泽最终会被排干。借助现代科学,我们已经免遭黄热病和疟疾荼毒,有朝一日,人们还可能找到治愈痢疾和昏睡病的方法,这两种疾病已经席卷了苏丹和刚果的乡村地区。借助现代科学，人们还可能把非洲中部和非洲南部高原变成法国的普罗旺斯①或者意大利的里维埃拉②的翻版。然而，非洲丛林已经有上百万年的历史，它太强大、太顽固了。现代科学哪怕有片刻的懈怠，非洲丛林及林中的种种暴虐之物就会卷土重来，向白人扑过来，扼住白人的喉咙，往他们的鼻孔里灌入毒气，把他们毒死，再让鬣狗和蚂蚁吃个精光。

大概就是这暗无天日的热带丛林，给整个非洲文明烙上了骇人的印记。沙漠可能只是让人害怕，可暗无天日、鬼火荧荧的丛林却让人毛骨悚然。非洲丛林因为到处生机勃勃，所以人迹罕至。非洲丛林里生死存亡的争斗一定是悄然进行的，稍不留神，猎人就会变成猎物。日复一日，昼夜更替，在高高的、无情的树荫之下，世间万物在相互吞噬。那看上去最无害的小虫，可能会身藏最致命的毒刺；那最最美丽的花朵，可能包藏着剧毒的汁液。每一只犄角、每一个蹄子、每一张嘴巴、每一颗牙齿，都是用来对付其他动物的犄角、蹄子、嘴巴和牙齿的，生命的脉搏伴随着骨头的断裂和棕色皮肤的撕裂而跳动。

我曾经试图跟非洲人谈论这些话题，他们都笑话我。生活就是这样的，要么一贫如洗，要么富甲一方，没有中庸之道。人不是饥饿而死，就是支配一切。要么在摩加多尔同阿拉伯商人用金杯喝咖

---

① 法国东南部地区的一个地名，以中世纪的诗歌和武侠传奇而闻名。
② 意大利西北部沿地中海的假日游览胜地。

非洲的沼泽

啡,要么随心所欲地射杀一个霍屯督老媪,反正她也没什么用了。非洲这块充满矛盾的大陆似乎给人们带来的是可怕的噩运。它扭曲了人们的视野。它扼杀了人们对美好事物的向往。旷野和丛林中的屠杀无休无止,流动在他们的血液里。一个刚刚从比利时闭塞落后的小村庄来的七品芝麻官,一到非洲,就成了魔鬼。非洲妇女没有额外多缴纳一磅橡胶,他就能把她们用鞭子打死;某个可怜的黑人,因为没有按时缴纳象牙,就被他砍去手脚,任由虫豸吞噬,而他却若无其事地吸着饭后雪茄。

我极力做到公平公正。虽然对于人类的残忍与狠毒,其他大陆也都负有不小的责任,但是在乡间,总有轻柔的足音响起:耶稣的劝谕、孔子的教诲、释迦牟尼的哀恳,还有穆罕默德的疾恶如仇。独独非洲,没有诞生过一个先知。其他大陆的人也同样贪婪无厌,同样自私自利,然而,在灵肉相搏的过程中,他们的灵有时也会战胜肉,他们会踏上朝圣之路,这条路的终点在遥远的天堂门后。

非洲沙漠和丛林中响起的唯一足音,来自于那些目光如炬的阿拉伯人,他们在寻找猎物 —— 人,达荷美的亚马孙人。他们准备趁村民熟睡之际偷袭村庄,把邻居的孩子偷走,卖到国外为奴。自古以来,世界其他地区的妇女为了吸引男人的眼球,博得他们的欢心,总是想方设法地把自己打扮得美若天仙,而独独在非洲,妇女却总是把自己搞得面目可憎,来逃避那些不速之客。

我还可以就这个特别的话题说下去,但这本书写得已经够长啦,你还是自己去寻找答案吧。

自人们第一次凝望宏伟壮观、百无一用的金字塔,迷惑地注视着渐渐消失在沙漠深处的小路以来,这个问题至今还是让人百思不得其解,谁也没有更好的答案。

第二十六章　美洲大陆：天之骄子

美洲是所有大陆中条件最优越的。我之所以这么说，纯粹是从地理角度而言，而没有把它视为工业发展中的一个经济体，也没有把它视为各种各样新型政治模式的试验田。不过，从地理角度来看，美洲大陆差不多是应有尽有。

美洲大陆是西半球仅有的一块大陆，因此，它与非洲、亚洲和欧洲不同，它没有直接的竞争对手。美洲大陆位于世界上两个最大的海洋之间，在大西洋刚刚成为世界文明的中心的时候，就有白人在这里定居了。

美洲大陆地域辽阔，从北极一直延续到南极，各种各样的气候，应有尽有。赤道穿过的那部分，也是地势最高的地方，那里的气候适合人类居住。

实际上，美洲就没有沙漠。造物主把广袤的平原赐予了美洲，这些平原还位于温带地区，这样一来，美洲注定要成为世界的粮仓。

美洲的海岸线既不太平直，也不太曲折，所以特别适合建设深水码头。

美洲的主要山脉都是南北走向，所以这里的动植物得以从容不迫地避开冰河时代冰川的袭击，不仅如此，它们幸存下来的机会也比欧洲的动植物多。

与其他大陆相比，大自然给美洲大陆赐予了更多的煤炭、石油、铁和铜等原材料，而在机器化大生产时代，对这些原材料的需求与日俱增。

在白人到达美洲之前，美洲其实还是一个人迹罕至的地区（整个美洲大陆的印第安人只有1000万），所以，土著对于外来的入侵无能为力，无法阻止侵略者为所欲为的行为，无法阻挡白人按照自己的计划干预国家的发展。这样一来，除了美洲人自己酿就的不幸之外，美洲原本并没有严重的种族问题。

这块全新的、空旷的大陆上充满了大量的商机，吸引着世界各国最有活力的人，在很短的时间里，这些人就形成了一个融合的民族，适应了这个新奇、独特却又简单的大陆。

最后一点，或许也是最为重要的一点，就是今天居住在美洲的人们没有沉重的历史包袱，不需要没完没了地回顾永远也回不去的过去（在其他地区，事实证明这是一件坏事，而不是好事）。正是因为没有历史的负担，美洲民族的前进速度才会比其他民族快，而其他民族不论去向何方，都要推着祖传的独轮小车才能前进。

至于南美洲和北美洲两个洲的地理特征，其实不仅简单，而且比其他大陆更为对称。南美洲和北美洲的主要特征都非常相似，我们完全可以把它们放在一起介绍，不用担心读者会被弄糊涂。

南美洲和北美洲的形状都类似于一个三角形，唯一不同的是南美洲比北美洲更靠东一点，这无疑能解释为什么南美洲比北美洲发现得早。不仅如此，当南美洲已经广为人知的时候，北美洲的大部分地区还是人类的"未知领域"。

南美洲和北美洲的西侧都是一条贯穿南北的山脉，这两条山脉约占美洲总面积的1/3。其余的2/3包括东部一个宽阔的大平原，还有两座略低些的山脉：北美洲的拉布拉多山脉和阿巴拉契亚山脉，以及南美洲的圭亚那山脉和巴西高原。这些山脉把平原与海洋隔开了（南美洲和北美洲都是一样的）。

南美洲和北美洲的河流分布情况也极为相似。有一些无关紧要的河流向北流去，而亚马孙河和圣劳伦斯河的河道几乎是平行的；巴拉圭河和巴拉那河简直就是密苏里河和密西西比河的复制品，它们都是先在中途交汇，然后分别沿着与亚马孙河和圣劳伦斯河垂直的方向奔流向前。

中美洲则是一块东西走向的狭长陆地，从地理角度而言，它实际上是北美大陆的一部分。而一到尼加拉瓜，地形和动植物都骤然一变，已经进入南美洲大陆了。中美洲的其余地区都是高山，所以，虽然墨西哥与撒哈拉沙漠一样都位于赤道附近，墨西哥却气候宜人、人口稠密。

南美洲比北美洲更接近赤道，发源于安第斯山脉的亚马孙河，沿着赤道流入大西洋，宏伟壮观。就总体而言，在研究地理环境与人类之间相互作用方面，南美洲为我们提供了一个绝佳的案例。

大自然在美洲搭建了两个几乎没有区别的大型舞台：右边是一条主通道，左边是一堵高墙，中间是一片大大的开阔地和一座储量丰富的仓库。然后，大自然把北部大舞台交给了一群日耳曼流浪艺人。这些流浪艺人出身卑微，长期以来已经习惯了在城镇的小剧场里扮演平淡无奇的屠夫、面包师和制造烛台的手艺人等小角色；而大自然却把南部大舞台租给了地中海最好艺术学校的悲剧演员。他们出身高贵，习惯了只给达官贵人演出。他们每个人都会舞刀弄剑，那种潇洒自如，是他们北方同行所无法领略的。这些北方同行由于在贫

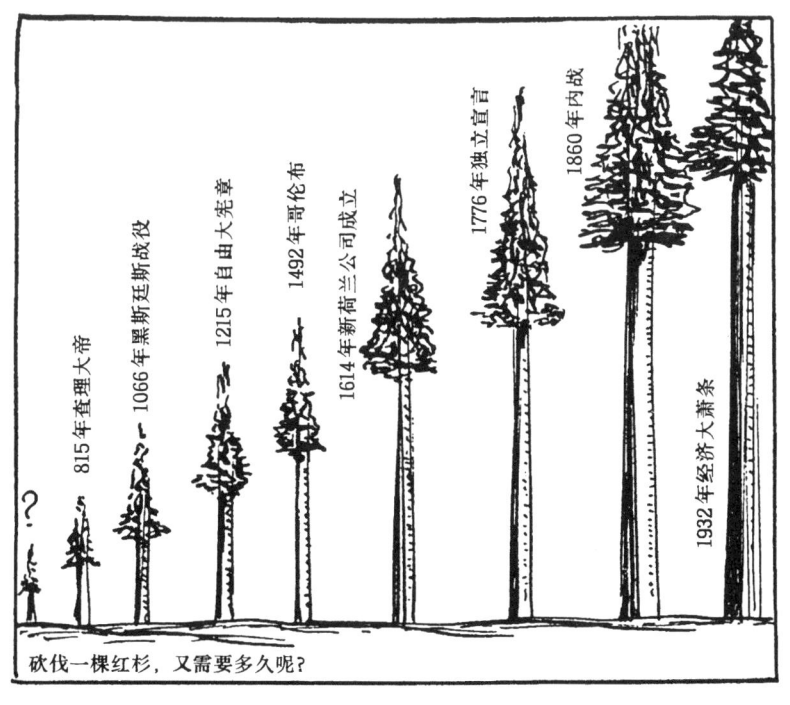

红杉——当代历史的见证

瘠的土地上无尽无休地劳作挣扎,过早地驼了背,而因为使用铁锹和斧头,双臂也已经僵硬了。

然后,两个大舞台的帷幕几乎同时被拉开了,大自然还邀请全世界都来观赏他们的演出。看哪,在第一幕还未演到一半的时候,演出就与致开幕辞的时候不大一样了。等到了第二幕开演的时候,两组演员所扮演的男女老少的差距就一目了然了。于是,观众倒抽了口气,窃窃私语道:"怎么会这样?"

古老的斯堪的纳维亚海盗船看起来十分精致,但真正进入波涛汹涌的大海,就笨拙得很。因为既没有指南针,也没有测速仪,海盗船上的装备与古埃及的小帆船一样简陋,所以,鲁莽的古代斯堪的纳维亚人常常被海风吹得偏离了航线。尽管如此,当你看到3000年前画在莎草纸上的在尼罗河上行驶的小帆船时,还是会赞叹不已。

现在,请打开地图,看看墨西哥湾暖流(前文已经提到过好几次)。你会发现墨西哥湾暖流从非洲穿过大西洋抵达美洲以后,由西南向东北缓缓流去,再次穿越大西洋北部,把温暖带给了挪威海岸,造访了北冰洋,接着决定取道冰岛和格陵兰岛踏上归乡之路。也就是在这里,墨西哥湾暖流改变了温度,改换了名姓,先是叫格陵兰暖流,后来又叫拉布拉多寒流。在再次南下的途中,这个可恶的寒流还把格陵兰岛大量蔚蓝色的冰川带到了北大西洋。

正如我的荷兰祖先所描绘的那样,斯堪的纳维亚人是凭着上帝的指引和自己的摸索在海上航行的。冰岛与欧洲之间一旦有了确定

格陵兰岛

的航道，格陵兰和美洲的发现就指日可待了。就像中国或者日本的小船，一旦被吹得偏离了正常的航道，就一定会被太平洋暖流带到英属哥伦比亚或者加利福尼亚海岸一样，一个挪威人从特隆赫姆出发赴冰岛，因为大雾迷失了方向（即便是在已经拥有各式各样仪器的今天，大雾仍然危险万状），他迟早会发现自己置身于格陵兰的东海岸。而倘若他的运气还没有转机，浓雾依然迟迟不散的话，他可能会漂到东部的大陆沿岸。由于当地种植的一种葡萄可以酿造出上等的葡萄酒，所以最早上岛的人称其为"葡萄地"。

我们不应该忘却，世界上有许许多多重大发现都是我们闻所未闻的。一般的船都会有一种本能的恐惧，唯恐在同伴面前讲故事却无人相信，也担心这些传奇故事被证实只是一个幻觉罢了，不是把低矮的云团当成了山脉，就是把一缕阳光当成了海岸。阿贝尔·塔斯曼登上澳大利亚的海岸以后，自己做了一根羽毛笔，向雅加达政府报告，说当地的土著身材多么魁梧，面相多么凶恶。不过，在此之前，不少法国水手和西班牙水手确实地远远地看到过澳大利亚。而亚速尔群岛和加那利群岛曾经被发现，被遗忘，再次被发现，再次被遗忘，反反复复那么多次，所以我们在编写地理教科书的时候，很难在世界重大发现中确定第一次发现的时间。毫无疑问，比哥伦布时代早几百年的时候，法国渔民就找到了通往纽芬兰大浅滩的航

纽芬兰岛

道，可他们只对邻居说了句，那里捕鱼很容易，就完了。他们只对鱼感兴趣。不就是一块土地而已嘛！在布列塔尼，每个人都有足够的土地，又何必为距离家园千里之外的土地费心思呢？

我在自己的所有作品中一直坚定不移地捍卫着这个原则，那就是先有人性，后有民族性。不论是关于庆祝哥伦布日、雷夫·埃里克森日，还是纪念某个大概是从诺曼底档案中挖出来的法国水手，我都不会在常见的情绪化争论中纠缠不休。我们有足够的证据可以证明，古斯堪的纳维亚人在11世纪的前10年间曾经登上过美洲海岸；还有一些以西班牙人为主的各国水手，在15世纪的最后10年间，在一个意大利船长的带领下，也造访过这些美洲海岸。他们抵达以后，发现自己不可能是美洲大陆的最早发现者，因为这个国家的居民毫无疑问是一些亚裔血统的人。所以，若一定要把"登上美洲大陆第一人"的殊荣给予某个特定人群的话，那么，在人类未来的纪念册上，蒙古人是不二人选。

我们有一座无名英雄纪念碑，再建一座大一些的大理石纪念碑，来纪念那些"无名的发现者"，也没有什么不合适的。然而，那个可怜的蒙古人的亲属却受到美国法律的限制，无法踏上美国的土地，恐怕我的这个计划也就泡汤了。

对于那些确实是来自远东的第一批勇敢开拓者的子孙，我们已经了解得不少了，然而，我们真正感兴趣的问题，也可能是一个永远解不开的谜：这些亚洲人到底是怎么登上美洲大陆的呢？他们是

美洲的三次发现

乘船渡过了太平洋狭窄的北部,还是徒步穿越了冰封雪飘的白令海峡? 要么就是他们在亚洲和美洲之间还有陆地相连的时候就已经到了美洲? 对此,我们一无所知,而在我看来,这并不重要。白人来到遥远的美洲海岸,他们接触到的当地土著民族(几个在偏远地区的除外)还没有走出新石器时代的晚期,他们还不会使用车轮来减轻各种各样人背肩扛的负担,还不会饲养家畜,把人从靠打猎捕鱼中解脱出来,不再没完没了地为了粗茶淡饭的生计而艰苦地劳作。白人能用枪进行远距离的射击,所以即便是背弓搭箭的铜肤色土著,也不是白人的对手。

红皮肤的人从主人沦落为客人,还会继续存活几百年。然后,他们会被他们的敌人彻底同化,只给世人留下一段模糊的历史记忆。这太让人伤感啦! 因为红皮肤的人不论在精神上还是在身体上,都曾经拥有非常优秀的品质。

而情况就是这样,我觉得我们也爱莫能助。

让我们最后再看一眼地图。

在美洲的西海岸,从白令海峡到巴拿马海峡,一组山脉像一道屏障,把大陆与太平洋隔开。这些山脉都是南北走向,但宽度却参差不齐,有些地方会有几座高山并列平行。

显而易见,阿拉斯加山脉是东亚山脉的延续,被宽广的育空河盆地一分为二。育空河是北方地区最重要的河流。在1867年以前,这块地方是俄罗斯帝国的一部分,1867年,美国花了700万美元把育空河盆地这块59万平方英里的大荒原买了下来。

可能是由于俄国人对这块土地的潜在价值一无所知吧？所以对这么低的价格，他们竟然感觉很满意。用700万美元换一片积雪的山地和几个小渔村，这在当时似乎是一笔很划算的交易。然而，时间到了1896年，在克朗代克地区发现了金矿，用流行的说法来说，阿拉斯加上了地图。淘金者从温哥华到朱诺，再翻越斯卡圭、奇尔库特山口，最终到达克朗代克地区的中心——道森。与人类所有寻找财富的旅程一样，这段1000英里的路程令人艰辛备尝（由于当时牲口的价格高昂，并且无法在海拔3500英尺的北极圈南部地区厚厚的积雪中跋涉，所以，淘金者都自己扛着行李），而一想到长途跋涉的苦旅的终点有一罐金子在等候捷足先登者，每个淘金者这时都坚信自己就是那个率先到达的人。

从那个时候开始，人们发现阿拉斯加不仅有金矿（整个地区还被厚厚的冰川覆盖），还有储量丰富的铜矿、银矿和煤矿，此外，阿拉斯加还是一个猎取兽皮和捕鱼的好地方。这样一来，在并入美国版图的前40年间，阿拉斯加所创造的总收入已经是购买时原价的20倍。

阿拉斯加南部的山脉分为两个部分，东部分支落基山脉向内陆延伸，西部分支继续与大海平行延伸。不一样的是，落基山脉直到最后与墨西哥高原融为一体，都还叫落基山脉，而太平洋沿岸的山脉在告别了阿拉斯加山系最高峰和北美大陆最高峰麦金利山（高20300英尺）之后，在不同的地区有不同的名字。在加拿大，它叫圣伊莱亚斯山脉和海岸山脉，可是，一过了温哥华岛（是一座岩石岛，约翰斯顿海峡和佐治亚海峡把它与大陆分隔开来），就一分为二，西半部依旧叫海岸山脉，东半部在加利福尼亚境内的叫内华达山，在华盛顿和俄勒冈境内的则叫喀斯喀特山。两条山脉之间的开阔地带是萨克拉门托河和圣华金河流域。这两条河在流入圣弗朗西斯科湾之前，于中途合流。圣弗朗西斯科湾是世界上最深、最宽、避风性能最好的港口，该港口经由远近闻名的金门海峡与太平洋相连。

当年，西班牙拓荒者的先遣军抵达这片峡谷的时候，这里还是一片根本没有开发的荒地。而今天，灌溉过的峡谷变成了世界水果之乡，只要付出适当的劳动，就能收获丰硕的成果，这里盛产苹果、桃子、李子、橙子和杏。

对于加利福尼亚人来说，这片峡谷真是物华天宝的福地。当19世纪40年代的淘金热一过，矿主和矿工们发现只要转行当果农，日子照样过得舒舒服服。而在阿拉斯加和澳大利亚，金矿一旦开采殆尽，养活那么多人立刻就成了问题，所以，他们来时一拥而上，去时一哄而散，留下了空空荡荡的城镇、村庄和空空的锡罐。而加利福尼亚却没有像其他产金地一样由于金矿的枯竭而贫穷，反而因此富裕起来。这应该作为人类历史上独一无二的史实载入史册。

人们发现加利福尼亚州地下蕴藏丰富的石油资源，这个州的未来就此有了充分的保证。的确，加利福尼亚地区地壳是有点不稳定，加利福尼亚湾深深的切口可能偶尔会造成各种各样岩层的错位，这很危险（尤其是引发大火的情况下），但地震只是一时的灾难，而阳光和宜人稳定的气候却是永久的赐福。作为整个北美大陆人口最为集中的地区之一，加利福尼亚的发展正方兴未艾。

在内华达山脉与落基山脉之间有一块宽阔的峡谷，该峡谷由三部分组成。北部是哥伦比亚高原，斯内克河和哥伦比亚河就发源于此，最后注入太平洋；南部是瓦萨奇山脉和科罗拉多高原，科罗拉多河就是在穿越科罗拉多高原的时候，形成了举世闻名的科罗拉多大峡谷；两座高原之间有一块凹地，叫"大盆地"，当年，摩门教徒被迫从美国东部逃离之后，就选择了这个盆地作为他们永久的居住地。尽管这里的气候干燥（大盐湖水源丰富，但含盐量比大海还要高），但摩门教徒在不足100年的时间里，就把这个大盆地变成了一个最丰饶的地方。

整个峡谷都属于火山高发区，而且曾经发生过强烈震动，有下列事实为证：死谷的谷底在海拔276英尺的地方，但人从那里可以看到美国最高峰惠特尼山的峰顶（14496英尺高）。

落基山脉以东有一块宽阔的平原，它北依太平洋，南临墨西哥湾，东至拉布拉多地区的劳伦琴山脉和美国的阿巴拉契亚山脉。倘若耕种得法的话，此地熟，天下足。所谓的"大平原"（落基山脉在这里缓缓地降为平地）和中央平原就是一个巨大的粮仓。密西西比河、密苏里河、俄亥俄河、阿肯色河和雷德河都从这两个平原上流过，最后注入墨西哥湾。而北部地区的马更些河、阿萨巴斯卡河、萨斯喀彻温河，这三条河有的流进了北冰洋，有的流入哈得孙河，而且一年中的大部分时间都是结冰期，所以，地理条件就没有上述地区优越，重要性也仅限于当地。不过，发源于蒙大拿黄石公园附近

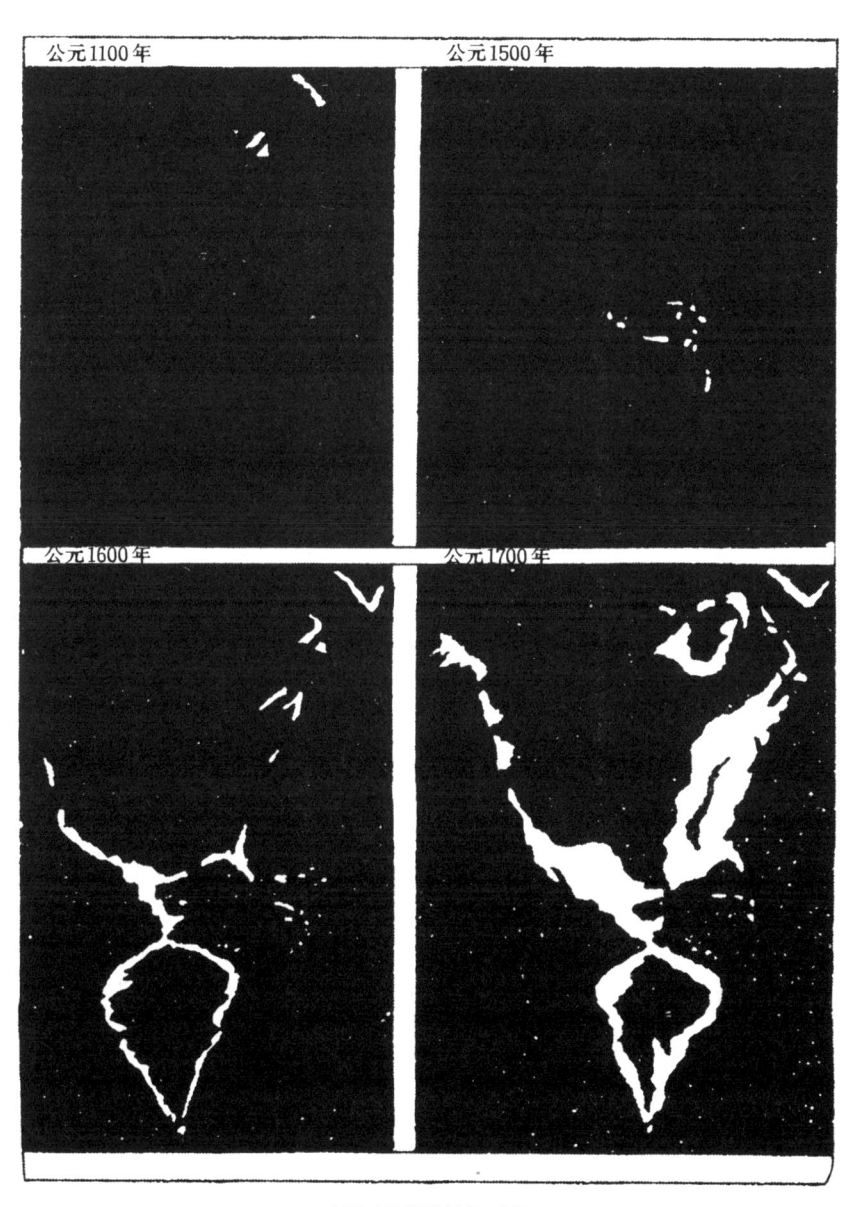

公元1100年	公元1500年
公元1600年	公元1700年

欧洲对美洲的认识过程

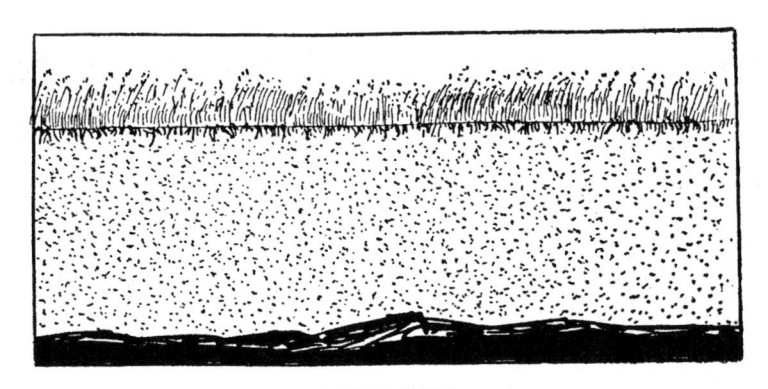

大平原上的沃土

的密苏里河，以及发源于加拿大的温尼伯湖与苏必利尔湖之间的分水岭的密西西比河（算上密苏里河，它是世界上最长的河流），这两条河从发源地到入海的三角洲几乎全程都可以通航，它们所流经的地区的人口密度，在未来的几百年里将与中国东南沿海地区相当。

在这块地势相对来说比较高的地区，还有一些湖泊。这些湖泊分别是密歇根湖、休伦湖、伊利湖和安大略湖，它们将哈得孙湾、大西洋和墨西哥湾分隔开。在伊利湖与安大略湖之间有一条较短的河流，却由于河上有一个大瀑布——尼亚加拉大瀑布（尼亚加拉大瀑布比赞比西河上的维多利亚大瀑布略宽些，却只有维多利亚大瀑布的一半高，而约塞米提大瀑布① 高达1000多英尺，使得这两个瀑布甘拜下风）而不能通航。所以开辟了一条名叫韦兰的运河，把两个湖连接起来。连接休伦湖与苏必利尔湖的也是一条运河——苏圣玛丽

---

① 约塞米提大瀑布位于美国的加利福尼亚州的圣华金支流的默塞河上，现在约塞米提国家公园内，为北美洲海拔最高的瀑布。

约塞米提国家公园

运河。通过苏圣玛丽运河水闸的船舶总吨位很大,超过了通过巴拿马运河、苏伊士运河和基尔运河的船舶总吨位之和。

这些湖的湖水,通过圣劳伦斯河,流入圣劳伦斯湾,最后汇入大西洋。圣劳伦斯湾有点像内海,东面是纽芬兰岛(1497年约翰·卡伯特①发现该岛时,该岛还"不为人知",1500年设葡萄牙总督),西面是加拿大群山,南面是布雷顿角、新斯科舍和新不伦瑞克。把

---

① 约翰·卡伯特(1450—1499),意大利航海家和探险家。1497年在北美登陆,沿新斯科舍至纽芬兰海岸线探险旅行。

纽芬兰岛和布雷顿角岛隔开的卡伯特海峡见证了最早到达这一地区的人是意大利人。

而加拿大的北方,即所谓西北地区,气候寒冷,根本不适合白人生存,所以,我们对那里知之甚少,只听说那里的地方警察别具一格。西北地区湖泊众多,以前大部分湖泊都归哈得孙公司所有。哈得孙公司创建于1670年,59年以后,哈得孙湾的发现者亨利·哈得孙被叛乱的水手谋杀。"英格兰冒险者"组建了这个公司,他们真是名如其人,可没冤枉了他们。倘若他们再继续统治50年,那么,那里的湖泊山林里的生物,包括土著印第安人,都会被他们赶尽杀绝(即使是在动物繁殖的季节,他们的屠杀也不会停止)。他们毫无节制地向印第安人供应烈性酒,印第安民族差点由于杜松子酒灭了种。后来,英国女王出面干预了,将哈得孙公司的大部分领地划入了她在加拿大的领地。哈得孙公司成了一个历史的古董(尽管在规模上小了许多),还在原来的地盘上做生意(已经连续经营了262年,你且想想看,这对于任何公司来说,都是一个不俗的纪录),但经营方式也不再是过去那种不负责任的方式了。

拉布拉多半岛位于哈得孙湾和圣劳伦斯河之间,距格陵兰冰封的海岸漂来的寒流太近,对于任何人来说都没有价值。而加拿大自治领前途无限的未来才刚刚开始,人口的严重匮乏就是今天所面临的主要问题。

从政治角度来看,加拿大是一个帝国最有趣的昔日残梦之一。人们有时很容易淡忘如下事实:乔治·华盛顿出生的时候,法国和西班牙已经占领了北美的大部分地区，而英国的殖民地仅限于大西洋沿岸的一座小小的孤岛，完全处在敌国的包围之中。早在1608年，法国人就在圣劳伦斯河河口站稳了脚跟。接着，他们把注意力转向了内陆腹地，先是向正西方拓展，抵达了休伦湖，勘查了整个大湖区。马凯特①和若利埃②找到了密西西比河的上游地区，而拉萨尔③则于1682年顺河而下，至密西西比河河口，占领了整个密西西比河流域，并以法国国王路易十四的名字给密西西比河流域命名为路易斯安那。截至17世纪末，法国宣布所占领的领地最远已经到达了落基山脉，而山的那一边正是西班牙国王的领地。阿勒格尼山脉确实是一个天然屏障，把法国广阔的殖民地与大西洋沿岸的英属殖民地、荷属殖民地以及西班牙的另一块殖民地佛罗里达分隔开来。

假如路易十四和路易十五的地理知识再多一点，真的，假如这两个热爱艺术的国王认识到地图上的内容要比哥白林双面地毯上精美的工艺和斑斓的色彩更重要的话，那么，今天的北美可能会对巴黎俯首称臣，今天的新英格兰人和弗吉尼亚人可能说的就是法语了。可是，这些决定欧洲命运的人没有意识到新大陆的重要性。由于他们漫不经心的态度，加拿大成了英国人的领地，魁北克和蒙特利尔不再属于法国。又过了几代以后，美利坚合众国又从法国人手里买下了新奥尔良和整个远西地区④，而美利坚合众国不过是大西洋沿岸

---

① 马凯特（1637—1675），法国传教士、探险家。
② 若利埃（1645—1700），法国探险家。
③ 拉萨尔（1643—1687），法国探险家。
④ 指美国的中西部地区，特别是密西西比河西部地区。

地区几个新近反水的英国行省组成的新邦。纵然是天纵英明的拿破仑，看到成堆的美国金元，也会以为是一笔好买卖，法国人做梦也想不到，现在这些地区是美国最富庶的地区。

1819年，佛罗里达被并入新领地。1848年，美国又从墨西哥把得克萨斯、新墨西哥、亚利桑那、加利福尼亚、内华达和犹他夺了过来。看起来必将成为两个拉丁强国后院的北美，在不到100年的时间里换了主人，成了欧洲北部大平原的延展部分。

由于战争的原因，更由于北美原来的主人麻木和短视，这些地区被意外地合并起来，经济发展突飞猛进，令世界刮目相看。随着第一条铁路的开通和第一艘汽船的通航，成千上万的移民蜂拥而至。

第一条铁路

移民们有的从水路来到大湖区，有的翻越阿勒格尼山在大平原上占有一席之地。移民们安家落户，种植小麦，为日后把芝加哥建成世界上最重要的产粮中心打下了坚实的基础。

在大湖区、阿巴拉契亚山脉和落基山脉之间的三角地带发现了储量空前的煤炭、石油、铁和铜资源以后，这个三角地区迅速成为新合众国的大工业园区，像匹兹堡、辛辛那提、圣路易斯、克利夫兰、底特律和布法罗等城市，吸引了来自世界各地的劳工，与那些早期移民一道，开发这些蕴藏的宝藏。又因为这些城市需要有港口来出口石油、钢铁和汽车，大西洋沿岸的老殖民地纽约、波士顿、费城和巴尔的摩声名显赫，地位空前显要。

与此同时，南方各州也都从南北战争后重建的阴影中走了出来（这比内战本身还要艰难）。他们积聚了足够的资金，在没有黑奴的情况下，自己动手种植棉花。加尔维斯顿、萨凡纳和新奥尔良再次焕发了生机。借助铁路、电报和电话线，他们把新兴的美国变成了一个巨大的农场和工厂。在不到50年的时间里，远渡重洋来到美洲的欧洲人就达6000万人次。他们与早期开拓者一起规划，一起建设，一起生产，一起销售，建起了一个让世人瞩目的前所未有的工厂。大自然如此偏爱美国：一块广阔无垠的大平原，两侧以高山为天然屏障，土地肥沃，气候宜人，还有取之不尽、用之不竭的资源，便捷的航道，却人迹罕至。此外，历史还赐予了我们最重要的礼物——统一的民族，说着统一的语言，却没有历史的包袱。

对于一个国家来说，拥有这样的优势究竟有什么意义呢？只要我们继续向南走，抵达墨西哥和中美洲，答案就出来了。除了古代玛雅人曾经的居住地尤卡坦半岛以外，墨西哥就是一个山地国家。从里奥格兰德向南，地势逐渐增高，直至马德雷山脉和阿纳瓦克高原，达到了16000英尺至17000英尺的高度。还有更高的山峰，譬如波波卡特佩特山（海拔17543英尺）、奥里萨巴山（海拔18564英尺）和伊科斯塔华特山（海拔16960英尺）。它们原本都是火山，但目前只有一座还是活火山，那就是科利马山（海拔13092英尺）。

马德雷山脉在太平洋沿岸兀然耸立，而在大西洋沿岸，山坡却渐渐平缓下来。欧洲侵略者自东而来，所以进入内陆就非常容易。16世纪初，先遣军登上了美洲大陆。那段时间正是西班牙人最灰心丧气的时候，因为美洲没有黄金，没有白银，只有数不清的蚊子和赤身裸体的野蛮人，一让他们干活，就倒地装死。这证明了那个该死的热那亚人①的发现是一个失败，一个惨痛的失败。

此后又出现了新的传闻，说在附近内陆大山的另一面②住着一群阿兹特克人，阿兹特克人的皇帝住在黄金造的城堡里，睡在黄金做的床上，吃饭用的是金制的盘子。于是，在1519年，埃尔南·科尔特斯③率领他的300名勇士在墨西哥登陆。仅凭12门大炮和13支

---

① 指的是哥伦布。
② 指墨西哥。
③ 埃尔南·科尔特斯（1485—1547），西班牙人，在墨西哥建立过西班牙的殖民统治。

大口径短枪，就征服了可怜的蒙特祖玛①的全部领土。然后，他们以哈布斯堡国王的名义，把蒙特祖玛绞死了。②不久以前，他的国家还是一个井然有序、管理有方的国家，不比哈布斯堡王朝差多少，现在，他都没能亲历他的国家的覆灭，就身先死了。

在此后近300年的时间里，准确地说，是直至1810年，墨西哥一直都是西班牙的殖民地，所接受的也是殖民地的待遇。宗主国西班牙禁止墨西哥种植几种当地的农作物，避免宗主国竞争力差的同类农产品受到冲击。农产品的收入，大都流进了少数富裕地主的口袋，其余部分则为那些宗教机构所敛，时至今日，这些宗教机构还在为保留对公有土地的控制权而争斗。

上个世纪中叶③，可怜的奥地利人马西米连诺④在那次奇特的冒险之后，希望在法国人的帮助下成为蒙特祖玛的继任。人们发现，墨西哥不仅仅是一个土地肥沃、物产丰饶的农业国，而且它的沃土中还蕴藏着丰富的铁和石油等矿产资源，其储量可能跟美国一样大，甚至比美国还要大。当时的墨西哥人有1500万，其中纯印第安人血统的占40%，但生活依然极端贫困，与埃尔南·科尔特斯刚到墨西哥时所看到的几乎毫无二致。于是，银行界开始插手墨西哥的内部

---

① 墨西哥帝国阿兹特克人的皇帝。
② 事实上，被绞死的是蒙特祖玛的继承者，而蒙特祖玛其实是在城楼上被流石击中身亡的。
③ 指19世纪中叶。
④ 马西米连诺（1832—1867），奥地利大公。1864—1867年任墨西哥皇帝，法军撤出墨西哥后，被处死。

事务，还策划革命行动，而墨西哥人则组织反革命行动予以反击。就这样，在第一次世界大战到来之前，整个墨西哥陷入谋杀的腥风血雨之中，它们刷新了百年革命的纪录（每年平均会发生20次革命）。幸而在第一次世界大战期间，各大财团都事务缠身（战争耗资巨大），墨西哥才得以有了喘息的机会。今天，几个铁腕人物正在医治300年来由于疏忽大意、病魔缠身和愚民政策造成的痼疾，并且很明显，已经初见成效：据报告显示，韦拉克鲁斯与坦皮科（两个墨西哥湾的港口）的货物出口量呈日益增长的态势。不到6年的时间，墨西哥城不仅与华盛顿建立了对话关系，而且实际上还可以面带微笑、彬彬有礼地对话了。

连接南美洲与北美洲的中美地峡，土地异常肥沃，可以种植外国资本家所需要的任何农产品——咖啡、香蕉和甘蔗等等。可是，白人无法适应这里恶劣的气候条件，黑人又不愿意为白人干活，而随处可见的火山，不论对于白人还是黑人来说，都不安全。

对于大多数人来说，危地马拉、洪都拉斯、尼加拉瓜和哥斯达黎加不过是一些浪漫的地名罢了，只有集邮者是个例外，因为有一条真理是放之四海而皆准的，即："国库越空虚，邮票越精美。"然而，我们下面要介绍的国家巴拿马，对于美国来说却是至关重要的。因为美国是唯一一个需要在太平洋和大西洋两岸设防的独立国家。倘若要向哥伦比亚购买巴拿马，而不是迫使哥伦比亚人在投降书上签字的话，那么，恐怕至今仍然没有就价格达成一致！

当巴尔博亚①站在巴拿马地峡的巴尔博亚峰顶上俯瞰两侧的大西洋和太平洋的时候，西班牙人就知道中美地峡不过是一条狭窄的陆地了。早在1551年，西班牙人就萌生了在此处开凿一条属于自己的运河的想法。此后，一代又一代人都有新的计划，大家也都有耳闻。科学界的每一位重量级人物都至少向世界提交过一套规划蓝图，为这个难题提出过最佳解决方案。在近30英里厚的坚硬的岩石中开凿出一条运河，真是难上加难。最后，还是依靠诺贝尔发明的炸药，才最终解决了这个难题。诺贝尔这个发明的初衷是帮助农民清除田地里的树桩和巨石，他做梦也没想到这个发明会成为人类互相残杀的常规手段。

此后，加利福尼亚出现淘金热，成千上万的人为了避免长途跋涉绕道合恩角，都纷纷走捷径，赶赴巴拿马；为此，1855年，穿越地峡的火车开通了。15年后，全世界都听到了苏伊士运河开凿成功的意外喜讯，设计者斐迪南·德·雷赛布又决定再修一条运河，把太平洋和大西洋连接起来。可是，他的公司管理不善，经营混乱，工程师的计算分析错误百出，工人身患疟疾和黄热病而悲惨地死去。在与大自然角力了8年，还与巴黎交易所进行了虽然不很直接，却更为惨烈的交锋之后，这家法国公司最终声名狼藉，倒闭破产了。

在此后的近12年间，一切都陷入了停顿，雷赛布遗留下来的火车头的烟囱上，都长出了棕榈树。直到1902年，美国政府买下了这家法国公司的所有产权。接着，为了买下一块可供开凿运河的土地，

---

① 巴尔博亚（约1475—约1519），西班牙探险家。

美国华盛顿又与哥伦比亚共和国开始了旷日持久的讨价还价。最后西奥多·罗斯福终于不耐烦了，于是在这个世界上的"三不管"地区，策划了一次小小的政变。一个独立的巴拿马共和国就这样出现了，而美国在不到24小时的时间里，就承认了它的合法性，并且开始重新开凿巴拿马运河。1914年，巴拿马运河竣工。

巴拿马运河的开通，不仅把加勒比海从一个内陆海变成了连接欧洲和亚洲的商业通道，还大大提升了加勒比海与大西洋之间那些岛屿的地位和价值。此外，英属巴哈马、古巴离航道略远些，当然，位于纽约和佛罗里达之间的英属百慕大的地理位置也略差些。而牙买加（英属）、海地和圣地亚哥（名义上都是独立国家，其实却要听命于华盛顿！）的地理位置就比较优越，从巴拿马运河受益就多些。波多黎各、小安的列斯群岛也是如此，这个群岛分布在东部和南部，面对大安的列斯群岛、古巴、海地、牙买加和波多黎各。

对于17世纪的欧洲各国来说，小安的列斯群岛的价值比美洲大陆还要大。小安的列斯群岛气候又湿又热，非常适合种植甘蔗、可可和咖啡，而奴隶一旦被带上了岸，就没有可以逃遁隐身的丛林。今天，岛上的居民还在种植甘蔗、可可和咖啡，然而，作为欧洲开往巴拿马运河的船舶中间站，倘若有点额外的进项，他们就千恩万谢了。小安的列斯群岛包括以下岛屿：背风群岛、圣克鲁斯岛、圣马丁岛、萨巴岛、圣约翰岛、圣尤斯特歇斯岛（是一个小礁岛，在美国独立战争期间，是走私物品的主要集散地）、瓜德罗普岛、多米尼加岛、马提尼克岛（与其他岛屿一样，也是一个火山活动频繁的地方，

火山的外壳坍塌以后，残余部分还像一座结结实实的山

1902年培雷火山喷发，差点把它毁于一旦）。

向风群岛包括格林纳达岛、圣文森特岛、格林纳丁斯群岛和圣卢西亚岛。布兰基亚岛（隶属于委内瑞拉）、博奈尔岛、库拉索岛和阿鲁巴岛（隶属于荷兰）则与委内瑞拉海岸平行。这些岛屿一度是一座山脉外延的一部分，与圭亚那山脉（隶属于委内瑞拉）和马德雷山脉（隶属于墨西哥）相连。后来，那座山脉消失了，剩下的一个个山峰成了今天的岛屿。

从工业角度而言，这些岛屿发展得都不是很好。昔日的繁荣也随着奴隶制的废除而消逝，这些岛屿今天不过是著名的冬季旅游胜

假如加勒比海干涸的话

地、加煤站和石油的集散地而已。只有恰好位于奥里诺科河三角洲上的特立尼达岛,还依稀保有几分昔日的繁荣气象。火山喷发给这里恩赐了大量的沥青,过去在这里干活的是奴隶,现在接替奴隶的是印度人,印度人占当地总人口的1/3。

我们在第一次世界大战期间学到的地理知识比平时要多,而且我们为此所花的时间也是前所未有地短(一旦我们觉得没有必要再了解库特埃勒阿马拉或者伊松佐在什么地方了,我们学得有多快,忘得就有多快)。因为"学会西班牙语,在南美洲就会有锦绣前程",所以,年轻人自然而然地抛弃了德语,改学西班牙语。战争开始之后,锦绣前程却没有到来,而与美洲大陆的贸易倒是确实出现了极其严重的衰退。

后来，我们发现了其中的缘故。在秘鲁、巴西、厄瓜多尔及其他南美国家，人们认为德国人最熟悉对外贸易的种种技术性的细节，所以把诸如此类的工作都全权委托给了那些耐心细致的德国小职员，而最不幸的莫过于老板的智力不如雇员。当南美洲加入了协约国以后（因为南美洲大多数国家港口所停泊的德国船屈指可数，而这些国家却急需贷款），那些可怜的德国文员就都被送进了集中营，南美各国商业机构的对外贸易往来突然中断了。而一宣布停战，和平再次来临的时候，德国的职员们就立刻回到原来的岗位上。

我们渐渐了解了事实的真相。尽管南美大陆拥有丰富的自然资源，但人力资源严重匮乏，在许多方面还远远落后于世界其他地区。对于广大民众而言，至少再过50年，局面才能有所改变。而少数豪门权贵自然另当别论，他们有的在西班牙殖民统治期间已经大发横财，有的则依靠走马灯般变换的南美总统，打着他们叔侄的名号攫取财富。

假如你觉得我在本章对南美洲的介绍不够多，请不要怀疑我有反拉美情绪。其实截然相反，作为北美人，我比南美人更懂得欣赏他们的诸多优点。然而，我在本书开篇之际，就力图写一本"关于人的"地理，原因是我坚信，一方土地，不论大小，它的重要性都完全取决于当地居民为了人类幸福在科学、商业、宗教和艺术等方面所做出的贡献的大小。唉，从这个角度而言，南美差不多与澳大利亚和蒙古一样，其贡献乏善可陈。我反复强调，可能这一切都归咎于人口资源短缺，而人口资源的匮乏反过来也可能是下列事实造成的：南美洲的大部分地区恰恰处在赤道以南，白人一直未能取代当地人，而许许多多的混血儿（譬如西班牙人或葡萄牙人与印第安人的混血儿、黑人与白人的混血儿、拉美黑人与印第安人的混血儿）又都没能把自身的政治才能和智力才能发挥出来。

南美洲一直是某些奇特政治体制的实验室。虽然巴西帝国在太阳底下存在的时间还不足100年，但也是一个相当新鲜的事物。还有那个奇特的巴拉圭耶稣会自由邦（它存活的时间比它东部的帝国长），可能在研究乌托邦实践的学术著作中会经常被毕恭毕敬地提及。南美洲起码还孕育了一个伟大的人物，那就是玻利瓦尔。玻利瓦尔不仅像华盛顿一样，解放了自己的祖国，并且对于整个南美大陆大部分革命运动的成功，都起到过间接或者直接的推动作用。除了玻利瓦尔以外，在乌拉圭和玻利维亚两国历史上还出现过许许多多伟大的人物，对此，我深信不疑。然而，我们大多对他们闻所未闻。在进行深入的调研和认真的考虑之后，他们是否有资格跻身于世界名流之列，我还不得而知。我只要简单地介绍一下南美的山川、河流和国家，对于本书来说，就已经足够了。我真诚地向你保证，我会把此后1000年来的人类活动添加进来的。

整个南美西海岸就是安第斯山脉，它是美国落基山脉和墨西哥马德雷山脉的延伸。安第斯是西班牙文的音译，西班牙统治者把印第安人在自己所居住的山坡上修建的水渠称为安第斯。西班牙人就靠破坏水渠和堤坝这一招，致使当地人活活饿死。征服者历尽艰险远渡重洋到达南美洲，就是为了快速致富，而不是在新大陆建立起一个永久的家园，那么，这样做就是抢占当地人的土地，掠夺当地人财产的好方法。

在快到南极附近的地方，安第斯山脉断裂成了许许多多的小岛，火地岛就是其中最有名的一个。在智利与火地岛之间，是至今仍以麦哲伦的名字命名的麦哲伦海峡。麦哲伦是第一个进行环球航行的白人，当年他历尽艰难，才通过了这个海峡。合恩角位于火地岛的最南端，是以该岛发现者的家乡命名的（合恩是荷兰的一个小镇），而并非像很多人所认为的那样，以一种牛的名字命名的。自然，麦

假如麦哲伦海峡干涸的话

哲伦海峡具有重要的战略意义，起着保护麦哲伦海峡作用的福克兰群岛①隶属于英国。

与所有从北冰洋延伸到北极圈的山脉一样，安第斯山脉也是火山多发区。厄瓜多尔的钦博拉索山（现在已经成了死火山）高20702英尺，阿根廷的阿空加瓜山更高，海拔达22834英尺，而科多帕希火山（也位于厄瓜多尔境内）则是世界上最高的活火山，海拔高达

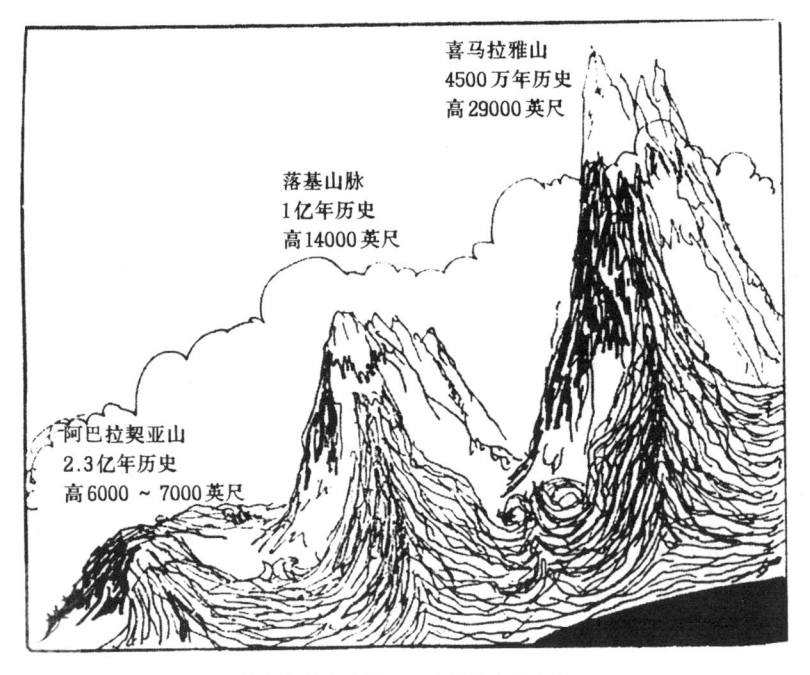

最古老的山脉并不一定是最高的山脉

---

① 英国与阿根廷争议岛屿。英国称"福克兰群岛"，阿根廷称"马尔维纳斯群岛"，简称马岛。

贯穿安第斯山脉的铁路

19550英尺。

南美洲的山脉与北美洲的山脉有两个相同之处。第一，高耸的群山环抱着几个宽阔的高原，构成了玻利维亚、厄瓜多尔等国的天然屏障。第二，山势险峻，几乎没有便捷的通道，这样一来，仅有的一条穿越安第斯山脉的铁路——从阿根廷到智利的铁路，不得不向上爬行才能进入隧道，爬行的高度超过了瑞士的圣伯纳德山口和圣哥达山口。

至于南美洲东海岸的阿巴拉契亚山脉，是由北部的圭亚那山脉和东部的巴西高原构成的。圭亚那山脉和巴西高原都有独立的山脉，组成了一个更大山脉的余脉，而亚马孙河流域把整个山系一分为二。亚马孙河虽然不是世界上最长的河流，但流量却无人能比，它的支流有上百条，其中像莱茵河那么长的还不止15条，不仅如此，像马代拉河、塔帕若斯河这样的支流，甚至比莱茵河还要长得多得多呢！

圭亚那山的北麓是另一条河——奥里诺科河。实际上，奥里诺科河是通过奇特的内格罗河（试想俄亥俄河既是波多马克河的一部分，又是密西西比河的一部分）与亚马孙河连接起来的，却比亚马孙河更适合航运。亚马孙河在入海之前要翻山越岭冲出一条水路，而奥里诺科河却没有遮拦，入海口接近20英里宽，水量充沛，内陆的水道长达几百英里，水深稳定在300英尺，非常适合海轮航运。

巴拉那河是南美洲的一条南北走向的河流，在入海的途中与巴拉圭河和乌拉圭河汇合，形成了拉普拉塔河。乌拉圭首都蒙得维的亚就坐落在这条河上。与奥里诺科河一样，巴拉那河也是一条优良的内陆河道。

南美洲在一个方面比除欧洲以外的其他大陆都优越得多——几乎没有沙漠。除了智利北部以外，南美洲大部分地区的降雨量都非常充沛。由于受热带雨林气候的影响，又处于赤道附近，亚马孙河流域和巴西东海岸地区的雨量异常充沛，热带雨林的林木茂密度与分配平均度都高于刚果。由于雨量稳定，南美洲的其他地区，甚至包括距离赤道较远的南部地区，都特别适合农业生产。巴西大草原、阿根廷大草原和奥里诺科大草原都可以与北美大平原势均力敌，平分秋色。

至于我们今天在南美洲所看到的这些国家，大多不像我们常说的那样，是历史的必然产物。它们并非经过缓慢的成长和发展而来，而是变革成功带来的意外结果。委内瑞拉共和国距离赤道太近，人口321.6万，民族缺乏发展的生机和活力。而委内瑞拉北部的马拉开波环礁岛发现了石油，马拉开波一跃成为委内瑞拉最重要的港口，从而取代了原来委内瑞拉最重要的港口拉瓜伊拉港的地位。拉瓜伊拉港是委内瑞拉首都加拉加斯的港口，加拉加斯与大海之间有一道低矮的山脉，地理位置十分不利。

委内瑞拉西面是哥伦比亚，哥伦比亚首都波哥大地处内陆深处，

委内瑞拉大草原

交通极其不便，直至马格达莱纳河河口的巴兰基亚开通了定期飞机航班以后，情况才略有改观。哥伦比亚土地肥沃，物产丰富。此外，哥伦比亚与美国一样，位于两个大洋之间。可是，在开发任何一种自然资源之前，都需要先行从北欧大批移民。

虽然自巴拿马运河通航以来，厄瓜多尔的首都基多的港口瓜亚基尔有了长足的发展，但厄瓜多尔也同样还是一个穷国。它过去出口过大量奎宁，现在出口最多的是可可。此外，就再也没有什么好介绍的啦！

沿太平洋海岸线继续南下，就进入了秘鲁境内。西班牙人第一次登上新大陆的时候，那里是一个强大的印第安人的帝国，由有"太阳之子"之称的一支印加贵族统辖。印加人选举出国家的最高统治者，赋予他们专制的特权。然而，尽管秘鲁属于封建性质（也可能是正因为这种封建性质），他们所创造的文明形式比阿兹特克人的文明形式的程度更高、更人性化。

当皮萨罗① 踏上这块土地的时候，印加帝国已经存在了400多年，而对于任何政体的政府来说，400多年都不算短暂。当时的印加帝国党派林立，分属不同集团的贵族之间相互仇视。皮萨罗在各方力量之间挑拨离间，最终在1531年坐收渔利，控制了整个印加帝国。他把印加的统治者打入监牢，把印第安人变成了奴隶，把所有偷窃抢掠来的东西全都运回了西班牙。昔日印加帝国的废墟，残留的道

---

① 弗朗西斯科·皮萨罗（1471或1476—1541），西班牙殖民者。1531年，率军侵入秘鲁。

路遗迹，从的的喀喀湖（海拔12875英尺，面积3300平方英里）到安第斯山一路周遭城堡，无数古旧陶片以及其他艺术品的残片，都在向我们展示：一个智慧超群、能力非凡的民族在顷刻之间沦为悲惨麻木的土著，会造成多么惨重的损失！今天，他们的后代不是在旧都库斯科的街道上漫无目的地游荡，就是卷入了某种革命斗争。

利马是一座现代化的城市，秘鲁的银、铜和石油等宝藏的命运，将由利马决定，除非共和国总统在很久以前就伙同他的外国银行家朋友把宝藏转移到法国银行，而这种事情不是不可能发生的。本章这样简短，个中原因就是这样。

玻利维亚这个可怜的内陆国，它的首都是拉巴斯。以前玻利维亚并不是内陆国，拉巴斯也曾一度有过一个直接的出海口。1870年至1892年间，秘鲁与智利为了争夺阿里卡地区的硝石而大动干戈，历史上有名的"硝石之战"就此爆发，而玻利维亚却愚蠢地站到了秘鲁一边。战争最终以智利的胜利而告终，玻利维亚丧失了沿海地区。玻利维亚是一个富庶的国家，是世界上第三大产锡国。可是玻利维亚人口稀少，总人口不足300万，每平方英里不足5人，并且大多数人是印加帝国灭亡以后残留下来的印第安人，这块不幸的土地要有所发展尚需时日。

位于南美洲最南端的两个国家是智利和阿根廷，也是迄今为止整个南美洲最重要的两个国家。然而，这两个国家的繁荣都直接得益于它们所处的地理位置。两个国家都位于温带，吸引了更多高素质的移民，相反，印第安人很少（印第安人在热带繁殖得快）。

相比之下，智利的自然资源要比阿根廷丰富。智利拥有南美西海岸四个最为重要的港口——阿里卡（你可以从这里坐火车去玻利维亚）、安托法加斯塔、伊基克和瓦尔帕莱索，而南美最大的城市就是智利的首都圣地亚哥。智利南部现在也开始养牛了，牛经过宰杀和冷冻之后，经过麦哲伦海峡上的蓬塔阿雷纳斯，被运往欧洲。

而阿根廷则是南美洲的养牛大国。平坦的巴拉那河流域的面积几乎相当于欧洲的1/3，是南美洲最富庶的地方。该地区的羊毛、肉类、皮革和黄油的出口量非常大，有能力以最霸道的方式左右美国同类商品的价格。在刚刚过去的十年时间里，来自意大利源源不断的劳工和农民移民，使得阿根廷成为西半球最大的粮食和亚麻生产国。与此同时，巴塔哥尼亚的养羊业也得到了迅猛的发展，从而成为澳大利亚最危险的竞争对手之一。

阿根廷的首都是布宜诺斯艾利斯，也坐落于拉普拉塔河上，与小国乌拉圭隔河相望。乌拉圭的土壤状况和气候状况与阿根廷十分相似，如今已没有一个印第安人。乌拉圭虽然发展的规模不大，却相当成功；而阿根廷的发展规模虽然大，却常常因过多的投机行为和财政管理不善陷入危机。

最后，是拉普拉塔河流域的第三个国家——巴拉圭。从许多方面来看，巴拉圭是这三个国家中自然条件最好的。倘若没有发生1864年至1870年间那场灾难性的战争，今天的巴拉圭一定已经走上了繁荣昌盛之路。当年那个疯子当上了总统，可怜的印第安人在前耶稣会的宗教领袖（他们于1769年把国家输给了西班牙王国）那里接受军事训练以后，便代表疯子总统踏上了战争之路。这个可怜的疯子无缘无故地向三个强大的邻国宣战，连年的征战，使得巴拉圭5/6的男子都战死沙场。这场大屠杀接近尾声的时候，巴拉圭的情况太悲惨了，所以不得不恢复一夫多妻制。尽管如此，巴拉圭这个富庶的小国要想从那场大灾难中彻底复原，至少还需要100年。

还有一个需要介绍的国家，那就是巴西。作为一个殖民地国家，巴西备受歧视。巴西先是荷兰的殖民地，后来又成了葡萄牙的殖民地。葡萄牙统治者禁止巴西当地人及移民与少数里斯本的授权商人以外的任何人进行贸易往来，这样一来，整个巴西的经济几乎完全处于被奴役的状态。直到1807年，这种情况才发生了根本的变化。当时的葡萄牙王室，为了躲避拿破仑逃到了里约热内卢，于是，风水轮流转，在此后近12年的时间里，备受歧视的殖民地反而统治起宗主国来了。1821年，葡萄牙国王坐船重归里斯本，还把他的儿子彼得罗留在里约热内卢作为代表。一年以后，彼得罗宣布独立，自封为巴西的皇帝。从那个时候开始，葡萄牙语成了连接巴西殖民地与原宗主国葡萄牙的唯一纽带。巴西的布拉干萨王朝政府大概是南美各国政府中前所未有的开明政府，然而，在1889年，由于一场军事政变，皇帝不得不宣布退位。就这样，南美洲的末代皇帝逃往了巴黎，最终也死在了巴黎。

巴西的国土总面积为327.5万平方英里，与美国的总面积相当，占南美洲总面积的一半。巴西是赤道以南最富庶的国家。它可分为三个部分：亚马孙低地或者叫亚马孙河流域、大西洋沿岸和高原。位

359

于高原上的桑托斯虽然只是一座小城，咖啡的产量却占了世界咖啡日常产量的一半。除了咖啡以外，巴西还盛产橡胶，位于亚马孙河河口南面的帕拉和贝伦地区，以及内格罗河与亚马孙河交汇处的马瑙斯，都是橡胶的产地。东海岸的巴伊亚盛产烟草和可可，马托格罗索高地则是一片牧场。最后，巴西还出产钻石和其他珍贵宝石。宝石的开采难度很大，所以至今尚未得到彻底开发。铁矿以及其他金属矿藏的开发也是如此，还有待于修建更多的铁路。

最后还要介绍一下南美洲的三小块欧洲殖民地，也是17、18世纪原有的殖民地中仅剩的几个，它们分别是：英属圭亚那，或者叫德梅拉拉；荷属圭亚那，或者叫苏里南（是荷兰人用新尼德兰和新阿姆斯特丹换来的）；法属圭亚那，或者叫卡宴。倘若法国不曾把卡宴作为囚犯的流放地，倘若美国人不曾偶尔在报纸的头版头条上获悉圭亚那这个不被人注意的、不健康的沼泽中的种种丑闻，我们可能早已忘记了圭亚那的存在。然而，记得也好，忘记也罢，大概都无关紧要。因为圭亚那人对于人类的繁荣和幸福所做出的贡献微乎其微。对于海外的游客来说，它们仅仅是鲜活的历史见证，提醒来客：南美洲这个富足的仓库，曾经任人抢掠。

第二十七章　新大陆

我曾经想查出乞力马扎罗山的准确高度。可是,一本书修改了五六遍以后,那一串又一串的数字就开始搞怪啦。抄了一遍又一遍以后,圈起来改动的地方不计其数,就像玩躲猫猫游戏似的,一会儿这样,一会儿那样。若是你得过雪盲症,那就明白我的意思啦!

你或许会反驳我,说:"其实这没什么大不了,查本可靠的地理手册、百科全书、地图册,一抄不就完啦?"

假如这些可恶的地理书、百科全书和地图册上的内容与实际情况相符的话,那就简单得不能再简单啦。然而很明显,二者并不相符。我眼前的书桌上就有正规的地理书,类似的书我差不多都有,翻翻它们总是很有趣。我不是说有多好看,人们并不认为地理学是一门趣味横生的学科。可是只要一谈到高山和海洋,它们就要起花样来,江河流域和内陆海的面积一会儿大,一会儿小。世界上某个地区的平均气温从来就没有长期稳定过,不同地区气象台的气温表变化多端,就像股市危机时的股市行情显示器。海底忽高忽低,就像傻子玩儿命地追猫以后,肚子一会儿鼓一会儿瘪似的。

人们对许多事物已经丧失了信仰,所以,我不想继续打破人们的幻梦。但是我依然还是要挣扎着指出,我对重要的"地理事实"持很深的怀疑态度。我猜测,这些不幸的异议,是不可救药的民族主义恶习造成的。每个小国都造几个与众不同的数据,来显示自己的独立主权地位。

这些不过是一些细枝末节。我还要举几个例子,来说明一些其他问题。世界上有一半国家使用十进制来进行长度和重量的计算,另一半国家仍沿用过去的十二进制。把米和公里准确地换算,而不是大致估算成码和英里,这可不是一件容易的事,第一次世界大战期间的军火商就为此大伤脑筋。假如有一个能干的数学助理(我在这方面是外行),才能够完成必要的换算。可是,那些国名、山脉或者河流的名字又怎么统一呢? 怎么拼写呢? The Gulf of Chili, Gulf of Tjili, Gulf of Tschli, Gulf of Tshi-li①,我的朋友,你挑吧! Hindu-Kush, Hindoe-Koesch, Hindu-Kutch, Hindu-Kusj②,你又喜欢哪一个呢? 不过,假如俄语、汉语、日语和西班牙语几个大语族在拼写上述国家的各种地理名称上达成一致的话,这或许不难办到。但每种主要语言译成本国语时,至少有两种,甚至三种截然不同、稀奇古怪的拼写方法。

而每一块弹丸之地都自豪地宣称拥有自己的方言,都要求享有

---

① 以上这些词都指的是中国的渤海。
② 以上这些词都指的是兴都库什山脉。

维护"祖先赋予的神圣语言"的完全平等的权利,这样一来,又加剧了语言的混乱局面。战前的欧洲地图相当简明,而最近制作的地图用各种各样的颜色标出了不同的语言区域,让人眼花缭乱。这样一来,那本古旧的《大陆铁路指南》,内容虽然真实可信,但读起来却很艰难,不亚于当年商博良①研究古埃及象形文字。

我并不是给自己找借口,对于书中这些关于高度和深度的数据,请给予我一点宽容。连有名的百科全书和统计手册都在三四页中出现三四处自相矛盾的地方,我这样的业余作者,又有什么办法呢?

我想商博良最终也会像我一样,祈求上天降祸于那些晦涩的碑文,然后买一本《世界年鉴》,说:"我要以这本《年鉴》为准,若有人控告我把乞力马扎罗山的高度改成了19710英尺(《大英百科全书》为19321英尺,安德鲁的《地理志》为19000英尺,塔尔和麦克穆的著作为19780英尺,《牛津高级地图册》为19320英尺,《世界年鉴》为19710英尺),他就去找世界电信公司的出版商争辩吧!"

我在这一章的开头提到乞力马扎罗山,它的名字也可以是Kilimanjaro,Kiliman'djaro,Kilimantscharo,Kilimansjaro。但我真正想说的是:我在找放在一堆地图册后面的年鉴时,发现了一本不久前别人寄来的小册子。这是一本专门介绍罗纳德·罗斯爵士生平和成就的书,作者以十分婉转的语气暗示,罗纳德先生虽然不是绝对的贫困,但也与富有相去甚远,所以,我们可以为他做点什么,起

---

① 商博良(1790—1832),著名的法国埃及学家、历史学家,根据罗塞塔石碑成功破译了古埃及象形文字。

363

码让他在有生之年（但愿他长命百岁）过得舒适些，这才合情理。当然，他的要求也不高。科学家很少用金钱来计算他们的酬劳。然而，经年累月的科学研究严重损害了他的健康，若是能有一张舒适些的轮椅，他就可以更好地工作了。

我把小册子放到了旁边，想起了沃尔特·里德。我已经不记得本该对他知恩图报的美国曾经为他的遗孀做过什么了。倘若我没有记错的话，这位贤惠的夫人所享受的唯一待遇就是"免费邮寄权"（而每个国会议员也享受同样的待遇）。当然，她还领到了一份抚恤金，而这通常也是医疗机构官员的遗孀所享受的待遇。此外，还有一所医院是以里德的名字命名的。

我一边沉思默想，一边搜寻一本关于传染病历史的书。我突然有了个想法，里德和罗斯这两个人似乎并不为人所知，可是他们对人类发展所做的贡献却比我们文法学校的每个低年级学生所熟悉的几百位探险家的贡献要大得多。里德和罗斯发现了疟疾和黄热病的病因，找到了防治这些瘟疫的方法，使人类从这些疾病的痛苦中摆脱出来，就算再过100年，我们恐怕也很难超越他们所取得的开创性成就。置人于死地的大量蚊子被遏制，疟蚊被赶进了穷途末路，被迫接受死亡的判决。

在这一章里增加几页，介绍"医学对世界地理的影响"，这么做并不困难，却略为超出了我的"领域"，也就是说，我对医学知之甚少。不过，这两位医生的名字却让我思虑良多，感慨万千。只有先征服了天花、脚气病、昏睡性脑炎等多种疾病，我们地球上的大部分地区才适宜人类永久居住。

　　这个世界上还有许多不安定因素。铺开一张世界地图，你就会发现红点处处有，不满就像严重的麻疹病一样四处蔓延。人们纷纷著书立说，出版的书籍成千上万，力图给这些疾病下诊断，开出对症的药方。在撰写这本书之前，我从来没有认真考虑过这个问题（作家过的都是宅男宅女的生活），突然之间，一切变得如此简单，这都要归功于罗斯和里德。

　　面对着一张地图浮想联翩，倒真是一种既惬意又有教育意义的

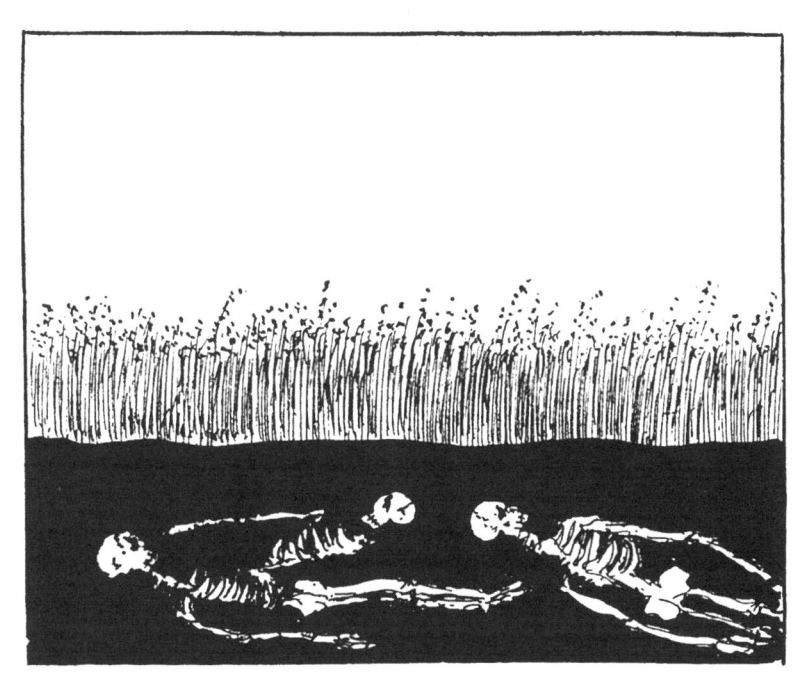

我们有太多的土地就是这样变成沃土的

消遣活动。这里是罗得西亚——一个自成一统的世界。塞西尔·罗兹发动了一场运动，残杀了大批土著，使得少数人富了起来。后来，他做了土匪，挑起了几次小仗，都打输了。他做了政治家，挑起了一场大型战争，却打赢了。许多被杀害的妇女儿童的墓碑上刻着"塞西尔·罗兹之罪孽"，可是一个感恩戴德的国家觉得这些都是鸡毛蒜皮、细枝末节，还用他的名字给一个地域广阔的新省命了名。

再往北走一点，就是刚果，刚果拥有斯坦利维尔和利奥波德维尔两个城市，以及不计其数的无名的坟墓。这些坟墓属于那些因未能交纳足额橡胶和未能按时上交象牙而被折磨致死的土著。

哈得孙用自己的名字给一个港湾命了名，后来一家富有的地产公司也沿用了这个名字。这家地产公司对当地土著所做的残暴行径令人发指，成为悲惨的人类殉难史上令人毛骨悚然的一章。美国人从来就没有遵守过与印第安人签订的任何协议。300年前，我本人的祖先荷兰人占领了遥远的香料诸岛，他们对当地的棕种人所犯下的罪行，荷兰公立学校从来就没有给学生教过，可能还觉得这样是合情合理的。而在南美洲的普图马约地区所发生的一切，至今还留在每个人的记忆中。

非洲的各色当权者和阿拉伯的奴隶贩子在寂静的塞内冈比亚森林犯下了种种罪行，让我们生出一个愿望，但愿但丁在他的地狱中给这些特别的恶魔保留一席之地。

在谈到远在天涯的澳大利亚和新西兰的早期历史时，很少有人提及当年的殖民者骑着马，牵着狗，成群结队地对当地的土著进行灭绝性的"捕杀"。

为什么还要喋喋不休呢?

我只不过是在复述人尽皆知的事实而已。

然而,又有几个人意识到伟大的开拓时代确实已经终结,旧时代的受害者不愿意继续扮演昔日的角色,而这就是世界上大多数不稳定局面的起因?

坐在高高的审判席上,评判过去的是是非非,没有多少意义。最有效的是集思广益,为避免将来重蹈覆辙出谋划策。里德和罗斯这样的人已经为我们指出了方向。

对一个有问题的乌托邦,一味感情用事地考虑并不能解决问题。只是口头上说"我们已经'索取'了几百年,所以现在必须'付出'几百年"几乎于事无补。施舍与掠夺同样可恶。实际上,施舍对于施舍者和接受施舍者都不公平。把印度人从英国的君主专制下解放出来,然后任凭没有自我保护能力的他们听凭穆斯林山民的发落,就是酿成的另一个大错。

在中国、爪哇和缅甸,假如要拆除修建的所有小铁路,收回制造的所有小汽车和飞机,拆除电话亭和加油站,让他们重新回到甘地裹着腰布、鳄鱼咬小舢板的时代,这对当地人民会有益处吗? 机器是不动产,当地人已经适应了交通和通信设备所带来的便捷。他们已经形成了良好的习惯,所以孩子患了白喉,他们不请巫婆,而是请白人医生;他们走亲访友时会搭乘实惠的小公汽,而不再痛苦地步行10个小时。

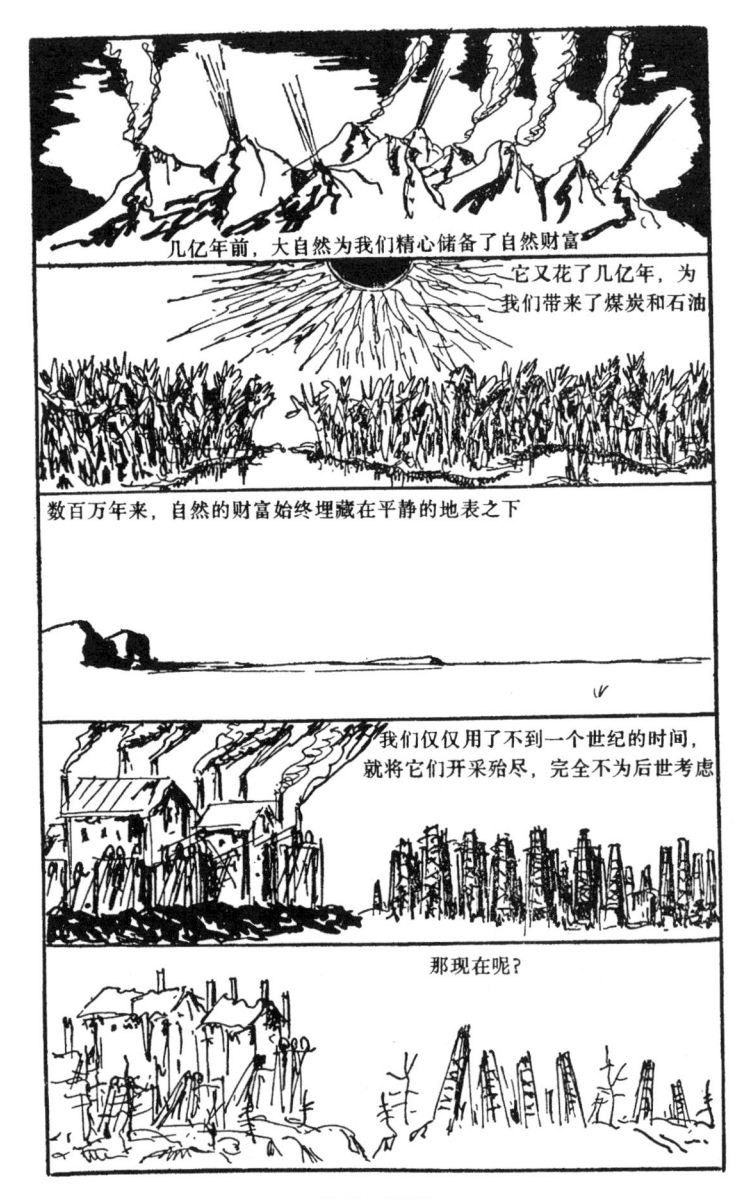

几亿年前，大自然为我们精心储备了自然财富

它又花了几亿年，为我们带来了煤炭和石油

数百万年来，自然的财富始终埋藏在平静的地表之下

我们仅仅用了不到一个世纪的时间，就将它们开采殆尽，完全不为后世考虑

那现在呢？

答案在哪里？

一个习惯了以货币和银行支票为交换手段的世界,是无法回到用一桶蜜、一勺盐物物交换的古老而笨拙的时代的。

不论是祸还是福,我们这个星球已经发展成为一个巨大的整体,现在人类所处的年代既不是公元前32年,也不是公元932年,而是公元1932年。

不过,解决方法还是有的,里德和罗斯的劳动成果就为我们指出了前进的大致方向。他们既没有"索取",也没有"给予",而是"合作"。假如没有成千上万人与他们的合作,他们永远也不可能取得现有的成就。他们摸索出了治疗疟疾和黄热病的方法,是为了造福全人类,不分肤色和信仰,也不问种族。戈瑟尔斯和戈加斯博士开凿巴拿马运河的时候(由戈瑟尔斯绘制蓝图,戈加斯组织施工,把蓝图化为现实),他们没有只考虑太平洋、大西洋或者美洲,而是把世界视为一个整体。意大利人马可尼发明无线电的时候,也没有规定"只有意大利人的船在海上遇险时才能使用无线电",桑给巴尔岛上的不定期货船与大西洋上的特快海轮一样,都是受益者。

你大概已经看得出我的用意啦。

那倒不是,我倒不是在暗示要建立一个新型社会。船到桥头自然直。即便现在解决不了,再过一两百年问题也就不存在了,因为现在的人到那时候也都不存在了,也就没人关心这个问题了。

我们未来的世界,不再是顺其自然发展的世界。当蒸汽和电力开始使用以后,当巴塔哥尼亚高原与拉普兰、波士顿与汉口之间像邻居一样,在不到两分钟的时间里就能进行对话协商的时候,这一法则即告消亡。我们已经不再只为自己生产产品，我们已经不再只为本村种植农作物。日本人生产的火柴，比美国人的价格低；阿根廷生产的小麦，能填饱全体德国人的肚子，成本还低得多呢！

过去，中国苦力和南非黑人得到的工资只有白人的5%，但现在我们不能如法炮制了。因为莫斯科有一个广播电台，该广播电台播送的范围很广，播音员通晓数种语言。播音员会告诫黑种人和黄种人，他们被骗走的东西原本应该属于他们。

人们再不可能像以前那样肆无忌惮地去偷窃抢夺了，嗯，假如你真想知道的话，我就告诉你，原因就是就算我们偏巧没有那块与生俱来的精神罗盘，我们的良知也不允许我们这样做啦！人类的良知最终会上升到这样一个高度，对此，大家都会深信不疑：不论是在国际事务，还是在私人交往中，诚实与日常礼仪都是不可或缺的。

我无意说教，也不想让你带着"预言"回家。假如你已经读到这里了，我希望你再安静地坐30分钟，自己导出结论来。

迄今为止，我们一直生活得像一个偶然的存在，我们待在这个星球上，就像一个匆匆的过客，只是几十年，最多100年的事情。我们的所作所为，就像列车上贪得无厌的粗鄙乘客，虽然清楚在下一站只停靠10分钟的时间，还是要把免费提供的三道正餐大菜吃个精光。

我们逐渐开始意识到，我们已经在这里生活了很久，我们还要在这里永远地生活下去。何必急急忙忙，仓促行事呢？假如你要迁居到一座小城，想在那座小城度过自己的余生，你就会规划将来；而你的邻居，不论是卖肉的、做面包的、卖杂货的、给人治病的、做白事的，也跟你一样，也会规划自己的未来。否则，这个世界就会混乱不堪，用不了一个星期，就不适宜居住了。

想到这里，你是否觉得广大的世界与你的家乡小村确实存在这么大的差异呢？就算有差异，也只是量的区别，而不是质的差异。就是这样！

你也许会说我谈得太远，从乞力马扎罗山到里德医生和罗斯医生，还描绘了地球的未来，跑偏了。

正如爱丽丝可能问的那样："可是，要是没有一点旅行的内容，那地理书还有什么用呢？"

1931年4月于巴黎
1932年5月于新奥尔良